国家出版基金项目
NATIONAL PUBLICATION FOUNDATION

任继愈 著

本书编委会 编

任继愈文集

10

國家圖書館出版社

第八编

杂　著

敦煌与丝路文化

学术讲座

任继愈题

目　录

杂　著

·图书馆与出版业评论·

·念旧篇·

·自述篇·

·社会科学评论·

肃清"四人帮"流毒
发展社会科学*

　　"四人帮"的路线是林彪的路线的继续和发展。对他们搞的假左真右这一套反革命伎俩必须深入批判。

　　"四人帮"用来打人的一根棍棒是"理论脱离实际"。理论脱离实际当然要不得，但是什么是理论，"四人帮"在这个问题上搞了名堂。他们说理论只有一个——被他们歪曲篡改了的"马列主义理论"，此外没有理论。于是各门学科的分支的理论可以不要了，谁研究各门学科的基础理论，就是脱离实际。社会科学中许多学科、部门、分支，例如史前人类学、古代的历史、考古、宗教理论、佛教史，一定要求它立刻与当前的实际斗争挂上钩，马上派上用场，是不可能的。

　　要发展社会科学，就要消灭封建残余。西方近代科学发展的一个主要条件是反封建反得较彻底。中国资本主义发育不良，封建残余保存的要多得多。用各种方式来怀古、思古、复古，林彪、"四人帮"表现最突出。"四人帮"搞篡党阴谋利用的"史"

---

　　*　原载《光明日报》1978 年 3 月 30 日。

学,几乎都是中国封建的材料,他们的思想深深打上封建主义的烙印。毛主席教导我们,要批判封建性的糟粕。过去体会不深,经过"四人帮"这个反面教员的启发,我们认识到封建性的糟粕不批透不得了。

为了发展社会科学,想提出两点建议。

第一,人力要集中。社会科学力量薄弱,为了发展社会科学研究事业,就要有一个组织得很好的、能战斗的集体。可以分工,可以协作,要全国一盘棋。我估计一下,全国从事中国哲学史这个专业工作的不过一百人,这个队伍如不加强,就无法前进。至于宗教学这个领域是世界性的,更要组织人力,全国协作。现有的人力不要浪费。一个工作人员专业方向定了,要让他沿着这个方向钻下去,特别是有一定成就的人,不要轻易改行。

第二,资料要集中。比如宗教方面的资料,在有些地方派不上用场,应该使这些资料集中起来,变废为宝。可以在大集中的条件下,把分科的图书集中,有分有合,对科研有好处。

在抓纲治国的大好形势下,我们有信心,尽力把中国哲学史这门学科搞上去,写出一部符合我国水平的多卷本中国哲学史来。要办好伟大领袖毛主席亲自批准筹建的世界宗教的研究机构。我愿意把自己多年来积累的一点经验,一些走弯路的教训,告诉青年一代,让他们少走弯路,赶快成材,超过我们,向更高的目标迈进。

加强人文科学研究　迎接 21 世纪 *

人类脱离自然界,取得改造环境的能力,成为万物之灵,不断实现自己的历史使命,不断深化认识,有效对待人与外界的关系,也就是中国古人常说的"究天人之际"。天与人这两者都在变化着,又相互影响着,都在动态中运行。生活中随时出现新事物,随时发现新问题,没有等到看清楚出现的新事物,更新的事物又冒出来了。刚找到解决新问题的方案,引发出更新的问题需要解决。这许多新事物、新问题,有些属于真正新生的,如"爱滋病""克隆羊";也有些本来就有,后来才被认识的,如由于细菌感染引起疾病。这种实际例子俯拾皆是,不胜枚举。哲学流派中有一派认为,天人之际用不着探究,永远探究不完,讲不明白;也有一派认为可以弄个水落石出。两派都有自己观点的论证和方法。主张不探究的一派,并不是不探究,而是用另一种方法去表达他们的探究观。社会、历史是向既定的方向前进,还是无目的地变化,世界上也有不同主张。正因为世界复杂、社会多变,我们只有自然科学远远不够,更不能用解决自然现象的观点和方法来对待社会、历史方面的问题。

＊　原载《人民论坛》1998 年第 8 期。

一般说来,自然现象比社会现象容易探究,因为处在人的对面,在人之外,可以通过实验,反复观察,进行研究。自然现象如果加入人类活动的因素就立即复杂化,像自然环境保护,治理环境污染问题,迄今尚未找到有效办法。

真正的困难,是人类自己制造出来的问题。

研究历史、研究社会现象,难度要大得多。因为人只能在社会运动中去观察、认识,只能在极小范围内搞实验(所谓试点),一旦推而广之,其结果往往大不相同,甚至出现与预期完全相反的效果。

建国近50年来,我们认识自然,认识社会,亲手建设社会主义,其中有成功的,也有事与愿违的,足以说明"究天人之际"的复杂性、艰巨性。

面临21世纪,如何建设十二亿人口的多民族的统一大国,这一总任务要分解成若干分支课题分头研究,分头解决,然后再归到总装车间,合成一体,因为近代学科特点是学科分类细密,有些问题从局部看来可行,放在全局,未必有利。比如几十年盛行的围湖造田,当年增产粮食若干万斤,可是要算总账,造成的损失远远不是若干万斤粮食所能抵补的。又如,一个乡镇开挖土煤窑,短时期可以增加本地区农民的现金收入,但却对整个矿区资源造成更大的破坏,得不偿失,贻害后代。处在河流的上流地区,修建水库等水利设施,得到利益,但对下流可能造成长期断流,等等。

近年来提出科教兴国,比前几年只讲科技兴国是极大的进步,抓教育,百年树人,抓得好。为了不落后于时代,早日实现四个现代化,创造物质财富,离不开科教,这毋需争辩。我在教育界工作多年,深感我国思想界对人文科学的重视不够。哲学、历史、文学的学科门类相对冷落。从国家长远利益看来,这个薄弱

4

环节长期任其薄弱下去,对国家长期发展不利,这种危害不是马上反映出来的。

有五千年历史、十二亿人口的多民族的统一大国,要调动全国人民的积极性,形成凝聚力,没有历史知识是不行的。我们有五千年伟大的光荣历史,历史记载着五十六个民族团结进步的业绩,它为今天团结奋进的新中国提供了深厚的基础,世界上的多民族国家(有大的,有小的),他们都不同程度地为民族纠纷困扰着,我们的日子比他们要好过得多。多民族统一大国是我们丰厚的遗产。我们应当让全国各族人民,广大青少年都熟悉中国的光荣历史。爱国主义是最有效的民族凝聚的黏合剂。特别是近现代史的教育更应当普及和加强。向全国人民进行"科普"早已开始,并行之有效。向全国人民,特别是青少年进行普及历史教育应大力开展。

十二亿人口的多民族的统一大国,文学、语言的教育还要加强。中国地区辽阔、方言复杂,幸有汉字作为通用文字,才使得方言不致成为统一政令的障碍,这是秦汉以来两千年的丰富遗产之一。中国面积约等于欧洲,欧洲方言阻碍着他们今天的联合,可惜他们比我们缺了文字的统一,他们要解决这个困难,绝不是短期所能奏效的。

我们的大学生、研究生,有的外语还可以应用,但汉语不通的占很大比重。这种落后现象应当及早消灭,才不至于拖国家现代化的后腿。

十二亿人口的多民族的统一大国,应当有足够的哲学训练,才能放眼世界,胸怀全局,养成善于分析的良好习惯,克服只看重近期效益的局限性。回顾建国五十年来的历史,凡是走了弯路的年代,决策失误往往是违背哲学原理,不实事求是而酿成的苦果。哲学看起来不能直接创造财富,也不会产生经济效益。

一旦违背了它的规律,给违背者的惩罚,造成的经济损失往往难以估量,哲学看似无甚用处而实有大用,可以叫作"无用之用"吧。因为哲学所关注的是"天人之际"的全局问题、根本问题,它超出目前,影响深远。凡是社会、自然、深层次的疑难问题,追到最后,都与哲学的理论有关,哲学可以指导人们树立正确的世界观、人生观、价值观。哲学体现人类文化的精华部分,我们大学里已有哲学课,但需要充实内容,务求解答现实生活中的疑难问题。

学习哲学史是重要的训练思维的方法,很有加强课内外教育的必要。政治课与哲学有内在的联系,思想政治教育不能完全代替哲学训练,两者相辅相成,相得益彰。

总之,我们不久即将跨入 21 世纪。21 世纪有 21 世纪的新课题。从哲学研究者看来,我们要把建设有中国特色社会主义这个总任务,分解到有关学科,推而广之,要有中国特色的文学、历史学、经济学、法学、政治学、社会学、人类学、宗教学等。有了众多具有中国特色的基础学科的支持,我们将有一个丰富完整的社会主义思想体系,解决面临的新挑战,中国之大,人口之多,问题的复杂多变,世界上任何成功的经验只能供借鉴,不能照搬照抄。古今历史的经验告诉我们,善于借鉴的,收到很好的效果;照搬照抄的,没有成功的。如能善于实事求是地总结历史经验,吸收人类有价值的文化遗产,21 世纪将会出现中华民族发展、繁荣的新高潮。

科学不能偏枯 *

20 世纪是科学昌明的时代,与中世纪时期科学饱受迫害的情况有天壤之别。中世纪神学统治时期,科学工作者受迫害,甚至遭到酷刑。20 世纪科学翻了身,科学成果给人类带来方便,科学身价大增。曾与科学对敌的势力,也纷纷与科学攀亲:占星相命,自称"科学预测学",封建迷信的巫婆神汉自称有"科学外气"。反科学、宣扬封建迷信的团伙也纷纷打着科学幌子,招摇撞骗,屡屡得逞。

科学在我国长期遭受误解,从"五四"以来,就引起辩论,长期造成误解。社会上习惯认定自然科学是科学,在人们心目中,自然科学如物理、化学最能代表科学,至于社会科学、哲学都摈弃在科学范围之外。

"科学"是关于自然、社会和思维的知识体系。科学的功能,是适应生产实践和社会实践的需要而产生的经验总结。科学划分为两大类——自然科学和社会科学。哲学是自然科学和社会科学的总结。我国有两个科学院——中国科学院和中国社会科

---

　　* 据《竹影集》。原载《人民日报》1999 年 8 月 14 日,题为《社会科学也是科学》。

7

学院。西方如欧美，都是一个科学院。西方学术界把所有学科分为三类：自然科学（数学、物理、化学、天文、地理、生物）；社会科学（政治、经济、法律）和人文科学（文、史、哲）。

在我国长期形成一种误解：把自然科学、应用科学当作唯一的科学。社会科学、人文科学不在视野之内。

学科分类本是为了研究方便，学科之间并非不相融摄。不管科学如何划分，人类生活在这个地球上，呈现的现象是综合多样的。像近代医学，将人的生理结构分为循环系统、消化系统等，是为了方便观察、研究。但疾病发生在人身上，并不分科，综合症、并发症比单一病症出现的频率更高。如高血压症表现在循环系统，但与平日饮食有关，与情绪刺激有关，也与气候变化有关。环保问题，自然科学、社会科学都要关心，绝不是自然科学所能包揽得下的。戳穿"世界末日"的谎言，自然科学、哲学协同作战，效果更佳。

当前迷信与伪科学泛滥成灾，危害社会安全。人们提出治理的根本办法是提倡科学、普及科学。由于长期形成的对科学的片面认识，提倡科学，往往专指自然科学，有时忘记了社会科学。以残破不全的科学，对付泛滥成灾的迷信，常感力不从心。

科学精神，科学方法，科学态度，既包括自然科学，也包括社会科学，更不能遗忘了哲学。我们的哲学是辩证唯物主义与历史唯物主义，它是自然科学与社会科学的总结。广大群众掌握了这个最先进的思想武器，将无坚不摧。真正学懂了哲学，就不会希望什么"教主"来拯救这个世界。有人宣传"世界末日"，也不会被它牵着鼻子走。真正懂得社会科学，知道违法守法的界限，就不会盲目乱闯，犯了法还不知道干了违法的事。真正学通了自然科学，就不会受什么"外星人的语言"的蛊惑，跟着"教主"起哄。

8

　　作一个合格的现代公民,不同于古代人,第一个标志是用科学思想武装头脑,懂得一点自然科学、社会科学及哲学的道理。这是现代公民防身自卫的必备工具。

　　科普工作已引起广泛注意,但对社会科学及哲学的普及工作还远远不够。这是我们面临的迫切任务,也是长期任务,正因为是长期任务,必须从当前抓起,不能因为是长期任务而有所放松。

人·自然·社会*

一

动物界的生存，完全依赖自然环境，适者生存。人类从动物界分离出来，对自然界既有依赖又有改造，同时还得到社会的保障。社会功能发挥得较充分，对自然环境的依赖会逐渐减弱。这是 20 世纪以来人们对社会关系的一般认识。

人类社会有两种群体组织对人类生存影响最大，一是民族，一是国家。文化发达的民族的生活融融洽洽，调达而上遂，生活较为舒畅。繁荣强大的国家法制繁密，境内宴然，其成员生活得比较安全。所谓舒畅看起来好像海阔天空，自由翱翔，但飞不出文化传统价值观的界限。强大国家成员的安全，只能在法律制约范围内得到保障。

欧洲工业革命后的生产能力超过了人类有史以来创造的总和。上帝造不出完全相同的两片树叶，今天人类却复制出完全相同的生命个体。今天的人类气壮山河，硬要与造物主比比

---

* 原载《人的素质文集》，法鼓人文社会学院，1999 年版。

高低。

物极必反是天之常道,真理向前多跨进一步,也会陷于谬误。自然界默默无言地滋养着万物,如果对它过分掠夺,也会遭到报复。全世界的水旱灾害,去年我们南北江河大水灾就是明证。人类过于自信,以为无所不能,事实表明人对自然尚未完全认识,不能为所欲为,两者的关系还有待于进一步理顺。

二

人类赖以生存所凭倚的最高的政治群体单位是国家。国家下属的各个行政区划都从属于最高行政机构(国家的政府)。以血缘为纽带,语言、风俗文化结成的群体是民族。民族成员由众多分支构成。最高层的单位是民族。中华民族处在最高层,下属汉、满、蒙、藏等五十多个民族,构成中华民族共同体。国家、集体的利益是"公",违反或不遵守国家、集体利益的行为是"私"。个体与集体的行为原则是不得以私害公。古人把义利之辨看作人兽之大防。

为了提高民族素质,增强国家的综合国力,使全体人民明辨公私,成为健全人生的重要课题。中华民族有过光荣道德传统,先人后己,先公后私,先天下之忧而忧,后天下之乐而乐。在共同生活、相互依赖、相互支持的集体中,任何个体都要摆正公与私的关系。古代人类群体共同遵循的标准,现代文明国家的成员同样要遵守。以私害公,损公利己,因私废公,轻者背离道德,重者违法。如果违反民族内部共同习惯,违反民族文化传统,必受到谴责和制裁。但在不同民族之间发生矛盾,譬如,甲民族触犯乙民族的习惯和文化传统,迄今尚未找到有效、有法可依的制裁标准。

世界上有一百多个国家,国家有大有小,国家历史有长有短。各国境内成员都应受该国法律制约。国家法制只限于规范本国成员,它管不了外国的成员。爱国是各国公认的美德,卖国行为被万人唾弃。"人生自古谁无死,留取丹心照汗青",文天祥为国献身的爱国精神、崇高的民族气节受到称赞。同样一种行为,同样一个文天祥,在宋朝、元朝受到不同对待,原因在于文天祥爱的是宋朝,宋元有不同的利益。我们说公私关系,一般限于同一群体之内。在当前,政治群体最高层次是国家。国家之上,现在还没有更高的群体组织。二次大战以前有国联,二次大战以后有联合国。它是一个松散的国际组织,只是一个政治讲坛,对各国没有约束力,不具备实际制约和管理能力。大国欺侮小国,它无力干预,甚至偏袒强大的一方。迄今为止还没有形成国家以上更高层次伸张正义,惩治霸权的群体组织。

秦汉以后,中国内部做到"车同轨,书同文,行同伦",结束了九州以内的国际战争。这几个"同",奠定了中国二千年繁荣昌盛的基础。今天的世界有点像春秋战国,面临分久必合的前景。当前世界上经济生活已开始一体化,一个地区的金融危机,一夜之间会波及全世界。今天世界交通可以用电脑联网,沟通全球信息,车不同轨,书不同文,尚不影响异地交往。最成问题的是"行同伦"。因为道德标准、价值观,各国有各国的传统,有不同的理解。由于国家之间、民族之间利益不一致,以及文化传统的差异,不同的国家和地区有共同使用的名词,尚缺乏各方共同认可的准则。

三

古人论史,关于政治变革的规律,称作"一治一乱","分久必合,合久必分"。回头看看,我们 20 世纪似乎乱多而治少。面对 21 世纪,从各种迹象看,世界大战的迹象不太明显,而局部动乱持续不断。

再从社会心理现象考察,全世界人民人心厌战、厌乱。有个别政治人物唯恐不乱,毕竟是少数。欧洲成立共同体,亚洲、拉美、亚太地区也相继成立松散的联合的机构。从趋向看,东方西方都萌发某些联合的愿望。欧元集团的设计者把欧元作为政治一元化的先导。今天的世界颇像我国古代连年混战的春秋战国,人们企望有一天能改变这种局面。春秋战国百家争鸣,所争不外一个主题——如何实现天下统一。各家都有自己的方案。孔子奠周室,是利用已有框架,结束无序混乱局面以达到统一;孟子、商鞅、荀子、韩非都要统一天下,只是手段不同;老、庄不像孔、孟那样主动谈统一,但他们也提出要有"圣人治天下",治天下,说到底还要统一。天下统一的构想,从理论探索到秦汉建国,经历了漫长的过程。前代的经验对后人不无启发。

历史的变革,总有英雄人物出现,而其结局却不是几个英雄人物可以草率决定的。事后思忖,好像有一只看不见的手在操纵着,又好像沿着一条既定的方向前进。古人叫作"天心""天意"。天有没有心,有没有意志,不必妄测。而人群的意愿则是随时随地可以触摸到的。一个人的主观意志,作用有限。如果千千万万人的意志汇集在一起,将形成思潮,不再是个人的主观倾向,而是一种实实在在的社会力量。

中国古人的"天下",局限于九州之内。今天人们的"天下"是全世界的,中国只是世界的一部分。春秋战国的强国不外秦、楚,今天的强国集中在欧美。全世界形成南北贫富悬殊的两大集团。虽然有由分至合的意向,但距离全世界的统一的目标尚十分遥远。

四

　　古代人的道德观、价值观,基本是本民族以内的行为规则。孔子说,"三年之丧,天下之通丧"。孔子的"天下"不出邹鲁、宋卫诸国。道德标准主要是本群体以内的个体与群体的关系的准则。中国被迫推向世界以来,生活在众多国家并存的国际大家庭里,个体群体之间关系的处理准则起了变化。譬如,为本民族、为本国而殉难者奠为烈士,受到本族、本国人民的钦仰。各个国家和民族差不多都有自己的人民英雄,为民族献身的号曰"成仁""取义"。同样是死,譬如各国派出联合国维和部队,在非洲种族混乱区内,误蹈地雷身亡,死者值得同情,在人民心目中的形象,中国人看来似不及岳飞、文天祥等高大,在美国人心目中似不及林肯伟大。

　　忠、诚、信、义、仁爱,这些道德的内涵超越国界,超越时代。但人们对本群体的义、利、公、私关系看得较重,要求严格。以大欺小,以强凌弱,在本群体之内被禁止,受谴责。在本群体以外发生的同类事件,人民反对的程度,不如反对国内、族内的不合理行为那样强烈。《墨子·非攻》说,"入人园圃,窃人桃李,谓之不义"。攻人之国,杀害外国无辜人民,战胜国不以为不义,反倒认为光荣,把这些行为载入史册,传之后世。《墨子》所指窃人桃李的行为,损害的是本国人的利益;攻人之国,掠夺杀戮,损害的是别国人民的利益。掠夺者把从外国抢来的财物如能使本国人分享一部分,还可能得到本国人的拥护。墨子用类推法指出,窃人桃李为不义,攻人之国的行为不但不受批评,反而受到称颂,认为"不知类"(概念混乱)。墨子没有细分损害本群体利益与损害另外群体利益。长期以来,对待国内国外义利的标准是不同的。

五

国家的法律保护内部成员的生命财产，而海外殖民者掠夺外国的财富，回到本国受到称赞，成为民族英雄。

人们都相信，世界有公理、正义，社会应当有公平合理的秩序。前人所构想的天下为公的"大同世界"，反映了有正义感的人士的善良愿望。少数人的愿望，如果只流行在少数人小范围之内，不过是空想。如果充分发挥人类的群体智慧，不断地把宏伟理想反复传播，像墨子那样"上说下教"，像荀子那样"锲而不舍"，真理总会被更多人所接受。多数人的愿望汇集起来，形成社会思潮，化为物质力量，势将所向披靡。在更广泛范围内，真理、正义终将会实现。

促进世界交流，经济因素能从内部起推动作用。经济交流可以带动政治交流。欧洲欧元的出现已初步显示经济一体化，将促进政治一体化的倾向。康有为《大同书》曾设想，将来大同世界的出现，泯除国界，无种族歧视，取消家庭；没有贫困，个体与群体之间完全是新型的社会关系。古人习惯称颂的天下如一家，中国如一人，这种设想虽然遥远，被认为是幻想，却不等于虚幻。

哲学讲认识论，是探究认识主体与外在客体关系之学。今天新的认识论不同于旧的认识论之处，在于我们讲的认识主体以群体为主体，而不限于个体的主体。只有群体认识提高了，才能更有效地提高认识的广度和深度，减少认识的片面性和偶然性。群体认识提高了认识的准确程度以后，人的认识不再停留在书本上，不只表现在理论体系上，而是见诸社会实践，体现在家庭生活、社会政治生活,哲学不仅给人以知识,而且给人以行为力量。不仅独善其身,自己成为明白人,而是兼善天下,造就一大批明白人。个人素质的提高是认识的起点,全民族的素质提高,才能更有效地促使人类共同前进。

六

当代知识领域各门学科越分越细,甚至细到同一门类的不同分支学科之间不能赞一辞。二次世界大战以后,国家数目急剧增加,学术流派纷然并出。多元化的世界给现实生活带来新的困惑。于是学术界有一种新趋势,学科之间开始调整,涌现了交叉学科、边缘学科、综合学科。自然科学与社会科学之间的交互补充,呈上升趋势。由于信息手段的改善,交流融会,已初见成效。自然科学本无国界,只有文学、艺术带有民族特色,其精品也能超越民族界限,被更多的人所欣赏。

众多学科中,唯有哲学未能与现实社会发展步骤相协调。哲学是智慧之学。看来它高入云霄,而不离日用;看似不着边际,却深系天下安危、万民忧乐。处在学术王冠顶点的哲学,在众多学科中发展得最缓慢。其他学科多已收到综合融会的效益,而哲学则相形见绌。今日哲学认识到唯一可以称为超越前人的是哲学认识的群体化。化个人智慧为群体智慧,化个人道德修养为群体道德修养。当前流行的哲学家的著作多为个人著作,虽足以传之后世,但远远没有达到影响群体的社会生活、行为准则,兼济天下的地步。原因在于群体智慧尚未充分发挥。古代小农经济社会一家一户的小生产,家庭是社会的基本细胞,"孝"是维系家庭的精神支柱,格言有"万恶淫为首,百行孝为先"的成说。现代社会已超越小农经济时代,孝的道德还要继承,但维系家庭稳定还不足以解决社会的众多矛盾。

　　现代人比古代人遇到的困难复杂得多,如吸毒贩毒,社会失业,家庭关系动荡,单亲儿童增多,贫富两极分化加剧,国际之间以强凌弱,生态环境日益恶化,自然资源日益枯竭,人们热衷追求短期局部利益,等等。这些现代社会综合症,都是号称文明的人类亲手制造的。既然自己能制造,当然也能找到解决的途径。首先要认识问题的严重性,更不能回避应负的责任。溯本求源,问题来自愚昧。从哲学角度看,应承认"万恶愚为首,脱愚智为先"。

　　从 20 世纪经历过的人,深知世界污染严重,要使之净化,并非一朝一夕可以做到。只要发扬集体认识的力量,化个体智慧为群体智慧。发挥群体智慧,坚持不懈,即可参天地之化育。人类不去改造世界的愚昧,必被愚昧的世界所吞没。世界最终前途光明,人类未来前途无限,责无旁贷,事在人为。

社会科学的作用[*]

　　建设有中国特色的社会主义是全国各族人民共同的任务。我们正从事这项伟大的工程建设。

　　回顾清末，经历五四运动，又有了新中国五十多年的建设经验，我们对有中国特色的社会主义比过去有更多的感受。回顾新中国成立之前，经过二十八年的努力，建立了新中国。为什么要这么长的时间？就是由于过去没有认识中国的"特色"。马克思主义是治国的良方，但也要辨证施治。过去不懂得国情，才走了几十年的弯路，最后以农村包围城市的战略，取得全国政权。认清中国社会的特点、性质，病情查明白了，才取得疗效。

　　建国以后，走过了五十多年。中国如果不走弯路，我们今天的日子要好过得多。之所以多走这些弯路就是由于对国情研究得不透，自己走了一遍，才能找到适合中国国情的方针政策，找到脱贫致富，由弱变强的药方。

　　建国初期，上下一心，探索中国特色社会主义的道路，希望快一点，有好几次想快，反而慢了。想解决粮食匮乏，提倡在荒山、荒地、荒坡开荒种粮，围湖造田，结果不但没有解决粮食困

＊　原载《中国社会科学院研究生院学报》2001 年第 1 期。

难,反倒造成草场退化,生态破坏,水土流失,增加了新的麻烦。过去看到人多好办事,众人拾柴火焰高的好处,就不加限制地增长人口,以致出现今天人口过剩的困境,这个困境要到今后几个世纪才可以舒缓一口气。这里不应埋怨哪一些人的决策失误,因为这种决策的确得到亿万人民的拥护支持、贯彻。从1958年"大跃进",直到"文化大革命",包括我自己在内,也是如醉如狂,全力以赴的。学懂、学会历史唯物主义,不容易。

马克思主义的唯物主义的认识论的特点是它首先提出群体认识观点。少数先知先觉讲出了很有道理的道理,如果不被群体接受,没有化为群众的自觉行动,这不能算数。这是马克思唯物主义与旧唯物主义者的根本区别。认识真理不是一个人的事,是群体的事。只有群众的认识提高了,掌握了科学方法,才能摆脱盲目性,走向自觉性,走出愚昧落后,变得聪明起来。个人愚昧,受害者只是一个人;一个民族多数人愚昧,就可悲了。

社会科学的不可或缺,值得信赖,就在于它教会人们认识社会,了解国情。回头看看,我国的近代史、现代史,有很长时期花了很多人力只是做了一件大事——认识国情。认识了国情,我们心中有数,学外国的经验,学一点就能用一点。不认识国情,学习新事物,学了也用不上,用上也治不了病,甚至添病。生搬外国教条,吃的亏还少吗?

建设社会主义新中国五十多年,我们已注意结合国情,提出"科教兴国"的战略方针,推行多年,行之有效。我们建设社会主义不能担保不走弯路,但可以尽量少走弯路。教育事业的投入逐年增加,科学发展的成果累累,有目共睹,这是好事。但是还应看到,人们对科学理解还不够全面。人们已经充分认识到数、理、化、农、工、医等科学的重要性,认识到这些方面落后就要挨打,这是进步。但是也应看到社会科学同样重要,政、经、法、文、史、哲这些科学也是中华民族的命根子。社会科学落后了,也要挨打。自然科学落后,挨打可能来自外来侵略势力;社会科学落后了,不了解国情会自己给自己造成人为灾难,伤亡惨重,生产倒退,其损失不下于一场大规模的战争。

开放以来,我们大量吸收外国一切有用的文化为我所用,这是应当的。如果对我国的文化国情尚不大清楚,怎能避免走弯路呢? 我们正在建设有中国特色的社会主义的新文化,我们社会科学工作者责任至艰至巨。愿与大家共勉。

创新要有胆量，也要有科学良心 *

　　江泽民同志在北戴河讲话中指出，加强社会科学的研究，对党和人民的事业的发展极为重要。一个民族要兴旺发达，要屹立于世界民族之林，不能没有创新的理论思维。创新不是出个新点子，创个新名词，而应该是在本学科解决某一方面的具体问题。北大哲学系学生陆学艺毕业后分配到社科院哲学研究所历史唯物主义教研室。历史唯物主义本来应研究社会出现的新现象、新问题，但是多年来都是在重复教科书的概念。于是他申请出去做社会调查，他先深入到北方贫困农村，先发现一个壮劳力，天天出工，干了一天的活，工分只能换回一盒火柴的钱。一年下来不但不能分到钱，还欠生产队的钱。劳动不但不能增加财富，反造成负增长。他发现农民生产积极性调动不起来，是平均主义大锅饭造成的，多干少干一样分配。于是提出应该包产到户。但那个时代提出包产到户是要受处分的。安徽省小岗村大家一条心分田到户，保证公粮，多余归己，果然解决了吃饭问题。当时参加者冒风险，按下手印，对外保密。后来陆学艺进一步到江南比较富裕的农村调查，发现富裕农村包产到户也能增

---

　　*　原载《群言》2001 年第 11 期。

产增收,拉开分配档次,也能调动生产积极性。大锅饭同样不受农民欢迎。现在农村的联产承包责任制已被公认,写成文件,早已合法了。创新绝不是一个新点子,或一个新提法,它是要担风险的。

自然科学允许犯错误,第一次错了,再做第二第三次。社会科学风险大,犯错误就是路线问题。一位资深的社会科学工作者说,十一届三中全会以前的那些年,是在地雷区走路,一次错话都不能说。长期下来,形成不敢创新,怕犯错误的风气。其实几次大的经济发展出现的马鞍形,都是违反科学规律造成的,不能归咎哪一个人的错误。不重视社会科学,必然受惩罚。

科学创新要有胆量,也要讲科学良心。当年伽利略拼性命做科学实验,社会科学家不应胆小怕事,不敢说真话。这次江总书记讲话,鼓励科学创新,我们大家要认清自己肩负的历史使命,敢说自己想通了的真话,社科发展才有前途。

要建立促进社会科学发展的体制,使学术规范化。创新不能抄袭,抄袭别人的成果也是贪污行为,用抄袭手段得到的硕士、博士学位也是假冒伪劣学位,可惜还没有一个像防止伪劣工业产品那样的专门机构,及时有效地处理这类事件。四川社会科学院民族研究所的陈明芳同志,多年研究我国西南地区的悬棺墓葬,为了收集第一手资料,有时要攀登悬崖绝壁,跋山涉水,冒生命危险,克服多种困难,用十年时间写成一本“悬棺葬”研究著作。但后来有一位从来不接触悬棺葬研究的研究者,用了不到一年时间,也写了一本同样内容的书,出版后还得了奖。陈明芳把这本书与自己的对比,绝大多数属于抄袭,有的连字句也未改动。为了讨回公道,陈上法院打官司,剽窃者还不服。正气没有得到扶植,不正之风没有得到制止。前些年有个叫王同亿的,以抄袭字典成名,“著作等身”,被几家出版社告上法庭。王抄袭有据,经法院判决,此人沉默了几年,最近又重新冒出来了,又开始编造字典,公开炒作,错误不止百出,甚至千出万出。我们要像扫黄打非一样,把伪劣产品扫除,要打掉假冒,真正的科学才能健康发展。

科学发展只有创新才有生命力。我在哲学界多年,深感我们的哲学理论课内容陈旧,老师不爱讲,学生不爱听,社会出现的现实问题,无力从理论上给以解答,哲学的生命力枯萎了。

研究生阶段主要是学习、读书,近来有的地方鼓励在校研究生多发表论文,而且必须在某一级刊物上发表才算成绩。有的人为了发表要找关系。听说北京名牌大学的研究生,利用暑期替外校的学生写论文,按质论价。早年陆侃如、冯沅君先生讲过,法国巴黎大学附近有一批专门为外国留学生写论文的专业户,近年来此风也刮进了中国。为了杜绝假文凭,政府已采取了一些有效措施,利用网上核实真伪。假冒论文取得学位文凭是真的,而学问却是假的。此种隐患不易查清楚。

我最早参加学科评议时,没有什么游说、送礼的,很欣慰这里有一块未经污染的绿洲。近几年商品经济大潮席卷世界,学位评定、院士评定也有跑关系、送礼的,应引起注意,及时制止。

建设社会的指南针 *

北宋诗人苏东坡在他的《水调歌头》词中说："我欲乘风归去，又恐琼楼玉宇，高处不胜寒。"古代人把月宫比作仙境，只有嫦娥才能生活在月亮上。近代西方科学发展，已知道月亮只有固定的一面对着地球，月亮背面无法理解，把永远无法证实的事物说是"月亮的另一面"的事。今天的人类已登上月球，还取回月亮的土壤供科学家试验。

20世纪的后半叶，人类的科学发明层出不穷，创造新材料，创造生命，借助飞行器在太空安家，长期遨游，甚至试图复制人，与上帝比高下。好像只要想得到，就能做得到。科学技术给人类带来雄心壮志，不但要征服地球，还要征服宇宙。事实果然可以"心想事成"，畅行无阻吗？今天的科学如果不能沿着健康的道路发展，按照今天这样，被自私自利的集团所操纵利用，有的被扭曲，有可能陷入深渊，遭灭顶之灾。

科学的全部功能还远远没有充分发挥出来，可以说刚刚起步。人们今天对科学的认识很不全面，很肤浅。

---

* 据《竹影集》，原题《社会科学的重任》，载《中国社会科学院通讯》2001年1月1日。

　　人类之所以成为人类,就在于他的社会性,他主要是社会人,是社会关系的总和,不仅是生物人。社会人才是真正不受兽性干扰,自己支配自己的自由的人。"人之异于禽兽者",是就这一点讲的。

　　社会人有两重任务:要应付自然界发生的,足以影响人类生存的一切现象;同时要应付人类社会发生的,足以影响人类生存的一切现象。20世纪已过去,人类正跨入21世纪的门槛。认真反思一下全世界科学发展的现状,不能不引起警惕。原来人们正患着"科学偏瘫症",只看到自然科学是科学,社会科学被遗忘,或被轻视。这种"科学偏瘫症"如不及时根治,可能有一天会使人类处于绝境。这不是危言耸听,目前已有了某些征兆。

　　古今中外人类社会危机中荦荦大者,如贫富差别,国与国,民族与民族,国家民族内部的群体之间以大欺小,以强凌弱的种种弊病,流行了几千年,不但未能消除,反而日渐加剧、扩大。陈年旧病之外,又添了艾滋病,自然生态恶化,青少年科技犯罪,吸毒贩毒等顽症,毒氛竟弥漫到全世界。

　　难道人类社会真到了末日,无力挽回了吗? 世界上许多邪教都是这样宣传的,却也曾打动了不少人。只要认真对待,正视它,及时纠正"科学偏瘫症",病情虽然严重,还可以救治。

　　科学落后就要挨打,人们都已认识,这里主要指的是自然科学,技术科学说的。社会科学落后要导致人类自身的毁灭,自己给自己掘墓,这个问题的严重性至今尚未被广大群众所认识。远的且不说,只说近五十年来,我国建设社会主义的切身经历已足以说明社会科学的重要性。

　　建设社会主义,使中国走向富强,摆脱多年受欺凌,贫穷落后的处境,是全国各族人民的愿望。为实现这一宏伟事业,全国上下确实拼出移山填海的力量。但也走了不少弯路,有时想快,反倒慢了。走弯路是不可避免的。因为我们走的是前人没有走过的路,没有现成经验可以拿来就用得上。我们不应埋怨,更用不着后悔,但必须弄个明白,找一找过去失误的原因。事后总结,原因只有一个,那就是不按科学规律办事才出现了那些差错。经济建设有经济规律,教书育人有教育的规律,对待群众,治国安邦都有规律。认识这些规律,只有大力发展社会科学,提倡社会科学。大跃进,建立人民公社,吃食堂,文化大革命,我都亲身参加过,有过切身感受。社会科学的规律是不以人的意志为转移的,顺之则昌,逆之则失败、吃亏。战争会死人,早已被认识;违反社会科学规律也会死人,虽然也有所认识,但重视的程度似乎不够。

按人头数数我国的科学家,人们心目中多半是自然科学家。社会科学家寥若晨星。人们所熟知的两位经济学家,北大有一个马寅初,社科院有一个孙冶方,他们的遭遇都很坎坷。自然科学家试验失败,总结经验,允许重做,给予机会鼓励重做。社会科学家研究的是社会现象,社会现象不大能分割开来,放在特定的人工控制的试验环境中供观察,而且社会是变动的,社会现象不可能使它再重复一次。对难度、精度的要求,甚至更高于自然科学。社会科学人才成长的机遇更少。

社会科学中的绝大多数学科不负责直接创造物质财富,看来好像没有看得见的效益,好像没有用。历史实践表明,如果忽视它,违反规律,它也能让千百万人遭受灾难,成千上亿的物质财富化为乌有。认识它的规律,按规律办事,可以使天下太平,物阜民丰。

自然科学要发展,这不成问题,社会科学对全国,全世界来说更重要。和平利用原子能,可以造福于人类。如果缺了社会科学的正确导向,自然科学失控或操纵在狂人手里,给人类带来灾难性的后果,不言而喻。

　　21世纪的社会科学责任重大。社会科学家不可妄自菲薄,要奋发图强,与自然科学携手并进,为人类为社会做出更大贡献,建设新世界。

知识分子的地位和待遇 *

　　不久的将来,国家干部的工资要全面调整,这是一条好消息,它标志着我国经济形势好转,在分配制度上也有了新的突破。有几点意见提出来,供讨论。

　　三十年来,我国的工资系列可分为两大类,一类是行政级,一类是技术级,一直是行政级高于技术级。工资改革前,技术级最高的一级也只相当于行政第七级左右。没有相当于行政七级以上的技术级的工资级别了。

　　行政级和技术级都有优异的人才,如果做出规定,行政级的干部永远高于技术级,这是不合适的。在封建社会,官高于民,等级制体现了封建社会的社会秩序,那是合理的(合于封建社会之理)。今天不同于旧社会。

　　听说苏联芭蕾舞艺术家乌兰诺娃的工资比斯大林高。论贡献和负担的责任,全苏联人民谁也比不上斯大林(斯大林的功过是另一问题),他的工资却不是最高的。苏联卫国战争时期飞机设计师图波列夫经常跑工厂,向斯大林要两部汽车,半小时后,车子送到了。跳舞的演员,工程师都不是官,他们的待遇却高于

　　* 据《任继愈学术文化随笔》,原载《群言》1985 年第 4 期。

部长甚至大元帅。苏联和我国各有各的国情,不能硬比。在我国的内部,两类干部的工资规定是否可以比一比呢?

我不主张一切技术人员的工资都比行政干部高,也不主张一切技术人员的工资都比行政干部低。高与低之间应当体现在我国的知识分子政策和干部政策。《战国策》说,燕王为了征求千里马,不惜用重金买回一副千里马的骨骸,消息传出,"不期年而千里马之至者三"。这个故事说明政策的号召力。技术级干部的工资长期低于行政级,不利于"四化"。几千年来官比民贵,今后要有所纠正。

知识分子中,绝大多数没有当官的兴趣,也缺乏当官的才干。现在社会上尊重官,贬低技术人员的习惯还很流行,没有官衔的技术人员(知识分子)的确遇到不少困难。试举几个例子:

(1)北京西郊××大学一位教授因工作需要,请求校方给装一部电话,学校不能办。按规定,行政干部处长可以装,教授不行。出门要车子,行政干部可以要,教授要车,经常是"没有"。

(2)××部建宿舍楼,高层难爬的、底层嘈杂的楼层分给技术人员,行政干部分到的多在二层以上四层以下,技术人员自嘲地说:"我们都成了'516'①(五层、一层、六层)了。"

(3)社会科学院哲学所教授金岳霖,几年前到北京医院看病,不给挂号,只好回来。后来金岳霖先生对人说:"我现在才明白,我原来不是高干。"去年金岳霖病重,住进了一家设备很好的医院,是费事托人送进去的,按规定,金不够住这种医院的资格。

(4)××在上海住华东医院,也遇到麻烦。他是国际国内知名的作家,但他不是部长级。第一流的作家住好一点的医院,在

---

① "文化大革命"后期1971年在全国制造了一场抓"516"反革命集团的闹剧,波及全国。后来一个"516"反革命也未抓到,伤害了不少人。

社会主义的中国应当不成问题却成了问题。后来经过努力得到解决。

（5）社会科学院文学研究所何其芳逝世后，由沙汀同志担任所长，沙汀同志分不到宿舍长期住在旅馆里，原因是作家没有行政级，不好安排。

（6）北大教授诗人××，身体不好，想进一家好一点的医院全面检查一下身体，也是由于级别不够，未能办到。

行政干部现行的工资制度，是不是都合理呢？也未必。

明朝苏州知府况钟是个能干的地方官（《十五贯》中塑造的一个清官的形象），他在苏州办了不少好事，任满后，苏州老百姓攀辕遮道，挽留他，不让他调离。经过朝廷的批准，继续在苏州当知府，"诏进三品俸，仍知府事"（《明史》卷一六一）。况钟是中层地方官，由于干得好，享有中央高级官职的待遇（三品俸）。明朝这种办法可以帮助我们打开思路。我们地方上有不少好县长、好市长、好局长、好校长，工作有成绩，又不便调离岗位，能不能也规定一些"部长级"县长，"部长级"市长，"部长级"局长、校长呢？再比如说，如果有了像时传祥那样的清洁工人，我们是否可以把他的工资订得比卫生局长高些呢？若正式任命像时传祥那样的工人当卫生局长，反而不如让他在原来的工作岗位起的作用更大。不当局长，而有局长的待遇，恐怕对社会更有利。

几千年来官比民贵，多年来"员"不如"长"，一时彻底扭转怕也不易，我不揣冒昧，何不"因势利导"，对技术干部卓越优异的，加以行政干部职衔（不是职称）。比如说，为了取得电话的资格，有的教授可以给以"处长级教授"，杰出的作家给以"部长级作家"，既符合了社会习惯，也符合制度，又解决了教授、作家们的装电话、看病难、要车难的问题。

前人流传一个故事。一位读书人给自己的女儿讲《周礼》，

《周礼》规定了很多男尊女卑、三从四德的教条。女儿问:"《周礼》是谁制定的?"答:"周公制定。"问:"周公是男人还是女人?"答:"周公是男人。"女儿恍然大悟:"若周婆制礼,当不如斯。"今天新形势下,制定一些新制度,是否把行政级和技术级的主管工资的同志一齐找来,共同商量商量?

也听到有人说:"知识分子就是难弄,当年作为专政对象批判时,他们没有抗议,今天翻了身,成了工人阶级的一部分,反倒不知足了。"

这不难理解,在"以阶级斗争为纲"的年月里,国家和民族都在遭难,人们在国破家亡的边缘上挣扎,还有什么道理可讲? 今天正因为当了国家主人,才更加关心国家大事,关心国家命运。要搞"四化",就要尊重知识,爱惜人才,珍惜时间,扫除封建积习,树立科学民主风气。知识分子并没有提出过高的要求,只是希望行政干部与技术干部同样受到尊重,受到同等的待遇而已。

要说的已经完了,最后还要议论几句。资本主义世界,钱最重要,有了钱,都好办。我们的社会,钱不是任何时候都起作用,似乎"官"的使用价值大些,这种社会病态值得注意,埋藏下钱权交易的先兆。

精神文明建设的长期性与紧迫感[*]

社会的发展靠的是生产力。生产发展的质量和效率靠劳动者的主动性、积极性。精神文明建设的作用、力量,就是要调动每个社会成员,在自己的工作岗位上主动、积极、热心地参与建设事业。

精神文明建设有三个特点:(一)超前性——科学的先进思想有超前性。(二)滞后性——落后的、反科学的思想有滞后性。如社会上的陈规陋习,有民国早年的,有明清时期的,还有更古老的封建迷信思想现在还活着,毒害民众。由第一、第二特点引出第三特点。(三)精神文明建设的长期性。一种新思潮的成长,必经一定过程。马克思主义的认识论是关于群体的认识论,如农村家庭联产承包责任制被群众逐步认识之后,才能巩固下来,不可逆转。因此,精神文明建设要有长期准备,长期投入,最后收到长期效果。

我们建设社会主义需要大量合格人才,而教育是培养人才的唯一途径。教育是育人之学,它的规律是渐进有序,因材施教。每一个现代国家公民必须接受基础教育,它是受教育者的

---

*　原载《人民日报》1997 年 10 月 10 日。

权利,又是各级政府的义务,这是教育的起跑线。基础教育以后,根据社会需要及各人的兴趣特长,人才开始分流。高等教育是基础教育的继续,有起跑线没有终点线,人类素质的全面提高,没有止境。

基础教育是现代国家公民必备的资格,要在三个方面打下基础:语文训练,品格训练,科学训练。对中国青少年来说,还要增加一条,即历史知识。"十五大"号召,认清中国的国情,当前的社会主义初级阶段是国情,过去的历史也是国情,了解中国历史及现状,对我国国情会有更深的认识,爱国主义是对青少年必不可少的教育。高等教育要改变大学生拔尖人才与总人数不成比例的现状,为赶超世界先进科技水平培养更多的合格人才。培养人才是立国之本,一定要有紧迫感。我们坚信,把十二亿人的智力资源开发出来,在未来的 21 世纪,我们将立于不败之地。

精神文明建设的长期性和紧迫性*

社会的发展靠的是生产力。革命的目的是解放生产力。"发展是硬道理"是真理。生产发展的质量和效率靠劳动者的主动性、积极性。精神文明建设的作用、力量及影响确实存在着,并随时随地支配着人们思想深处的一切活动。我国能调动起广大群众的劳动积极性,每人在自己的工作岗位上主动、积极、热心参与,群众力量集中起来,就能移山填海,什么困难都能克服,什么奇迹也能创造出来。

思想文化有以下三个特点:(一)超前性——科学的先进思想,有超前性。(二)滞后性——落后的、反科学的思想有滞后性。(三)长期性—— 一种新思潮的成长,必经一定过程。针对这些特点,我们进行精神文明建设,要有长期准备,长期投入,最后收到长期效果。

建设社会主义精神文明需要大量合格人才,教育是培养人才的唯一途径,没有捷径。教育的目的在于全面提高人的素质。全体人民的素质提高了,社会主义中国必将立于不败之地。

教育分为基础教育和高等教育。

---

*　原载《求是》1997 年第 20 期。

基础教育是育人之学,其规律是渐进有序,因材施教,中外古今都无例外。每一个现代国家公民都必须接受基础教育,它是受教育者的权利,又是各级政府的义务。受过基础教育是现代国家公民必备的资格,要在三方面打下基础:(1)语文训练——正确运用母语(或称第一语言),能说,能写,文盲不能建设现代化;(2)品格训练——正确处理公私关系,正确处理个人与群体、政党、国家的关系;(3)科学训练——具有一般现代科学知识和操作技能。对中国青少年来说,还要增加一条,即历史基础知识。中华民族有五千年连绵不断的文明史,世界上独一无二。中华民族多灾多难,内忧外患,天灾人祸,锻炼了这个伟大民族,每一次都是靠自己的力量跨过难关又继续前进的。"十五大"号召认清中国的国情,当前的社会主义初级阶段是国情,过去的历史也是国情。了解中国的历史及现状,对国情会有更深的认识,爱国主义对青少年是必不可少的教育。

多年来,我国高等教育基本上在低层次上徘徊。我国的大学生拔尖人才与总人数相比,比例偏低。"十五大"指出:培养同现代化要求相适应的数以亿计高素质的劳动者和数以千万计的专门人才,发挥我国人力资源的优势,关系21世纪社会主义事业的全局。高等院校应当在这方面做出贡献。

现在的大学校长主要精力用于筹措经费。当前世界学术发展一日千里,全力以赴还怕赶不上,如果主要力量不用于办学,与世界先进水平差距越拉越大,前途堪虞。

中国自然资源,如水资源、耕地资源很贫乏,矿产资源除了煤以外,用十二亿人口一平均,并不丰富。如果换一个角度来认识中国人口众多这一国情,中国十二亿人的智力开发利用起来也是一种资源,不但不贫乏,而且越开发越多。岛国日本自然资源很贫乏,但智力资源开发得比较充分,不但没陷于贫困,还上升到富裕国家行列。中国人力几乎十倍于日本,我们坚信如果把 12 亿人的智力资源开发出来,这份财富不可估量。

　　培养人才是立国之本,人才成长不能速成。古人说"百年树人",就是这个道理。鸦片战争以后,中国人民寻找救国救民的真理,经历了一百多年,正如"十五大"所指出的,我们已经找到了正确的发展道路,但达到中等发达国家水平还要靠继续艰苦努力。正因为它具有长期性,更要争分夺秒。如果没有急迫感,我们这一代人将成为民族的罪人。

谈谈文化建设与道德发展 *

　　道德不是从来就有的,它是人类社会发展到一定阶段才会产生的社会意识形态。人类的生存和发展是靠了群体的力量,单凭一个孤立的个体,在严酷的自然条件下,无法战胜外来的各种侵害。在群体生活中,自然形成了社会习俗,为了种族的繁衍,为了群体的发展,逐渐形成了许多规定和禁忌。习惯性地约定哪些行为可以做,哪些不可以做。比如婚姻问题,族内杂交是当初的群婚习俗,不存在道德问题。在群婚条件下,发现长期近亲繁殖,对种群不利,这才制定了部落内部不许婚配。近亲不婚也还不是出于道德问题的考虑。后来,随着社会进步,才有了近亲不婚的理论,就是古人所谓"礼"。"礼"是对已发生的事实,在理论上做出了近亲不婚的解释。社会发展总是行为在先,理论在后,形成系统的理论更晚一些。

　　人类在地球上占主要地位,主要由于人类善于处理个体与群体的关系。这点我们从人类文化发展史上可以清楚地看到。人的社会关系十分复杂,主要的关系是个体与群体的关系。个人与群体的协调关系就是"道德"的范围。处理个体与群体关系

　　* 据《竹影集》,原载《人民日报》1997 年 4 月 3 日。

的总原则是使个体的生存发展适应群体的生存发展,而不是相反。因为削弱了群体,个体也无法发展,甚至无法存在。所以每一个社会成员不能只为个人打算,而要对整个社会群体有所奉献。旧社会学和马克思主义社会学都企图解决这个问题,虽然理论各有不同说法,归根结蒂是关于个人与群体关系的学问,古人称为"义利之辨"。"义"一般指符合群体利益的思想言行,"利"一般指符合个人利益的思想言行。摆正义和利的关系,即符合道德规范。人们根据自觉的判断,采取行动,有选择的自由。但一定的社会中存在的道德规范,不能自由选择,只能遵循。只有自觉地全面、深刻认识这种关系,道德才能逐步趋于完善,以道德教育人民,社会才能更健康地往前发展,社会文化也才能进步。

今天,随着社会主义文化事业的不断发展,道德问题被提到议事日程上来,主要的原因就是今天的中国面临着一个改革开放的时代。历史上,每一次大规模的社会变革时期,道德都是先受冲击的一个部门。商品经济发展以后,出现了新的道德问题。例如中国传统的"孝"的观念,就与小农经济的生产方式有直接的关系。一个家庭的主要男劳动力维持着整个家庭的生活,养老育儿,他拥有生产权和财产分配权。经济关系决定了非有家长制不可。"孝"的观念在中国如此之深,就是由于小农经济社会维持的时间相当长。直到鸦片战争时还是这个格局。当小农经济的社会发生变化,就相应地出现了新的道德问题。随着社会交往不断扩大,社会分工不断发展,个人自食其力,原有的家庭成员之间的关系自然就会有所疏远。现代社会"孝"的观念的淡薄与人的生活方式与社会变革有关系。养育老人,抚育幼小,过去完全由家庭承担,今天有一部分责任转移到社会保险承担。社会变革只能是向前发展,不会倒退回去,所以不能简单地说

"现在人心变坏了"。

在不同的历史和文化阶段,因为有不同的社会需要,也就会有不同的道德规范。中国封建社会关于君臣、父子、夫妻关系的传统道德规范"三纲",对于维持小农经济为基础的封建社会是必需的,在当时的历史条件下对于维护社会的稳定,发展生产,是有一定历史进步作用的。但在进入新的历史时期后,原有的封建主义道德规范就会成为社会进步的阻力。"文化大革命"的教训,就是以小农经济中的家长制代替社会主义的民主制来执行。社会主义时期,应该有社会主义新的道德规范。

要有效地普遍提高道德水准和国民的整体素质,从根本上讲在于文化教育的普及。教育是立国之本,教育水平上不去,其他一切都无从谈起。科技要靠教育,经济要靠教育,道德、法制观念的普及也要靠教育。愚昧的民族谈不上有什么道德问题。现在世界上有些原始民族的语言中,有大小、长短、好坏等名词,但没有仁义、道德等名词,没有这个词就是没有这种观念。衡量一个人的行为是否符合道德精神,要看他是否有道德观念并且自觉地遵守,否则即使做了,其道德价值也不大。过去有人向往夜不闭户、路不拾遗的上古三代,事实上是无法再现的。在当今物质文明、精神文明相当发展的社会中,我们应该普及教育,在广大人民群众文化水平普遍提高的基础上,反复进行道德教育,自幼灌输道德观念,养成一种自觉的道德习惯,而不是靠强迫。爱国主义、集体主义教育都是道德教育中很重要的内容。这些都要靠文化教育来提高认识水平,要靠平时长时间的培养、训练,不是能一蹴而就的。

中国是世界上几个文明古国之一,她拥有五千年以上的辉煌灿烂的古代文化传统。这笔极其宝贵的文化遗产,内容是很丰富的。儒、佛、道三教是中华传统文化的主要载体。以前人们看到《论语》为历代儒生诵习，便以为儒家孔子影响中国文化几千年。中华文明固然多得力于孔子，但光讲孔子是不够的。比如，在讲到人类群体生活与自然环境的关系时，孔子讲得少，老、庄反倒讲得多些。他们认为，人类取之自然应该有个尺度，掠夺性的征服自然不行，既要发展自己，又不能损害自然。再如舍生取义、吃苦耐劳等道德，墨子讲得比较多，老、庄讲得少。这些都是我们宝贵的文化财富，是中国传统文化、道德的精华，应该努力吸取，同时要抛弃其中封建性的糟粕。

在继承、弘扬中国传统道德文化的过程中，也要注意对外来优秀的道德文化观念加以鉴别和吸收。中国古代汉、唐两代号称盛世，就是中华民族先后开通陆上和海上丝绸之路，在与外来文化的交流中择善而从，充实、发展了自己。古代发生社会影响的佛教典籍，都是经过中国学者注释改造的。现在我国正处在改革开放的新时代，中外往来更广泛、更频繁，视野广阔，超过历史上任何时代，不但有经济交流，还有深层次的文化交流。外国道德传统中有些好的东西值得我们学习，比如公平竞争的观念、进取精神、不吃祖宗饭等等，这些方面，西方讲得多些，我们东方讲得少些。中华民族历来有善于交流、融合外来文化的传统，现在对于西方的道德文化也应如此。

在改革开放的新时代，我们宣传继承、弘扬中国传统道德文化，就是要在继承旧传统中注入新的内容。中国传统道德文化与时代步伐相配合，不断发展变化，所以中国优秀的传统道德文化既古老，又年轻，上接几千年的传统，又有强大的生命力，永远进步而不会停滞。我们正满怀信心地继承过去的优良传统，创建未来的新文化。

人文科学内蕴包罗万象 *

我一向主张青少年能多了解我国的历史文化。我们的一些留学生出国时,面对外国朋友询问到我们的古老文明,往往瞠目结舌。解决之道不仅仅在课堂,课外知识的吸收对青少年大有裨益。中国古代几千年传统文化——哲学、文学、史学——其中内涵丰富,如能取精用宏,人文传统恰可以对峙当今世界轻视人文,不懂人文的流行病,即,可作为建设中国特色社会主义的新文化,也算我们中华民族对全世界六十亿人口的一份贡献。

我推荐两套人文丛书:《中国文化史知识丛书》和《人文科学通识教育丛书》。这是两套系列人文知识作品,前者共一百册,篇幅短小,开本更是简练,内容涉及考古、史地、思想、文化、教育、科技、军事、经济、文艺、体育十个门类,由国内百余名专家学者参加编写,是面向青少年和一般读者的大型文化普及丛书,也成为共青团中央启动的"新世纪读书计划"中的第一批推荐书目。后者是由人文科学各领域的知名专家学者分别著述,属"大家编小书"的一种尝试。其重点不在学科性,而在人文精神之弘扬,以使人文学者们以通俗的方式推广他们的最新成果的同时

---

* 　原载《科技文萃》2005 年第 2 期,大标题为《腹有诗书气自华》。

41

给社会以思想滋养。

我主张历史文化读物的风格应是"大家编小书"。我以为，普及读物就应该做得薄、轻，成为口袋书，这样也方便阅读。

青少年了解的历史应该从远古到近代，包容性要强，涵盖面要广。我们主张的人文科学，是关于人类的全面认识的学问。人生的目的是什么，在这个世界上，人与人的关系如何对待，人生观、价值观，这领域的知识，我们的认识比起两三千年前的古人进展不大。古人说"观乎人文化成天下"，这里已经提出人文教育关系到天下的治乱安危。这是古人的卓识，但古人只看到少数圣人在"观乎人文化成天下"的特殊功能，认识只有"圣人"有能力，有责任来"化成天下"。我们现代人，不能等待"圣人"出来"化成天下"，而是"不靠神仙皇帝全靠我们自己"。具体到我们的当前人文科学的任务，就是要落实到文学、史学、哲学等方面。因为史学给人们以具体的借鉴；文学给人们以有血有肉的形象显示，升华感情，美化人生；哲学给人们正确的人生观、世界观、价值观，使人具有与时俱进的发展观，统筹全局的全局观，使人摆脱愚昧，变得聪明。

弘扬人文精神　为人类做贡献[*]

　　人类属于自然界的一部分。人类要适应生存环境,同时也改变了自然环境。比如,人类发明制造工具的同时,改变了山石的面貌;发明用火,改变了森林的原貌;发明耕种技术,改变了草原的自然生态。在人类总结他们的经验时,认识到征服自然的能力。

　　随着生产实践、社会实践、科学实践的进步,人类觉得向自然界索取得越多,对人类的生活改善越多。

　　20 世纪以来,自然科学有了飞速的进展,人类认识到对自然既有利用,又有改造,认为对自然改造得越多,对自己的依赖逐渐减弱。这一观念发展到极致,有人设想,地球资源用完了,不必过虑,可以搬到其他星球上去。

　　这只是不切实际的幻想,而且是一种危及人类生存的妄想。人类与自然之间是互相依存,共生共荣的关系,而不是一方必须吃掉对方的对立关系。古人说的"天人合一"早已指出人与自然有着内在的关系。由于人类对自然界的认识研究用力较多,成

---

　　* 本文系作者为中国青年出版社出版的《人文科学通识教育丛书》所写的序的一部分。原载《光明日报》2004 年 7 月 6 日。

果也较丰富,不免引起上述的错觉。近来,人们遭遇频繁的自然灾害,如酸雨、土地荒漠化、水质污染、疯牛病、艾滋病、各种化学污染造成的职业病和温室效应……凡此种种,都是人类在给自己挖掘坟墓。

推测根源,即在于自然科学发展较快,而人文科学、社会科学进展迟缓,远远落后于自然科学,于是造成了人类认识的畸形病态,出现了两种学科跛足现象。

科学是一个整体。科学知识有其完整的体系。近现代,为了研究方便,人们把研究的对象划分不同领域,分别研究。而自然界现象是综合出现交互影响的。比如,近代医学把人的生理结构分成循环系统、呼吸系统、神经系统、消化系统等,都是为了便于观察。而人类发生的病症,单独出现时少,并发症比单一症状出现的频率更高。如高血压与心脏有关,与情绪波动、消化、气候变化以及环保、日常饮食也有关系。

人文精神,不只是人们日常生活不可缺少的要素,即使对自然界、人文素养深厚的民族,也无处不在。面对浩瀚的大海,我说它深阔博大,对高山,说高峻雄伟,其实,对海的定性,只是面积和深度,山的定性,只是高度和面积。博大,雄伟,是人们赋予山和海的人文因素。刮风,有暴风、和风;雨有喜雨、凄雨;日有烈日、煦日,这些自然物并不具备暴、和、喜、凄、烈、煦等人文属性。在文化素养浓厚的民族中,才赋予人文属性。没有生命的自然物活起来了。据社会人类学调查,在文化素质不高的民族部落的眼里的自然物,就没有人文属性。

古人称天、地、人为"三才",认为这三者(即人与自然)有不可分割的关系。在科学昌明的今天,人们应当深入认识这一问题的重要性。

凭借科技手段可以增产,对产品却不懂得合理分配。武力暴力可以征服弱者,却得不到钦敬。有权势强制的婚姻,却得不到真正的爱情;拥有足以毁灭地球的核设施,却保证不了和平。富有可以换取方便安逸,却换取不到幸福。种种力不从心的现象,根源都出在人文科学与自然科学畸轻畸重,引发的跛足病象。这一跛足病象,已弥漫于全世界,发达国家尤其严重。中国古代几千年传统文化(哲学、文学、史学)中涵有丰富、亟待开发的遗产。如能取精用宏,人文传统正可对治当今世界轻视人文,不懂人文的流行病,既可作为建设中国特色社会主义的新文化,也算我们中华民族对全世界六十亿人口的一份贡献。

人文科学,是关于人类的全面认识的学问,人生的目的是什么,在这个世界上,人与人的关系如何对待,人生观、价值观,这领域的知识,我们的认识比起两三千年前的古人进展不大。孔子、老子时代的生产方式、生活条件与今天相差极大,而人生观、世界观、教育观,今人比古人相差不太远,有些方面还看不出现代人比古人进步了多少。

古人说"观乎人文以化成天下",这里已经提出人文教育关系到天下的治乱安危。这是古人的卓识,但古人只看到少数圣人在"观乎人文以化成天下"的特殊功能,认为只有"圣人"有能力,有责任来"化成天下"。我们现代人,不能等待"圣人"出来"化成天下",而是"不靠神仙皇帝全靠我们自己"。自己造成的危害,只能靠自己来解决。具体到我们的当前人文科学的任务,就是要落实到文学、史学、哲学等方面。因为史学给人们以具体的借鉴;文学给人们以有血有肉的形象显示,升华感情,美化人生;哲学给人们正确的人生观、世界观、价值观,使人具有与时俱进的发展观,统筹全局的全局观,使人摆脱愚昧,变得聪明。

基于对当前人文状况的关注不够,中国青年出版社推出了这套《人文科学通识教育丛书》。本套丛书是人文科学的普及性

45

读物,是由人文科学各领域的知名专家学者分别著述,属"大家编小书"的一种尝试。其重点不在学科性,而在人文精神之弘扬,以使人文学者以通俗的方式推广他们的最新成果的同时给社会以思想的滋养。考虑到本套丛书的读者对象为高中及高中以上的青年学生,故在编写过程中突出通俗性、启发性、引导性、深刻性和开放性。又因为人文科学的特点所决定,即使是通俗性读物,也必然有学术性探讨的特征。因此本套丛书力图立足于学术前沿,占领思想的制高点,才能高屋建瓴,更能有效地发挥启发和引导的功能。

认识世界 认识中国*

世界上的文明古国遍布于欧、美、亚、非。这些文明古国长的有五六千年的历史，但是它们都先后从历史舞台上消失了，剩下唯一的一个就是我们中国。中国有文字可考的历史至少有五千年以上。因为中华民族善于吸收外来文化，并不断改造固有的文化，所以能保持青春活力，既古老又年轻。

由于中国历史长，过去有过高度发达的文化遗产，拥有丰富的文化知识宝库。据不完全统计，中国保存的古籍超过十二万种，堪称世界之最。用汉文字写成的文学、历史、哲学、科学等典籍为世界各国学者所关注。中国又是一个有十二亿人口的大国，随着国民经济的飞速发展，城乡广大市场引起世界各国工商企业家的极大兴趣。随着中国综合国力的增强，对中国不友好的人士也不得不硬着头皮研究、了解中国的历史和现状。

国外有许多国家讲授汉语文，我们国内也有为外国学者开设的院校。随着几十年来中外交流日益频繁，教学内容也日趋丰富，从生活用语转向深层次的文化学习，使他们逐渐接触中国文学名著。这种改进标志着对外教学向深层次开展，预示着对

---

* 据《竹影集》，原题《汉语教学回顾与前瞻》。

外汉语教学很有前途的开端。

近五十年来，世界各国引发了研究中国的兴趣，出现了中国热。汉语成为了解中国主要的工具。从事汉语教学、汉语研究的人数逐年增多。这种学习汉语、研究汉学的兴趣与五十年前有所不同。五十年前，外国人学习汉语，研究中国文化，多从考古、社会学、民族学着眼。今天世界各国学者学习汉语，研究中国文化，是企图认识、了解这个活生生的国家，要和她打交道。中国的地位变了，外国人对中国的看法也变了。为了适应这个新的变化，我们的对外汉语教学的重点也要适应这种新形势，有所改变。

对外汉语教学，不能停留在外国学者需要什么我们就讲什么。这是对外讲授的起码要求。我们要主动地结合中国特色，把优良传统、能代表中国文化的精华部分推广出去，使他们不仅学到汉语文的知识，还要来向学汉语的学者介绍中国的好传统，通过教材、教学内容，正确、客观、系统地介绍中国文化的价值观、世界观。通过汉语教学，我们广交朋友，增进国际文化交流的深度和广度。

记得第二次世界大战结束，在亚洲参战的美国复员军人，有的继续读大学。他们中有人学习汉语，由于解放后，美国与中国断绝外交关系，这批学汉语的复员军人多在台湾和日本读大学。他们习汉语几年后，既通晓了汉语，又成为美国第一批白人汉学家，他们学过《论语》《孟子》《庄子》，有的成了东方系或哲学系的专家教授。

我们虽然从教授汉语起步，却要着眼于培养外国的汉学家，不能满足于培养一般翻译人员，而要有计划地培养外国的青年汉学家。遍布世界的汉学家成为我们广交朋友的桥梁。

21 世纪全世界共同关心的两大问题，一是和平，一是发展。

为了实现和平,我们要增进国与国之间的了解和信任。了解是信任的基础,国际间的信任建筑在国际间了解的基础上。只讲授语言的应用,而不是深入到文化的内涵,只能学到中国的表层,无法认识中国文化的本质。我们的对外汉语教学,要通过外国语言教学为维护世界和平尽一份力量。新形势下的新任务,深化了汉语教学,推进国际文化交流,为世界和平服务。

《中日文化交流丛书》序 *

中日双方有长久相互交往的历史,有经济的、政治的和文化的。经济交往带来经济效果能立刻见到。政治交往取决政治形势的需要。效益不像经济交往那样显著,它却是经济交往的有效保证。文化交流有不同的层次:生活文化,代表国家或民族文化的生活特色,如饮食、服饰、器用等,其特点使人一望而知。生活文化之外,还有观念文化。它属于文化的精华部分,它反映了伟大国家、民族赖以生存发展的精神支柱。

关于这三方面的交流(经济的、政治的、文化的),中日两国都有成熟而深刻的经验。经济交流常常是推动双方接触的前导。比如古代的丝绸之路,就是由中国与欧亚大陆的商人开辟的。由此引出宗教文化的传播及政治交往。丝绸之路有时不能畅通,不是经济不需要,而是受到政治的干扰,陷于中断。

文化交流在三种交流中的作用是前两者无法取代的。它的作用在于促进人们不同文化之间的了解,先从生活文化开始,如饮食、服饰、器用的互相观摩,接着是观念文化的交流,从而促进

---

* 据《任继愈学术文化随笔》。《中日文化交流丛书》,科学出版社,1992年。

双方深层次的了解,吸取彼方所有,补充此方所无。如佛教文化传到中国,经过吸收、消化、融合,成为中国传统文化的组成部分。

中国古代文化的某些部分,也被日本文化所吸收,成为日本古代文化的组成部分。如日本佛教文化、儒教文化,都带有中国文化的印记。

经济交流的特点在于互通有无,每一次交流都为双方带来实际利益。政治交流是经济、文化交流的保障。

唯有文化交流给交流双方带来的效益长远而深刻,高品位的、健康的文化交流,不但有益于当前,还能造福于后世。凡是正常的交流要以友谊为基础,真正的友谊产生于双方的了解。了解得越深入,友谊越持久。这样基础上开展的经济交流可以平等而互利;政治交流才能互信而稳定。

中日交流,不仅是两国之间的事,做得好,必将促进亚洲的安定繁荣,关系到世界的和平与发展。长久互利在于互补,双方互信在于了解,这都要以文化交流为纽带。

中日文化交流可有多种渠道、多种方式,可有多种媒体传递。《中日文化交流丛书》是不可缺少的一种方式。古代,日本佛教、儒教的经典来自中国。唐末五代(9、10 世纪)中国大乱,典籍散亡,佛教天台宗从日本携回部分散佚典籍,重振天台宗,史书上留下了友好的记录。20 世纪初,中日学者交往频繁,中国学人不断到日本访书,搜求散佚在海外、国内缺少的典籍,日本学者也从中国搜集古籍图书。今天北京图书馆善本部所藏的《资福大藏经》就是杨文会居士从日本购求得来的。

前人走过的友谊之路,今天我们接着走下去。《中日文化交流丛书》的刊行,其影响将不限于文化领域,也会给双方的经济发展、政治互信,给亚洲以至对世界的安定繁荣发挥积极作用。

文化交流以图书资料为先导,古人已有过成功的先例,今天中日两国人民应当比古人做得更好。

人类患了"知识结构跛足病"*

一

人类是聪明的,号称万物之灵,但人类做出的蠢事也居万物之首。

从 20 世纪的后期起,世界已进入经济一体化。经济生活几乎不受国界、地区的限制。在世界上一个局部发生了经济危机,很快波及全世界。这种情况,在一两百年以前是不存在的。现在,在全球各地旅行的人都会发现,每一个大的城市百货商店里陈列的日用商品,均来自世界许多国家的工厂制造。结构复杂些的工业产品,如飞机、汽车、船只,它的零部件,都不是出自一个国家和地区的,只是最后由一个工厂总成。这种现象说明生活细节中反映经济的一体化。

现代人正生活在一个充满了矛盾、困惑的世界。表现在诸多方面,仅列举几种现象来加以剖析。

"巧于制作(包括创造),拙于使用"。20 世纪的后半期,工

---

* 原载《北京日报》2005 年 1 月 24 日。

业技术有了空前的发展,人类以现有的手段,自称没有制造不出来的东西。中国古人称赞手艺高明的技术为"巧夺天工",今天已不成问题。地球由星云演化,要有若干亿年才形成今天的面貌。有人宣称,用原子能弹头,可以在几分钟内毁灭地球好几次。难道一次还不够吗?

人能通过转基因制造新物种,连"上帝"也造不出的疯牛病、工业酸雨等,这些人造新产品漫不经心地出自今天的人类之手。

人亲手造出的产品有时使人类对它无法处理,像某些大国,拥有大量的原子武器,存在武器库,却不知如何使用,不能确定向什么地方投掷。虽然拥有它,却又难以驾驭它,还唯恐别国仿制,科技先进的结果反倒成为负担。

"巧于生产,拙于分配",也是现代人遇到的新的矛盾。以粮食为例,一方面粮食积压在仓库,陈旧变质,同时又有大批饥民,每年因营养不良死亡的儿童几十万上百万。一方面有能力制造出大量的纺织品,与此同时出现成千上万没有衣服穿的贫困人口,有的整个部族还过着赤身裸体的原始生活。

"物质产品极端丰富,精神生活相对贫乏",这又是一对矛盾。信息交流空前发达,而心灵隔阂不断加深。由于隔阂,引起误解、敌对、仇恨,甚至导致流血战争,导致死亡的人数不断增加。自然死亡,是生物规律,应无遗憾;非正常死亡,却大大高于正常死亡。这一反常现象,见得多了,习以为常,反倒让人见怪不怪了。医学发达,从肢体移植到内脏移植,存活率逐年提高,几十个专家,费去若干日日夜夜挽救一个生命,手术高明令人叹为奇迹;另一方面,一颗仇恨的炸弹一分钟内毁灭了成百上千无辜生命。人类是聪明的,号称万物之灵,但人类做出的蠢事也居万物之首。

二

人类自从社会化以后，在不断改变着整个地球，也改变着人类自身。

回溯人类从动物演变成人，首先的标志是从自然人、生物人，进步为社会人。这是一个质的飞跃。昆虫（如蜜蜂、蚂蚁等）也有社会性，但它们的社会性是不自觉的，是本能的，所以只是重复地延续，而没有发展。千万年前的蜜蜂、蚂蚁与今天的蜜蜂、蚂蚁几乎没有什么两样。而人类自从社会化以后，却在不断改变着整个地球，也改变着人类自身。人类的势力不断扩张，挤占了其他物种的生存空间，物种逐渐减少、灭绝。自然界被掠夺，生存环境被人类挤占，应该是重要原因。

亚洲和欧洲人类这三千年来的发展的重要标志是他们的宗教和哲学。人类文明起源于宗教，宗教为知识之母，是事实。人类有了宗教，是人类发现自我的第一步。宗教开始接触到人与自然、人与人、现实已知世界与未知世界是什么关系，古今宗教学者都有过认真的探索与解答。

三

"知识结构跛足病"是弥漫世界的常见病、多发病。

面对 21 世纪全人类共同感受的困惑，东方西方有识之士都提出了种种构想，试图走出困境。最终发现困境是人类自己制造的，是人类前进中不幸的遭遇。

人类生存在地球上，必须正确看待自己赖以生活的环境，既要改变利用它，又要适应它。遗憾的是迄今为止，人类的智力主要用于开发自然,为改变世界投入全部精力。近现代一些科技新成就,都属于改变自然的一些成果。至于如何认识人类自己,如何适应自然则注意不够,甚至完全被忽视。我们人类自以为无所不能,却没有估量一下自己的智慧和能力究竟有多大!

人们所遇到的困惑,是由于未能正确认识自己,没有认真反思,一味向外追求的后果。难题是自己出的,只能由自己解答。中国大史学家司马迁说过,他撰写《史记》的目的是"究天人之际,通古今之变"。这里提出的"天"包括自然界,也包括自己以外的一切存在,如关于神的信仰等。如何正确处理人与天的关系(之际)是司马迁两千多年前提出的一项课题,今天还是一个有待进一步探究的古老课题。宗教就是探究"天人之际"这个广阔领域的学问。

两千多年前的庄子,早已指出观察客观的"天"要有全局观点,要清醒地防止人类认识的局限性、片面性。他提醒人们,观察任何事物,不能光从一个角度着眼,从而减少失误。如果只看到向自然索取之利,不见索取之害;只看到战争之利,而忘了战争之害,是极大的错误。他列举了多角度观察方法,提出"以道观之""以物观之""以俗观之""以差观之""以功观之""以趣观之"等易位观察法,这种多角度的易位观察法,提出来两千多年了,今天看来,并没有失去它的新鲜感。我们今天有些人,还远远没有达到庄子的思维深度,这不能不使人认真反思。困惑的病根在哪里?就在于对外界注意多,对人类自己的能力认识得少。人类患了"知识结构跛足病"。科技这一条腿太长,而人文科学这一条腿太短。

当务之急,不是把科学这条腿截短,既然已长起来,不可能截短,而是尽快地对那一条短腿增加锻炼,使它加快增长,改善几百年长期跛行的困境。这种知识结构偏瘫症,不是一国、一个地区的偶发现象,而是弥漫世界的常见病、多发病。只有充分发挥人类的积极性,群策群力,持之以恒,才可以有所改善。几百年积累下来的宿疾,并非一朝一夕可以治愈的。一旦奏效,这将是可以影响千百年,造福亿万人的事业。

·社会生活评论·

自由的限度 *

我们通常的看法，可以把自由分为两种。一种是身体方面的自由，一种是精神方面的自由。所谓本身方面的自由是指我们的行为的自主性。精神方面的自由，是指我们的思想的自主性。

第一，自由是什么？我们所谓自由是指人类言行自主性。我们可以肯定地说，人类言论及行动是有它的自主性，世界上是有自由，因为，我可以随便去想任何的事，而不受限制，它可以完全自主。例如我可以想飞，也可以想到现在上海某人正在做什么。坐在监狱的强盗，仍然可以幻想一些杀人放火的行为，而不受任何限制或干涉。这就是说我们的思想是完全自由的，可以随便去思想。至于身体的自由，就不免受到种种实际上的限制。比如说，天太冷，虽不喜欢多穿衣服的，也不能少穿；谁都不愿意吃苦，但必要时，也不能不吃苦；谁不愿意过舒服的日子？有时因种种条件的不具备不能使我们过得舒服。事实上，可以说身体方面的自由，或行为方面的自由，要比思想的自由少得多。一

＊ 原载《中兴周刊》(青岛)1947 第 7 期。

般人的看法,总以为,历史上所记载的革命,所争的自由,也差不多可以归到行为的自由一类。

第二,如果更进一步来看,我们会发现这个问题并不这样简单。上面所指的思想的自由及行为的自由应当是一类而不是两种。因为行为是由思想所产生的,而思想也一定要藉行为来表现。没有思想的行为,我们只能叫它为"动作"。比如,我们打一个喷嚏,伸一伸懒腰,这是完全不经过思想的活动,这些只能算是动作,而不是行为。所以无所谓自由或不自由的问题。凡是行为一定是自觉的,自主的,自己负责的。所谓自觉,就是说这种行为的价值,目的,结果,我们自己明白。所谓自主,就是说这种行为不是别人强迫我来做的,而是我自己的主意。自愿的行为既然是自觉自主,当然其结果要由自己负责,再就思想方面来说,思想如果没有行动来表现它,则它即是空空洞洞的思想,只是幻想妄想。思想在脑子底活动时已经是行为了。思想写在纸上,印在书上,发表在口头上,不能不说是"行为"。所以思想与行为永远是一致的。

第三,思想的自由,与行为的自由既是不可分,就不能产生像刚才所说的两种分别。我们绝不可以把要求思想的自由看作一件事,把争取行为的自由看作另一件事,而应当把这两者看成一件事的两面。这也就是说思想的自由与行为的自由是不可分的,而且永远是人类共同要求的,也是应当要求的。在目前的世界上任何一个国家,都没有使任何一个人得到绝对完全的自由,只是比较的有些国家的人民自由多些,有些国家的人民自由少些。当然,大家都承认被打倒的法西斯主义的德国及日本,他们的人民自由很少,不管在思想上还是行为上。就以大战中胜利的国家来说,如英美与苏联,至少苏联党治主义及新闻统治等是不自由的,英美的人民较之自由似乎又多了些。但这不过是五十步与百步之别，与我们所理想的自由还差得很远。绝对的自由，是不可以在人类中实现的。因为我们的思想与行为不是天生的，而是在一个人群中，社会中熏陶训练而成的。一个人生下来，在他母亲的怀里，在学校里，在朋友群里，在师长指导之下，以及书籍中所得的教训，种种都足以使他受很大的影响。在社会中，有大家的习惯，有寺院或礼拜堂，一切的风俗、习尚等影响，使一个人渐渐的，而且是几乎不可违抗的形成了他的思想。使他的思想渐变成了定型。这些具有定型的一群人，一方面互相熏陶着、影响着，另一方面又在无形中影响着新生的下一代。所以说，人类可以有自由，但人类没有绝对的自由。任何人的思想，都是从某些方面接受过影响的，于是自由就有了限度，世界上断不会有那种凭空而生无来历的自由。

第四，既然人类不能有绝对的自由，我们又何必要求自由？社会又何必改革？关于这一点，我们可以说，绝对的自由固然得不到，而相对的自由对于人类是必要的。我们说人类的自由有它的限度，这个限度就是人类的组织，家庭，朋友，书籍，以及社会上种种风俗习惯所给我们的无形的熏陶。这个限制就是我们所谓自由的限度。它是社会性的，而不是一部分人的限制。所以我们求得自由是一个长期而艰苦的文化上的努力。凡是大思想家，大革命家，大文学家，大宗教家，他们有一个共同的特点：就是叫人走向自觉的道路，也就是自由的道路。他们的努力，可以使社会有所改进，而这个改进了以后的社会，所给人民的自由，也比较未经改进以前的社会多些。这也等于说，在历史上，因此，人类的自由更多了一点。我们从历史上可以看出多少的进步，自由的限度也随着显明的放宽。我们从洪水猛兽侵害生存的时代，神权时代、封建时代、帝王专制时代，到了现在。除了还未得到的那些自由以外，至少上述的许多从前人所受的限制，我们现在已经解放了。比起古人来，我们应当承认，我们比他们更自由些。

但是文化、思想、学术，是永远进步的。那末，社会也就永远在改进。自由的限度自然也跟着放宽。所以求自由，不是一个人的力量所能强的，而是在人类精神文化的领导下，进步的结果。人类应当求自由，人类也"是"在求自由。可是，人既然在社会中生存，不管社会主义或是资本主义，总不免受他现在所处的社会的熏陶、影响。同时，思想及文化又都有承先启后的功能。所以，自由总不能不有一个限度。我们同时也要明白，这种限度是可以随着文化、学术的进步而放宽的。我们尽管承认自由是有它的限度的，但是更不要忘了文化的努力是促进社会进步，求得自由的最根本的办法。

人心与政治*

常听见人说,今日的世界是人心不古,道德衰微的时代,这种见解显然以为今不如古,古时的人心好,现在的人心坏,政治的不上轨道,是由于人心不古所致。

古时的人心是否真好,现在无有证明,古时的人心也是坏的,倒是书有明文。《尚书》上即说过:"人心惟危,道心惟微。"以古是而今非的这种见解,从历史的事实上虽毫无根据,但是有他的理由。近代西洋精神输入中国后,中国人知道把理想的目标放到未来。过去的中国人,都是把理想的最完善的鹄的放到过去的尧舜三代。所以孔墨老庄都讲尧舜三代,而各自不同。他们不是讲的尧舜三代的史实,而是借此发挥自家的理想。

倘有真正泥古不化的人,以为世风越古越好,人心越变越坏,那末,处今之世,既已不能再回到古代,则世界将永无光明之一日,我们只好一任社会坏下去,还有什么办法呢?所以我们不能赞同这种办法。

至于人心,只是这个人心。古人的喜怒哀乐之感,我们也有的;古人的好恶是非之辨,我们也有的。我们决不能说今人的人

---

* 原载《正论》(北平)1947 年第 7 期。

心比古时好,但也不能说今人的人心比古时坏。细看古今历史,总是乱多而治少,至于像目前的中国,乱得这样彻底,倒是少见的。唯其如此,有些人对于人心发生了怀疑。

目前的中国政治上的污点真是无从说起。单就行政效率来讲,谁都承认中国的衙门办事无效率,不负责任,也认为这与人心有关。可是同样的公务机关,银行与邮局的职员办事,即比较有效率,负责任。我们能够说,银行与邮局的职员的心是好的,其他的机关的职员的心都是坏的? 若不知道归咎于政治的制度而归咎于人心,这显然是不通的见解。

在表面上看,从来政治腐败,官吏贪污,人民困而盗贼起的时代,人多以为是人心最坏的时代。其实,这种混乱的产生,乃是由于赏罚不明,是非莫辨,法纪废弛的结果。所以有的开国君主,十年之内即平定天下,由大乱而跻于大治,何以十年之前人心尽坏,十年之后人心尽好? 天下断无此理。

政治上的问题,为政者应当有正面担当的勇气,就政治而言政治,即应明赏罚,辨是非,严法纪。果能如此,纵使君昏于上,而仍能政清于下,若抛开政治的法则而不去遵循,而空讲道德,偏要学孟子的正人心,息邪说,此乃忘本。所以每次新官上任对僚属训话,总有一篇勉人以道德良心的官话,这样官来官去的训话,陈陈相因,如太仓之粟,腐不可食,而实际上的政治的成绩也越不堪问。我们应当明白,把政治寄托在良心或道德的空言上,远不如寄托在法纪上更为可靠。因为政治的良窳直接系于法纪,而不直接系于空泛的道德律令或训词。

我们并不是反对良心与道德,并不是以为良心与道德与政治无关。同时我们以为道德是人类的一切行为的基础。每一个人,都应有自发的,自主的,扩充自己的良心的天职。对于每一个人来说,良心是每一个人自己的法官,使自己立法而自己遵守。但是就政治范畴而说良心或道德,即非其内容。正如每一个人应有宗教的虔诚,敬畏上帝,或忠心于某种主义而信仰不渝。但就政治而谈政治,却不可以上帝来代替严法纪与辨是非的政治上的法则。

欧美的政治,大体说来,是比中国清明而有效率。他们每一个人,对于上帝的虔诚或主义的信仰,当远胜于中国人,难道他们不懂得什么良心与道德?但是他们实事求是,在政治上,他只是辨是非,明赏罚,严法纪,偏偏我们以精神文明自居胜过欧美,自以为我们的仁义道德比他们强,所以我们的政治首脑们便专讲良心与道德以自豪。可是,这种高深的精神文明,却把政治弄得更糟,更乱,更黑暗!我们不值得反省吗?

为人与成佛*

有人问孔子,"以德报怨"的这种为人的态度如何? 孔子答曰,如果以德去报怨,那末,用什么去报德呢? 应当以直报怨,以德报德。

这种态度,以德报怨与以直报怨,也就是宗教与道德的分野。

道德即是"人伦之学"。人伦是讲人与人之间的关系与秩序的。如君臣,父子夫妇,朋友的相与相处都有一定的分际。相处得好,即是人伦之至。圣人者,人伦之至也,圣人,仍是世间的,对于一切有分别相的;宗教则要以德报怨,爱他的仇敌,度一切众生,他要忍辱而不计较。

在道德的境界,是要讲人与人间的关系的,否则,无道德可言。而宗教是要泯除人我,是非,善恶,恩怨种种分别的。看起来,宗教与道德是相反,其实是一致。

宗教不是"反道德",而是"超道德"的。宗教不是不要道德,而是在道德的基础之上,更进一步。

人而无耻,即不得算作人,在道德上说,有耻是为人的起码

---

* 原载《世间解》1948 年第 9 期。

的条件,有耻才能有所不为,无耻则可无忌惮,无所无不为了。而宗教的忍辱,并不是无耻。无耻是为满足其欲望而无所不为的行为;忍辱,有报复的力量而不忍心去用作报复,而甘心忍受。以佛的神通,可以使虚空粉碎,大地平沈,他原可以不怕一切的暴力。但是佛对于横逆之来,甘心俯首忍受,这便是伟大的忍辱的精神! 今人常说的阿 Q 精神即是无耻。所以,只有忠臣,孝子,义士,仁者,才能成佛。禅家也常说"放下屠刀,立地成佛",若常将一把屠刀在手,残人以肥己,做人也成问题,是不能成佛的。

宗教的精神是超道德的,不是"不道德"的,正如哲学的精神是超知识的,不是"反知识"的,是同样的道理。必先能为人,然后再说成佛。连人伦还不能尽,学得些佛家的知解,以自求多福,或妄以为可以"将功折罪",这是最狂妄最可怜的人。

无分别相,并不是"夜间观牛,其色全黑",无分别是超分别。

道德起源于良心,创发于反省;宗教是超乎良心与反省,而用浑然与物同体的深阔广大的愿力来代替了从个人出发的良心与反省,它是在良心与反省之上的更进一步,并不是反良心,反反省。

道德的行为,心赖深智与厚情,仁民爱物,格物穷理,皆从此出。而成佛,更需要深智与厚情,以其广厚深远不可以恒言名之,故曰般若,曰慈悲,究此根亥则一也。

儒书云,"孝弟为仁之本","斯可忍,孰不可忍",此是登欢喜地之第一阶梯,不可等闲视之。

坚决反对享乐腐化！*

——《高士一反省享乐腐化思想》的反响

读了 4 月 20 日贵报第三版刊载的《高士一反省享乐腐化思想》一篇报道,我感到高士一的错误,固然主要是由于他的思想作风的错误,但在另一方面,我以为我们的人民政府还没有建立起严格的人事及薪给的制度,在客观上也纵容了这种享乐作风的发展。

假如政府有定额的编制,每一个工作人员都有他固定的工作岗位和职权,那末他就不会那样容易地"接收"花匠和伙夫,使"五个人侍候他一个人"了。其次,由于在高级干部的薪给待遇方面没有严格的定额的制度,花钱可以随便,所以才使他可能有"买五支派克钢笔,买照相机两个,望远镜两架,摩托车一辆,还有海参等其他东西"等浪费的行为。如果他有一定的供给或薪给,即使他想买这些东西,一时也买不起,买不全。虽然,"买不

---

* 　原载《人民日报》1950 年 5 月 5 日。

起"，并不就是证明他没有享乐思想，但是至少在客观上人民的财产会减少一些不必要的损失。同时，客观条件的限制，也是可以对他的享乐思想的发生起着一定的限制作用的。

因此，我以为如果我们的各级人民政府能及时建立一套严格的人事及薪给制度，再结合批评与自我批评，才可以切实有效地保证我们的干部不腐化。否则，光有思想作风的反省，仍是不够的。

把个人主义连根拔掉 *

　　这次伟大的双反运动使每一个真正参加的人都受了一次最生动、最深刻的教育，包括我自己在内。它真是一场轰轰烈烈的政治革命和思想革命。它烧掉了许多对社会主义建设危害的东西，其中也包括个人主义。

　　到今天为止，彻底的、露骨的个人主义，已经基本上搞臭了，在太阳光下已不敢公开宣扬。

　　但是，个人主义是不是已经绝迹了呢？还没有。不但没有绝迹，相反地有些人在双反运动的声势之下，把个人主义的丑恶思想保护得更紧了。有些人为个人主义的"合法"地位寻找种种借口，为保护个人主义在作最后的努力。像什么"小个人主义无害论""知识分子个人主义高尚论""服从分配吃亏论""个人主义不可避免论""积极个人主义论"等等。这些"理论"有一个共同的特点，那就是他们企图从各种方面找借口，企图把个人主义保存下来，认为个人主义还有可爱的地方，所以不应消灭个人主义。

　　个人主义是个历史范畴，它是随着私有制而产生的。现在

　　*　原载《中国青年报》1958 年 6 月 11 日。

个人主义已经失去了它的经济基础。今天社会主义势力在全世界已是东风压倒西风,在国内社会主义的绝对优势更是极为明显的事实。个人主义是资产阶级的思想体系。在今天它和社会主义的事业,是愈来愈处在尖锐对立的地位了。因为我们要建设的社会是人人幸福的社会,这种社会里是"我为人人,人人为我",这里要消灭剥削,从制度上要保证不许少数人占便宜,不让集体事业受损失。每一个人只要为社会主义的集体事业努力,他个人的利益也就包括在集体利益的里面。而现在种种的个人主义的说法,其主要目的就是要对抗集体主义这一原则。这些人在集体事业中不是考虑如何对集体事业有利,而是首先考虑个人的利益。在资本主义社会里,个人主义是合法的,在社会主义社会里个人主义就是反动的。而随着社会主义的巩固和发展,个人主义也就愈来愈反动。今天个人主义已丧失了它的阶级基础,已没有支持它的巩固的基地。如果还有人企图保持一小块个人主义的地盘,会越来越行不通,最后会碰得头破血流的。

有人说,"有点小个人主义算不了什么。"岂不知在目前可能是"小"的,但明天就会变成大的。因为思想和其他东西一样,都是发展的。今天他奋斗目标是为了一双皮鞋,难道有了一双皮鞋他的个人主义的奋斗目标就立刻转向社会主义吗?显然是不可能的。今天认为在工作上服从分配是"吃亏",但当达到不服从分配的"目的"后难道就不再为个人的待遇、级别向人民讲价钱吗?既然个人主义和社会主义是势不两立的东西,二者是永远也不能"结合"的。有些人认为只要永远保持中间偏左($1/2 + \Sigma$)就行了,自以为可以控制得了,个人主义就不会发展,这完全是一种空想。怎样才能控制个人主义的发展呢?只有拿出坚决的态度随时准备克服个人主义和它做斗争才有可能控制它。

有一位哲学教授说:"个人主义是不能消灭的,有个人就有个人主义。"这种谬论是针对社会主义的攻击。首先他把个人的利益和个人主义故意混淆了。我们建设社会主义、共产主义,其目的在于从根本上消灭剥削、压迫,使人人过得富足、幸福,我们一点也不抹煞个人的利益。我们只要求个人利益服从集体利益。个人主义和个人利益是两回事。

个人主义和社会主义事业的对立就在于它不顾集体利益,为了个人利益不惜破坏集体利益。思想实质上是把个人作为一切的中心,和集体对立,向集体讲价钱,向集体争待遇,这是十足的资产阶级的思想。个人主义不可能"无害",更不可能对社会主义起"积极作用"。不论什么"高尚的个人主义",即使他不是为了钱,不是为了眼前的小利,它也是为名,为更多的个人利益。为名也是为利。任何个人主义,都包含着一人享福,千家遭殃的可耻思想;任何个人主义都包含着和集体讲价钱、争待遇的思想;任何个人主义都包括不同程度少劳多得,为酬付劳的市侩思想。

我们认为个人主义在它萌芽时,似乎是表现为生活小节,好像仅仅属于思想作风的问题。但实际上它是资产阶级立场、资产阶级世界观在思想意识中的反映,在生活作风上的反映。这在社会主义时代,尽管个人主义是"小小的",它也包藏着很大危险性,总有一天它会像定时炸弹一样的爆炸。

现在人人鼓足干劲,力争上游,在多、快、好、省地建设社会主义。在这种形势下,如果不赶快把个人主义这一块石头搬掉,它会发展成为更大的障碍,甚至会把自己拉下反动的泥坑。

个人主义是集体主义的对立物,为了克服个人主义,首先要把个人的地位摆在集体之内,而不能摆在集体之外;把个人摆在集体之下,而不能摆在集体之上。我们要克服个人主义,必须端

71

正立场、建立无产阶级的世界观,多参加社会活动和劳动实践。遇到个人主义抬头时,随时以批评和自我批评克服它,勇于暴露思想,勇于依靠群众和组织的帮助。我们必须认识,个人主义和集体主义的矛盾是势不两立的,是对抗性的。它们之间必然表现为你死我活的斗争。这两者绝不能和平共处,相安无事。这决不是什么无关重要的生活作风的细节,而是两种根本对立的人生态度,在这里要分清大是大非。

个人主义是社会主义的敌人,不论它是"大个人主义"或"小个人主义"。社会主义制度限制了个人主义的滋长。因此,有许多人个人主义不得满足时,势必进一步反对社会主义制度,有许多右派分子就是以个人主义为起点,走向反动的道路的。它的危害性无论如何不能低估。所以必须把个人主义从我们的思想里连根拔掉!

永远以群众为师 *

　　1965 年,我有机会参加了八个月的社会主义教育运动,胜读十年书。在农民群众那里,受到了难忘的教益。

　　马克思列宁主义的学风与资产阶级的学风的重大区别之一是,前者理论联系实际,后者理论脱离实际。对我们来说,广大的农村,五亿农民的思想面貌,以及农村中存在着尖锐、复杂的阶级斗争,是一个重要的实际。不了解这个实际,就会有使教学、科学研究脱离实际的危险。对当前的阶级斗争的形势看不清楚,就无从研究学术领域中的任何问题。我研究的是中国古代哲学史、佛教史,目的还是为当前这个伟大的革命实际服务。不了解今,不能懂得古:对于"今"了解得不深不透,对于"古"就说不上有什么深入的研究:不了解当前社会,就无法古为今用。过去我也学习政策,关心阶级斗争,但对政策的威力却感受不深。这次下去,深深感到党的政策之所以强有力,能在群众中生根,就在于它表达了百分之九十五以上的人的愿望和根本利益。由于党的政策的正确,调动了广大群众建设社会主义新农村的积极性。现在,我回过头来再读毛主席的有关指示和政策,分外

　　* 原载《人民日报》1966 年 3 月 24 日。

觉得亲切、明确。如果不深入实际，就不能很好地领会党的政策，也就不能很好地做到"古为今用"。

长期从事教学、科学研究的人，总是要注意教学和科研的科学性、系统性等等。什么是系统？怎样才算科学？有时不是那么清醒。我们在农村，从事社会主义教育运动，有时开大会，有时开小型座谈会，有时找贫下中农个别谈心。不论在什么时候，如果不知道人家心中想的什么，大小会就开不好，个别谈心也说不到点子上去。如果思想对路，开会开到半夜，宣布散会，人们还留恋着不愿意散去；如果思想不对路，人们就会打瞌睡。回想一下我们过去教学是不是也都针对听者的疑难或主要问题了呢？有时是，有时未必是。我们从事的科学研究是不是有的放矢了呢？有时是，有时未必是。如果针对性强一些，按照毛主席的指示，每一项工作中都能做到"有的放矢"，今天大学里的教学和课程的开设，可以大大精简。去掉三分之一，甚至更多些，完全是可能的，学习年限也可以适当缩短。

我们研究古代哲学史的人，根据古书上的一些文字记载，做出分析、结论，有些人认为只要说得自圆其说，就可以站得住脚。即使调查研究不够，不大符合实际，它的错误也不见得会立刻暴露，甚至有的人明知有错误也力图为错误的观点辩护。这次社会主义教育运动中，面对的是活人活事，因此主观认识不符合客观实际，就会立刻碰钉子，真是"其应如响"。在社会主义教育运动中，为了核实一件工作，有时要进行反复多次的调查研究，掌握充分的资料才能下结论，工作是认真的，即使如此，还难免有主观不符合客观实际的情况发生。对我这样的知识分子来说，这是一次最严格的科学训练。"没有调查就没有发言权"，这一唯物主义的真理不知听过多少遍，说过多少遍。经过这一段的实践，我觉得无论说多少遍，都不会感到重复。它既平易，又严肃,历万古而长新。自己深感当前耳目所亲自触及的,判断时尚难免出差错,对于那些千百年前人物、政治事件,更要充分地调查研究,才有发言权,千万不可"掉以轻心"。一个革命者的工作,要经得起检查。经不起检查的"科学成果",算不得数。在实践中是最容易暴露主观主义的。纠正主观主义,也就增强了党性锻炼。主观主义不打倒,任何工作都不可能顺利开展。科学研究也是一样。

关在书斋里久了,脑子容易生锈,形而上学、烦琐哲学也会滋长。在社会主义教育运动的伟大斗争中,人们的思想面貌在日新月异。昨天还和资本主义划不清界限的人,今天就划清了。原来不积极的人,以后就积极起来了。原来觉悟较差,自称为"木头桩子"的人,一旦觉悟提高了,就立刻爆发出无穷无尽的光和热,成为生力军。生产面貌也随着人们的思想面貌的改变在日新月异。地里的庄稼,一天一个样子,山也在变,水也在变,伸一伸手就能摸到大跃进的脉搏。在热火朝天的大好形势鼓舞下,形而上学、烦琐哲学,不得不被革命的步伐抛在后头。在工作中有时也干些烦琐哲学的傻事,但经过革命浪潮的冲击,烦琐哲学就站不住脚了。

常常感到像我们这些知识分子,头脑里书本知识装得不少,但书本知识越多,心胸反而挤得越窄,缺乏胸怀世界的远大理想,经不起胜利,也受不得委屈。在社会主义教育运动中,我接触到许多优秀干部。他们忠心赤胆地为人民服务,不计报酬、夜以继日地为集体工作着。那里有困难,他们就出现在那里。起早贪黑,冒风雨,履冰霜,有时忙得连一口热饭也顾不上吃。古书上说周公"一饭三吐哺,一沐三握发"。地主阶级知识分子把他当成勤劳奉公的"圣人"的榜样。即使周公真正为了公事忙得不可开交,他也不过是忙于管理奴隶国家的政务,维护的不过是少数奴隶主贵族的利益,算不了什么。可是,我们农村中的优秀干部,怀着一颗为社会主义事业奋斗的红心,忘我地劳动着和工作着。群众的炕早已拆修了,干部们自己的炕,有时忙得来不及拆修;干部们的自留地,一般都种在群众的后头。至于家里挑水,喂猪,打草,搞家庭副业,干部们一般说来,是顾不上的。有的干部的妻子谈起来,常诉说自己的丈夫"不顾家",在"抱怨"中有三分埋怨,七分自豪。这种心情有什么难以理解的呢?千千万万这些无名英雄,在党的领导下,默默地坚决地在干着改天换地的伟大事业,是他们支撑着五亿农民的生活,支撑着人民公社的大厦。他们有时也受到一些群众的误解,有的人甚至在一个时期中受到一些不适当的批评,但是他们不灰心,不退缩,坚决听党的话,向"地球开战",寸步不让;对阶级斗争,挺身而出。他们昂首阔步,迎着困难前进,不愧为建设社会主义的柱石。至于广大群众的高贵品质和无穷的创造,给我的感受就像面临着高山大海,抬头看不到顶,一眼望不到边!在社会主义教育运动中,人人都在受教育,但自己深深感到向优秀的农民、优秀的干部学习,收益极大。真正的学问,真正的智慧,真正的劳动人民的高贵品质,都在他们那里,一辈子也学不完。

在学校的围墙里住久了,走进农村,真能使人拓心胸,开眼界,立壮志。今后的哲学、社会科学工作者,必须面向农村,在农村扎下根,才能把我国的社会科学的研究水平推向新高峰。

如何看待社会上不合理的现象 *

　　十年浩劫,破坏了党的优良传统,破坏了国民经济的正常发展,滋长了说大话,说空话,说假话的坏风气。现在的二十五岁上下的青年们,自从懂得观察社会,判别是非的时候起,所看到的社会主义祖国面貌,正好赶上"四人帮"造成的大混乱的局面,切身感到的到处是邪气压倒正气、是非颠倒的怪现象。对这样的现实,他们感到愤慨、不满,甚至有人消极起来。

　　我们中年以上的人,经历了旧中国和新中国两种截然不同的社会,从旧中国过来的人都明白,旧中国政治腐败,经济凋敝,年年闹灾荒,天天有饿殍。帝国主义在中国横行,中国人在世界上抬不起头来。中国人选择了社会主义,不是偶然碰上的,而是经过百多年的探索,最后才选择了共产党领导下的社会主义道路,认识到只有社会主义能够救中国。解放初期,用旧社会的苦来对照新社会的甜,人民群众不仅能够理解、能够接受,而且有深刻的体会。

　　全国解放后,一直到1956年,生产年年上升,生活年年改善,群众有吃有住有工作做,社会风气大大改变,社会主义的优越性

---

　　* 　原载《中国青年报》1980 年 10 月 28 日。

得到了令人信服的表现。人们交口称赞社会主义好。

应当看到,我们的广大干部,打天下,引导人民群众推翻旧社会有丰富的经验,也积累了在解放区经济建设的经验。但是解放区的经验用到全国,毕竟有局限性,因为那是在农村工作,解决的是农民的衣食住行问题。当时我们没有现代化的大工业。发展和管理大工业,大城市搞现代化,社会主义社会怎么搞,我们没有经验。

1957年以及1958年以后,我们自己有了一些经验,又加上农业连年丰收,于是人们把社会主义建设看得太容易了,希望一步跨到共产主义。当时建立了人民公社,认为人民公社的好处是"一大二公",认为这就是共产主义的因素。当时只看到生产关系的改变,而没有相应地提出多少发展生产力的办法。1957年以后,我国的国民经济出现了几上几下,全国生产徘徊不前,加之人口猛增,人民生活水平实际上有所下降。

我国有百分之八十以上的人口在农村,农村问题不解决,全国就不能前进。人民公社政社合一的体制给瞎指挥以条件,以行政命令代替经济规律,造成了人力、物力的极大浪费。工商业以及其他各个方面都有类似的情况。总之,我们干了不少无效劳动的蠢事,以至经济发展不顺利,政治生活不正常,"文化大革命"中过去捂着盖着的一大堆矛盾爆发了。深受其害的是全国人民,青年一代的遭遇就更加不幸。目前青年所见到的现实和所处的困境,就是承受了十年动乱的直接后果。他们不是不想上进,但是他们耽误了学习本领的机会,他们不是不想工作,但是又没有就业的门路。由此而连带出现的婚姻、家庭等一系列的问题。

多年来我们对社会主义的宣传也有缺点,形而上学比较严重,没有两分法,好就是全好,坏就是全坏。不承认工作和路线的失误,只能说好,不能说缺点和错误,把正在成长中的新生事物(社会主义)说得完美无缺。滥用阶级斗争这个手段,把坏的、不合理的事,不加分析,都归结为敌对阶级的破坏。在电影、戏剧中,总是把罪过推到暗藏的敌人的头上,最后揪出坏人,人民胜利了。在社会主义这杆大旗下,被描绘得一片阳光灿烂,到处莺歌燕舞。我们自己制造出来的脱离现实的形而上学的道德说教,到头来不得不受到惩罚,青年人拿学到的道德标准和现实生活相对照,立刻发现自己的理想和社会上存在的现实对不上号,于是产生了怀疑,产生了信仰危机:社会主义有没有优越性?

我们的回答是社会主义有优越性,其最根本的特征是生产资料公有制,消灭剥削。但由于上述原因,我们的社会主义社会确实存在着不合理的现象,甚至在有的时候、有的地区极为严重。特别在十年大混乱中,"四人帮"把社会主义、资本主义、封建主义搅浑了。他们把穷困当作社会主义,把富裕当作资本主义,把封建家长制当作无产阶级专政,把一言堂当成了党的一元化领导。"四人帮"用他们的宣传工具,电台、报纸、舞台文艺、学校的课堂、政府宣传机构,大量散布所谓"无产阶级全面专政",敌视知识,敌视科学,破坏社会主义建设,使全国陷于是非颠倒、文化凋残、经济崩溃的边缘。

"四人帮"被打倒以后,经过党中央拨乱反正,三、四年来,各方面已有了明显的变化。如果进一步建立合理的规章制度,把妨害生产力发展的枷锁去掉,同时加强社会主义民主和法制,许多不合理现象是可以克服的。因为与资本主义社会不同,它不是社会主义制度固有的。

对待这些不合理现象,要正视它,要有勇气改变它,要有武器批判它,还要建立制度来限制它。人们都懂得破坏一个建筑物只要几分钟,而建造它却要成年累月。社会风气被"四人帮"

破坏得如此彻底,持续长达十年之久。要想恢复起来,自然不是一朝一夕可以办到的,好比一个人大病之后,身体严重虚弱,发烧还没有退净,看来很不健康。有经验的医生经过诊断,能够区别出是恢复期的虚弱,还是疾病垂危期的虚弱。从当前国内整个形势考察,不难看出我们目前面临的一些不合理现象,不是在发展,而是被迫收敛;违法乱纪的人,不是增多而是逐渐减少;官僚主义不是更加严重而是有所克服,邪气不是上升而是下降。我们的社会虽还有发烧的病象,但它不是在上升而是在退烧阶段。

另外,所以出现某些不合理现象,是由于不完全认识经济发展的规律和缺乏经验而造成的。中国共产党成立那一天,就决心改变中国社会内部的不平等和在国际上受欺凌的状况,要使人人生活有保障,不受饥寒。我们的国家力图把全国人民的生活、工作、学习,直到死亡丧葬,都包下来。但是对于广土众民的大国,如何把人民的生产和生活管好,对它的艰巨性认识不足,再加上我们的一些党政干部经济建设的经验少,某些领导人对经济学的理论不甚了了,甚至没有真正了解经济生产对巩固国家政权的决定性作用和意义。经济建设没有很好解决,几亿人的吃、穿、住二十多年之久没有得到及时改善,这就成为一切弊病的总根源。

这里还有一个认识问题。这不是说哪一个人的认识问题,而是全党和全国人民对于什么是社会主义,什么是资本主义,什么是修正主义,没有搞清楚。一般来说,领导人的水平反映了群众的水平。在古代,封建社会里,在有了需要皇帝的群众,才能出现皇帝,应时而生的皇帝才能坐得稳。不能倒过来说,由于有人想当皇帝,才有了被统治的广大臣民。长期的封建社会使广大人民缺乏民主的习惯,甚至人民有了民主的权力,开始也不大会运用。由于人民群众对党的信赖,产生了对党的领导人的信赖,有的领导人把功劳记在自己个人的账上,颠倒了领导与群众的关系。善于发扬社会主义民主的领导人,是由广大的要求民主的群众中涌现的。民主制度不只是由领导人的民主作风决定的,只有有了广泛的要求民主的人民群众的监督,并制定出保证民主的一系列制度,才能保证领导人的民主作风的贯彻、实施。我们不主张制度万能,但是三十年来由于缺乏必要的制度,使我们的国家吃尽苦头,这个教训不能不认真记取。从五届三次人民代表大会就可以看出,人民逐渐运用手中权力,也可以看出所产生的积极效果。人民的呼声,民主生活(包括党内的,社会群众团体的)越健全,越有助于树立正气,打击邪气。社会上的不合理现象就可能快一点消除以至减少到最低限度。这不仅是一个理论问题,而更重要的是一个实践问题。对待社会上的不合理现象人们可以有三种态度:一是改变它,二是适应它,三是不理它。不理它,它会找上门来,不理也不行;改变它,要花力气,也要有勇气,这样干的人,目前不多;适应它,随波逐流的人,目前不少。但不合理现象是不会自行消灭,只要我们每一个人拿出勇气来改变它,不等待,不观望,坚韧地战斗下去。与此同时,还要讲究斗争方式,正面攻不下,换一换进攻的方向,那就没有攻不破的顽固堡垒。老年人、中年人、青年人都有责任把这个国家管理好,青年同志们有朝气,框框少,看问题敏锐,更要发挥每一个人的监督、批评和推动的力量,向不合理现象做斗争。像前几年公共汽车上发现了小偷,没有人敢管,小偷就猖狂,现在发现小偷,群起而攻之,小偷就不敢猖狂了。现在"四人帮"正在被公审,"四人帮"造成的流毒也将会逐步肃清。只要人民敢向不合理的现象斗争,社会就有希望。

当好社会主义国家的主人 *

青年是祖国未来的主人,这是人们常说的一句话,也是事实。如果进一步追问,怎样才算"主人"？恐怕有些人未必认真考虑过。我们不能说现在的青年,将来终归要成为祖国的主人,就像旧社会"多年媳妇熬成婆"那样的顺理成章,水到渠成。

新中国不同于封建社会和资本主义社会。封建社会的国家主人是皇帝,人民处在无权的地位。资本主义国家,号称民主,实际上是大资产阶级专政,人民仍然不是主人。我们社会主义国家的主人,可不是那末容易当的。绝不是任何青年熬到了年限,就能自动地、理所当然地变成了主人。搞不好,还可能成为社会主义国家的败家子。败家子,总不能算作主人吧。怎样当好社会主义国家的主人,我想至少有几点要求。

第一,要爱国。对祖国的兴衰不是漠不关心,要有振兴中华的理想和抱负,总不能一天到晚为个人的小天地打算。一事当前先为自己打算,甚至损人利己,损公肥私,损大集体,肥小集体,这都不是主人应该做的。社会主义祖国的主人,总要奉公守法,自觉地遵守纪律,而不是破坏纪律,搞"自由化"。

---

* 原载《中国青年报》1982 年 11 月 23 日。

第二,要有理想。人是从动物进化来的。但在成为人类之后,许多方面不同于动物,其中有一个很大的区别是人有理想,动物没有。

理想总要受世界观的制约,有什么样的世界观就有什么样的理想。理想不同于企望达到的一件具体要求。儿童希望有一只玩具小飞机,将要结婚的青年希望买到一个称心的立柜,刚当了学徒工,计划发了工资先买一双漂亮的皮鞋。这些要求都不能算做理想。理想不仅仅反映一个人或几个人的眼前利益和要求,而是一个阶级的利益和要求,它反映一个阶级的共同愿望。我国古代封建帝王希望子孙万世一系,永远保持特权;古代道教徒希望长生不死,基督徒希望进入天国;佛教徒希望成佛、上西天。这都缺乏科学根据,是永远达不到的空想、幻想,不能叫作理想。再比如古代农民起义,希望有一个好皇帝为农民做主,让人们过幸福的生活,这是封建社会农民的理想,杜甫要"致君尧舜上,再使风俗淳",这是封建社会知识分子的理想。但是皇帝是地主阶级的总代表,不可能真正为农民打算。所以古代农民和古代知识分子的理想,它本身包含着内在矛盾,缺乏科学的现实性,只是空想。

我们社会主义国家不同于过去任何朝代,因为我们的国家是工人、农民、知识分子组成的人民民主专政的国家。我们要建立的是消灭剥削,各尽所能,按劳分配的社会主义社会,进而实现共产主义社会。这样的理想,不同于过去的任何空想,有充分的科学根据,经过许多人世代的努力是可以达到的。

第三,要有责任感。实现理想不是等别人建设好了,由我们坐享其成。高度文明、高度民主的社会主义国家是可以建成的,但不是等得来的,也不是用钱买一些成套设备换来的。二十多年前我国农村合作化,就为我国提供了正面和反面的经验。"四人帮"被打倒后,我们又犯了一阵急躁病,认为借助外人的洋设备可以很快现代化,也出现了偏差。社会主义现代化,只能用我们的双手,用自己的智慧来建设。不排斥外援,立足点还得靠自己。人人有了迫切的责任感,认为建设社会主义是自己的事,这才像个主人的样子。

第四,要有正确的世界观。世界观是人的主心骨,人为什么活着,每一个人都在不同程度地对待并回答这个问题。前不久,枪决了一个叫冯大兴的盗窃杀人犯,这是个青年人。这件事曾引起了不同的评论。冯大兴为了个人的私利杀人害命,已堕落为社会的败类,社会的蛀虫。对待冯大兴这样的堕落犯罪分子,绝大多数人认为冯犯死有余辜,罪有应得,但有人说他勇敢,有人说他能干,有人为他的死罪惋惜。对待同一件事,为什么有各种不同的评价? 这是由于各自的世界观决定的,站的立场不同,结论也就不一样。人们的自私性是长期私有制养成的,即使在私有制的社会里,"绝对自私"的人也活不下去,人总要依赖群众才能生存。危害群体,应受到群体的谴责,是群体的罪人。冯大兴的知识是社会主义给的,可是他连养育自己、培养自己的社会主义都忍心去破坏,对于这样的罪人,还有什么可值得同情的呢?

第五,要有一定的文化知识。建设社会主义,首先要有一定的文化,包括某些文学、自然科学、历史知识(特别是近代史),某些法律知识。有些青年做了某些违犯法律的事,自己还不知道犯了法。这是平常缺少法律知识的缘故。那些蓄意捣乱的害群之马,是另外一回事。美的欣赏标准与各人的文化修养有关。文化修养水平不高,表现美的爱好也就庸俗低级。北京话称作"怯"。等到自己的文化水平有所提高时,回过头来再看看过去所欣赏的认为美的东西,会感到惭愧。人们经常从一个人的衣着,可以看出他的文化水平,看到一个人的住室的布置摆设,即使主人不在家,也能大致推想得到主人的兴趣所在和风格高下。

我们的社会主义祖国能有今天,来之不易。建设社会主义祖国,是我们大家的责任,青年人的责任更大更重。我们希望青年人要有理想,树立正确的世界观,要有坚定的责任感。在这样的基础上,学文化、学科学才能派上用场。在自私自利的错误世界观指导下,学到的知识,不但对社会主义建设无用,也害了自己。冯大兴的结局就是活生生的例子。

要提高全民族的民主意识*

我是搞历史的,先从国情说起。从秦汉一直到鸦片战争,一对主要矛盾就是政治上的高度集中和经济上的极度分散。什么时候小农经济得到正常发展,社会就安定,就是太平盛世。历史上的文景之治、贞观之治,就是用政权的高度统一保护极度分散的小农经济,使它得以发展的结果。小农经济自己的性格要统一而不要过多的干涉;政府则要求权力集中,不集中,这块土地,相当于欧洲的面积,就会四分五裂。高度集中,当然要干涉,随着统治经验的成熟,加强统一的手段越来越多,从思想到制度,形成了一整套的统治术。秦汉到清朝,权力从集中在中央政府到集中于皇帝个人,臣民的地位越来越低。直到近代,民主革命时期,长期的小农经济占主导地位,封闭的分散割据的大大小小的地方势力遍布全国。我们的新民主主义革命就是沾了封闭的、自然经济的光。为什么农村包围城市可以取胜?就是因为有小农经济的支持。家长制传统是小农经济的产物,全国解放以后,没有接着对农民进行共产主义教育,使他们懂得要自己解放自己。比如农民翻身分了田地,很高兴,佛龛里拿走了神佛的

---

* 原载《群言》1986 年第 11 期。

牌位,换上了毛主席像,这在当时一直作为积极的、正面的东西来宣传。真正的马克思主义政党要群众自己解放自己,不靠神仙皇帝。还有经济开放之后,许多人不会做生意,上人家的当,这都和小农经济不懂交换、没有成本核算的传统有关。

从社会发展看,我国历史上缺少资本主义这一阶段。不是一点没有,但发展很不完备。一是时间短,欧洲有四百年破除封建势力的历史,我国一百年还不到,而且资本主义发展得很不完备,一步跨入了社会主义。奴隶制社会,西方欧洲发展比较完备,而封建制社会我国发展得比较完备。从上到下,一系列专制制度都很精密,而且越来越完善。宋朝以后,再也没有人敢篡位的,都不敢当曹操、司马懿。五四运动,天安门广场开大会,打倒曹汝霖卖国贼,有大幅标语写着:"卖国求荣,早知曹瞒遗种碑无字;倾心媚外,不期章惇余孽死有头。"北宋的章惇功过且不说,把曹汝霖卖国直接与曹操挂牵在一起,不能不说反封建革命斗争中,还留着封建正统思想的影响。

科学与民主非常重要。没有民主,光讲科学也白搭。现在出现了一些走回头路的议论,认为当前国外的乌七八糟的东西得以在社会上泛滥,都由于我们丢掉了传统的文化。我认为,用封建的文化抵不住资本主义的腐朽的文化,封建的文化比资本主义的文化落后了一个历史阶段。只有用社会主义的文化,才能抵得住资本主义腐朽文化。不能把封建的文化当成社会主义的来宣传。"文化大革命"就是把封建主义当作社会主义去推广。早请示,晚汇报,献忠心,喊万岁,以语录定罪,弄得几乎亡国。毛泽东同志负有责任,但这和全民族的民主意识太差、全民族的封建余毒太深、整个党和干部的认识水平的局限,都有关系。1959 年,彭德怀的大冤案,如果当年庐山会议上有一半人不举手,不响应,不参加围攻,彭老总的下场会好得多。现在我们整个民族的民主意识还很不够,很多人还不会运用自己手中的权力。各级人民代表大会代表们的任务本应是审议各级政府的工作,可很多代表不大会使用代表的权利。

我们的革命沾了封建主义的光,但成功之后,没有继续前进,立刻去消灭那些妨碍现代化的旧东西,因而当初沾过光的因素,今天反而成了前进的阻力。比如小农经济造成的小农意识、家长式的作风等等,现在大学的哲学课,只讲条条,没有发展,缺乏分析和研究。马列主义的条文被看死了,马列主义就会失去科学性,变得僵化,没有生命力。

大家都说现在是最好的时期之一,我认为不是"之一",而是最好的时期。《群言》的任务在于为我国社会主义民主尽力,民主就是要七嘴八舌,大家讲话。相信在大家的努力下,民主空气浓郁,我们的国家会有转机,会走向现代化。

"实事求是"万岁*

近十年来,很不平凡,来之不易!

回想起那是非颠倒,空话、假话连篇,坏人当令,好人受罪的"文化大革命"的日子,举国上下,都在欢庆这十年来的成就。痛定思痛,要挖一挖得失的根源。

中国人民革命成功,靠的是唯物主义,唯物主义的精髓是"实事求是"。

革命政权建立了,要在旧址上建设,建设要成功,收实效,还是离不开"实事求是"这个总原则。

据历史的经验和近十年来的经验,人们深切地感到,取天下不易,治天下更难。

近十年来,人们看得见的变化很多,一时说不完。重要的有:(1)农村经济搞活了,打破了封闭的自然经济,这是建国近四十年来最大的变革;(2)中国打开了封闭多年的大门,走向世界。这两个变化,也可称为变革,是得人心、顺潮流的大事,一旦举步前进,即不可逆转。谁也无力把农村拖回到封闭、停滞的自然经济的状态中去,谁也不能把打开的国际交流的大门再关上。因

---

* 原载《群言》1988 年第 10 期。

为它符合历史发展的潮流,不是靠行政命令办得到的。为了让中华民族顺利发展,国运昌盛,只能因势利导。

开放的时代,中国要生存、发展,必须在世界强手如林的环境中立于不败之地。

世界在前进,发展速度日新月异。自我封闭时期,外边的变化我们不理会,似乎还混得下去。大门打开以后,才发现我们在世界各强国中,有许多地方落后了。最显著的是科学技术比先进的国家差若干年。科技落后,绝不是件小事,如果说得明确些,它关系到国家生死存亡。

灾难深重的中国人民站起来了,是共产党领导得好。世界各国对我们不敢轻视了,只是我们自己没有很好利用这个大好时机去发展,而在内耗中荒废了岁月,终于出现了十年的"文化大革命"那样大混乱的局面。追悔也无用,关键是现在该怎么办。

我们多年来习惯于把政治的变革等同于文化思想的变革。比如,讲五四运动,往往把"五四"政治活动的成就和新文化运动的成就等同起来。我们土地改革完成,又把消灭封建土地所有制和反封建思想等同起来。长时期来人们常说,所有制改变了,封建思想意识也自然消灭,"皮之不存,毛将焉附",似乎言之成理。

事实上,并不如此,政治任务不等于历史任务。历史任务是长期的。比如鸦片战争以来,中国人民的政治任务是建立一个强大的民主国家,领导人民走向现代化。共产党完成了建立新中国的政治任务。中华民族的历史任务是走向现代化,把封建主义的、不利于现代化的小农经济生产方式彻底改变,把影响现代化的小农意识彻底清除。这个历史任务,事实上并不曾随着政治变革的完成而完成。清末改良变法派、辛亥革命、国民党政府、新中国政权,政权领导换了几代,而现代化的历史任务仍在继续,并未结束。

封建土地所有制废除了,而封建意识、小农思想远远没有清理得彻底。"文化大革命"就是在马克思主义口号遮掩下的封建思想大暴露。

封建自然经济、小农意识几千年的影响不是那么容易自然消逝的。它表现在许多方面。比如重经验,特别重视直接经验,对间接经验不重视,这就造成眼光短浅,轻视书本知识的偏向。小农经济,自给自足,不计成本(产品不是为了交换),所以办企业曾经常赔钱。小农经济是一家一户为生产单位,家长制是必然的产物,缺乏民主习惯。小农经济以家族为本位,结成父母妻子、亲戚邻里的关系网,一荣俱荣,一损俱损。小农生产不要多少知识即可以应付生产,因而不重视文化知识。有了钱用于盖房、修庙、演戏、敬祖、出殡、建坟,办学校就舍不得花钱。

小农意识的影响既深且远,决不限于农村。在城市建设中,企业建设要小而全,有一段时间各省市县工业建设也要小而全,企图自给自足,自成体系。

小农意识不懂得自己解放自己,只希望有圣君贤相来主持正义,因而民主、法制难以推行。小农意识看不到自己的力量,宗教迷信思想容易在那里滋长。

为了加速中国的现代化,当务之急是及早清理几千年根深蒂固的小农思想,大力提高全民的文化素质,消灭文盲。占人口五分之一的文盲众多的国家,要建成现代化的国家是不可能的。教育救国的口号有片面性,国家的强大不能光靠教育;说文盲可以亡国,确不是危言耸听。全社会不读书,不要知识文化,这才是关系到国家的生死存亡的大问题。几亿人口陷于无知状态,面临开放的新时代,何以自存!在激烈的竞争中,何以立足!

哀莫大于心死,害莫甚于无知。今天要用"实事求是"的原则来看看我国的处境,我们要完成中华民族的历史使命,要消灭文盲,尊重科学,重视知识。

农村富裕以后的喜与忧 *

我在城市生活了几十年，在新年来临之际，却不由自主地想起了农村。我自幼生长在鲁西北的农村，农村大片盐碱涝洼地的荒凉景象给我留下了很深的印象。在北京读中学、大学，有时到郊外走走，北京郊区的荒凉景象、农民衣衫褴褛的情形也给我留下深刻的印象。旧中国北方农村给人留下的印象是荒寒、萧瑟。

大学的最后一年，七七事变，北京大学南迁，先到长沙，又由长沙迁到昆明。由湖南迁往云南，师生分作两路，大部分师生经香港、河内转昆明。少数师生（共约三百人）步行去云南（教授中有闻一多、李继侗等先生），我参加了步行的一路。师生们共走了一千六百多公里，亲眼看到湘西、贵州省、云南省最落后的农村。南方农村的贫困和北方一样，只是比北方农村多遭受鸦片烟的毒害。但就是这千千万万的农民，在贫病交困的环境下，支撑着抗日战争的伟大事业，默默地奉献出一切，挽救了祖国的危亡。这种感受是书本上没有写过的。我是多么盼望农民有一天能够摆脱被压在最底层的命运，从贫困中解放出来！全国解放

＊　原载《群言》1992 年第 1 期。

后,我有机会去农村参加土地改革,以及后来农村的改革和建设活动。农民的贫困处境有所改善,他们的精神状态和旧中国的农民大不相同,有了主人翁气概和神态。这种感受也是书本上没有写过的。

自从党的十一届三中全会以来,农村发生了又一次显著变化,很多地方农村变富了。我也利用一切机会到农村看看,到过北京的边远郊区,山东半岛,鲁西北的黄河故道,江南的农村,总的印象是农村变富了。他们也有了城市居民拥有的高档家具,耐用消费品,住宅建筑,室内装修,有的达到豪华的程度。衣着服饰与大城市居民没有两样。看到这些明显变化,心里自然高兴。丰衣足食,是几千年来的愿望,今天实现了!虽然还有少数地区尚未摆脱贫困,但境况也在改善中。

我之所以关心农村,关心农民,与我研究中国哲学史的专业大有关系。因为从农民的处境,农民的思想面貌,可以看到中华民族的处境和思想面貌。所谓民族性,国民性,都不能脱离农民这个广大群体。

农民当家做主,摆脱了贫困,走向富裕之路,是天大的好事。欣喜之余,又似乎感到某些不足。仔细想想,农村的富足主要表现在吃、穿、用等物质生活方面,农民的精神生活似乎还不富裕,也可以说还没有摆脱贫困。农民家里、客厅里陈设的很讲究,有的很豪华,但他们的家里缺少书籍、报纸、杂志。有上中小学的学生家庭当然有教科书,却很少的家庭有供成年人阅读的文学、科学的书籍和杂志。全家唯一的精神营养来自电视播放的节目。我国电视节目偏重娱乐,音乐、舞蹈、戏剧、曲艺占了绝大多数播放时间,节目内容多为城市一般市民而设,专为广大农村青少年准备的节目太少。十一亿人口中,农民占九亿。九亿农民要有适合他们的节目。当前电视台为了增加收入,便多播送广告,广告偏重在美食、化装、介绍港台一些不健康的音乐节目。这些节目内容不但不利于农村的社会主义建设,有的还有消极作用。

　　摆在农民面前的现实是:丰富的物质生活,贫困的精神生活长期并存。这一对矛盾放在那里不管它,好像无关国计民生的大局,若从长远看,这又是一个值得忧虑的大问题。九亿农民的精神食粮不应任它长期匮乏下去,等到有了问题再来补救也许太迟了。富裕农民由于精神生活欠充实,文化科学知识不足,封建迷信、赌博、修祖坟、看风水等等不健康的陋习已经冒头。有钱还要会花钱,值得引起注意。

科教兴国　千年大计 *

处在千年之交,回顾一千年前,中国正当宋朝真宗咸平二年(999)。当时中国文化、科技处于领先地位,印刷术与先进的造纸术相结合,发展了出版业,火药用于武器,指南针用于航海,中国文化对世界做出了贡献。

此后一千年的前一半,中国还处在领先地位,到了后一半,16 世纪以后,逐渐呈现滑坡趋势。只是祖宗遗产丰厚,即使败落,也还能支撑一阵子。到了最近二百五十多年前,中国乾隆皇帝接见英国使臣马嘎尔尼时还是以天朝自居,最近一百五十多年前,与外国侵略势力面对面地发生冲突,才呈现出明显的劣势。千年间的兴衰,一言难尽,国家兴衰的总根源系于科教的兴衰。

20 世纪,中国被迫从闭关自守的状况卷进世界大潮,经历了一百五十多年的奋斗,取得独立、自主的地位,由贫弱走向富强,引起全世界的瞩目,也受到应有的尊重。21 世纪是沿袭 20 世纪的道路走过来的。20 世纪的后半段,科技发展日新月异,年年有新发明、新创造。西方大国多年科教兴国的业绩收到效果。科

---

　　* 原载《中国文化研究》2000 年春之卷(总第 27 期)。

学落后,必然挨打,受制于人。中华民族要想跻身于世界民族之林而不被淘汰,只有紧抓科教兴国这个大纲不放,坚持下去,我们就会取得更大的成就,目前已取得的辉煌成就不过是万里长征的开始。

上一个世纪,列强争夺的是土地、自然资源,这个世纪列强争夺的目标除了以上的资源以外,还增加了一项人才资源。人才资源与天然资源不同,它是开发不尽的,越开发越兴旺,我国近百年来的经验,也证明了这一点。有了现代化建设人才,才能有现代化建设的成就。

我国有十二亿人口,从消费的标准看是一种负担,如果把科教兴国这个方针贯彻下去,肯花力气,这十二亿人口的智力发挥出来,将是无比的财富,我们的综合国力将永远立于不败之地。

我们有爱好和平、与人为善的传统。中国的强大,必将成为安定世界、造福人类的积极因素。

看准了的事情就要下决心干下去,科教兴国是百年大计。像中国这样的多民族的统一大国,十二亿人口的聪明才智用在正道上,造福于人类,对世界做出新贡献,我们有能力做到。

中国前程远大,但须共同努力。

维护人权　发展人权[*]

今年,我国批准了《经济、社会及文化权利国际公约》,引起全国人民关注。

人权学说的提出,是社会从中世纪进入近代的一个标志。它的历史在西方并不长,在中国就更短。从"五四"算起,还不到一百年。中国人民接受西方人权学说虽迟,但中国人民对人权问题的认识和切身感受却是深刻的,甚至是刻骨铭心的。

人权学说是欧洲的新兴资产阶级还处在幼弱时期,为了自身的利益,针对中世纪占绝对统治地位,抹杀个人权力而提出的战斗口号,起着推动社会前进,反抗不合理、独断专制的作用。因此,几百年来,逐渐取得全世界人民的认同。

人权最初的提出,是处在弱势的资产阶级尚未掌权的时期,他们以"人权"口号向已掌权的教权、王权挑战。今天,人权观念已广泛流行,深入人心。人权成为正义、公正的象征概念。弱小国家、弱小民族与经济强国、霸权大国都高举人权旗帜,但理解并不相同,有时甚至得出完全相反的结论。

因为文化、经济是一定社会的人类活动的成果。世界上的

---

[*] 原载《人民日报》2001 年 3 月 30 日,题为《真心实意维护人权》。

国家发展不平衡,有的进步快,达到高度发展的程度,有的发展慢,正处在发展中。他们所要解决的经济问题、文化问题,各不相同。富国大国早已解决了吃饭问题、教育问题,他们把选举投票看作人权的头等大事。他们用自己的人权尺度去衡量世界上所有的国家,自封为"人权警察","人权"用作干涉弱国主权的借口。同时,弱小国家有的刚从侵略者手下独立出来,有的还承受着许多无理制裁。在同一个人权口号下,居然有截然不同的理解。理解不同,要互相沟通,价值观不同,应允许平等讨论。

争取人权,在欧洲有四五百年的光荣历史,在中国也有近百年的历史。人权得来不易,我们应维护它的尊严,百倍珍惜它、发展它,不要玷污它。

对中国人民来说,人权观念输入虽晚,但中国人民对人权最有发言权,中国广大人民对什么是人权理解最深,甚至可以说有刻骨铭心的体会。为了争取人权,为了争取民族的生存权,国家不被凌辱,我们曾牺牲了千千万万英雄儿女。我们曾经遭受了人类很少遇到的劫难,中国人民对已经取得的人权当然知道珍惜、养护。

我们民族受过饥饿之苦,我们才把生存权看作最基本的人权。我国受过强国无端欺凌,我们才认为国家主权不可侵犯。对发展中国家来说,国家主权如果不能保持,个人的生存权也无法保证,也就是说,生存权与国家主权血肉相连,不能割裂。假借实现人权以侵犯别国主权,毫无道理。

我们要真心实意维护人权,高举人权大旗,使这面引导人们进步的旗帜不倒。同时也要团结全世界各国人民维护正当的人权,普及人权宣传。还要揭露人权贩子叫卖的假人权,使假冒伪劣的人权学说在国际人权论坛无藏身之地。

让可持续发展思想深入人心 *

——读《可持续发展知多少》

人类认识自己、探索社会的成因，自觉地建立合理的社会关系，建立人际关系的规范，形成理论，最多不过几千年，因而还很不成熟。认识自然，驾驭自然，有时成功，有时失败，算一算总账，成功多于失败，才有今天的科技成就和文明生活。但人类认识社会，研究社会，并从中认识它的发展规律，时间要晚得多，科学唯物史观的发现迄今还不到二百年。

人类对自然界认识的深度和广度远超过对社会的认识，这种认识上一轻一重的现象，造成了人们当初意想不到的结果。近百年来的科技成就使人们产生一种错觉，认为没有造不出的器物，没有办不成的事。但伴随着科技进步，也出现了人类亲手制造的灾难，如生态破坏、新生的疾病（如艾滋病等）、臭氧层破坏、水土流失、沙漠化等等。于是在前进的道路上，人们又开始

---

* 原载《人民日报》2001 年 3 月 20 日。

反思。我们要发展,发展是总方向、总目的。但不能只顾眼前、不顾后果,必须同时看到今后。可持续发展,就是顺应人类文明发展的历史进程和时代发展的潮流,从中华民族生存和发展的需要出发做出的必然选择。1994 年 3 月,我国政府发布了《中国21 世纪议程——中国 21 世纪人口、环境与发展白皮书》,并把它作为我国今后发展的指导性文件。党的十五届五中全会通过的关于"十五"计划的《建议》强调:"实施可持续发展战略,是关系中华民族生存和发展的长远大计。"并把实现可持续发展列为未来五至十年我国经济结构战略性调整的主要任务之一,对加强人口和资源管理,重视生态建设和环境保护提出了明确要求。走可持续发展之路,已经成为我国经济社会发展战略的重要组成部分。

实施可持续发展战略,贵在社会公众的积极参与。加强可持续发展战略思想的普及工作,培育社会大众的可持续发展观念,不仅是实施可持续发展战略的需要,而且应该成为实施可持续发展战略的一项重要内容。江泽民同志在给第二届科普工作会议的信中指出,"科学技术被亿万人民群众所掌握,就能更好地成为利用和开发自然、推动社会文明进步的巨大力量","科学知识、科学思想、科学方法和科学精神,可以引导人民奋发图强、积极向上,促进人们牢固地形成正确的世界观、人生观和价值观,促进人们实事求是地创造性地进行社会实践活动"。这些论述深刻地概括了传播科学知识与培养科学观念的关系。特别是随着科学技术日新月异的发展,专业分工越来越细,有些人虽然拥有了一定的科学知识,但仍可能在没有形成科学观念、科学信仰的情况下陷入思想上的迷信、行动上的迷惘。从这种意义上说,培育科学观念比传播科学知识责任更重大、意义更深远。

最近,广州市社会科学规划领导小组办公室、广州市科学技术普及工作领导小组办公室和广州 21 世纪议程领导小组办公室组织编写了《可持续发展知多少》配画本及多媒体光盘。通观这套科普读本,融文、影、音、画于一体,深入浅出、易看易懂、形象直观,有几点给人留下了深刻的印象。一是组织者和创作者的社会责任感强。《可持续发展知多少》配画本及多媒体光盘,选取与我们的生活息息相关、关系人类生存与发展的"可持续发展"这一主题,敏锐地把握住实施可持续发展"贵在广大干部和社会公众的积极参与,重在广大干部和社会公众的观念更新"这一切入口,通俗易懂地阐释可持续发展这一当今人类社会新的发展观和发展理念。把组织、创作科普作品作为一项社会责任,着眼于提高公众素质,其用心可谓良苦。二是形式新。《可持续发展知多少》配画本及多媒体光盘的组织者中既有社会科学研究的领导机构,又有自然科学研究的领导机构;作者中既有科学技术、哲学方面的专家学者,又有从事科普工作的实际工作者,还有优秀的美术编辑、软件工作者。配画本运用精练、通俗的语言和诙谐、富有哲理的漫画,简要而形象生动地介绍了可持续发展的战略思想和基本内容,图文并茂,相得益彰。多媒体光盘充分发挥电子读物容量大的优势,配以大量的影像、音乐、照片、文献,设置知识测验题,满足了读者求知、求新、求全、求变、求乐、求美的要求。

普及可持续发展的战略思想是一项长期而艰巨的工作。愿有更多的人来关心、支持、参与这项工作,让可持续发展的思想深入人心。

专家学者谈加强可持续发展
战略思想的普及工作[*]

——兼评《可持续发展知多少》

　　《可持续发展知多少》这套科普读物,融文、影、音、画于一体,深入浅出,易看易懂、形象直观,有几点给人留下了深刻的印象是:一是组织者和创作者们的社会责任感。作者选取与我们的生活息息相关、关系人类生存与发展的"可持续发展"作为主题,敏锐地把握住实施可持续发展"贵在广大干部和社会公众的积极参与,重在广大干部和社会公众的观念更新"这一切入口,阐释可持续发展这一当今人类社会新的发展观和发展理念。把组织、创作科普作品作为一项社会责任,着眼于提高公众素质。二是形式新。这一系列读物的组织者中既有社会科学的领导机构,又有自然科学的领导机构;作者中既有科学技术哲学方面的专家学者,又有从事科普工作的实际工作者,还有优秀的美术编

　　* 原载《中国图书评论》2001 年第 5 期。

辑,软件工作者。配画本运用精练、通俗的语言和诙谐、富有哲理的漫画,简要而形象生动地介绍了可持续发展的战略思想和基本内容。多媒体光盘充分发挥电子读物容量大的优势,一改书籍刻板的表达方式,配以大量的影像、音乐、照片、文献,设置知识测验题,较好地满足了读者求知、求新、求变、求美的要求。

可持续发展,是顺应人类文明发展的历史进程和时代发展的潮流,是从中华民族生存和发展的实践需要出发的必然选择。党的十五届五中全会通过的关于"十五"计划的《建议》强调指出:"实施可持续发展战略,是关系中华民族生存和发展的长远大计。"走可持续发展之路,已经成为我国经济社会发展战略的重要组成部分。实施可持续发展战略,贵在社会公众的积极参与。加强可持续发展战略思想的普及工作,培育社会大众的可持续发展观念,不仅是实施可持续发展战略的一种需要,而且应该成为实施可持续发展战略的一项重要内容。江泽民同志在对第二届科普工作会议的致信中指出,"科学技术被亿万人民群众所掌握,就能更好地成为利用和开发自然、推动社会文明进步的巨大力量","科学知识、科学思维、科学方法和科学精神,可以引导人民奋发图强、积极向上,促进人们牢固地形成正确的世界观、人生观和价值观,促进人们实事求是地创造性地进行社会实践活动"。这两段话深刻地概括了传播科学知识与培养科学观念的关系。特别是随着科学技术日新月异的发展,专业分工的越来越细,有些人虽然拥有了一定的科学知识,但仍可能在没有形成科学精神、真理信念的情况下陷入思想上的迷信、行动上的迷惘。从这种意义上说,培育科学观念比传播科学知识责任更重大、意义更深远。

· 文化教育评论 ·

繁荣哲学社会科学
探索人才培养方法[*]

　　我长期从事哲学研究和教学工作,在北大度过了近三十年。在综合性多学科并存的大学教书,我发现文科人才成长、发展的道路比理工科更艰难。同一届毕业的学生,十年后返校时,理工科毕业生成才较快,多半成为研究和教学的骨干。文科毕业生成才相对来说要慢一些,而且有时不但不能正常发展,甚至还要遭遇学术夭折。

　　作为一个人民教师,培养青年成才是自己的天职。这一现象引起我多年的沉思。人才的差别,除少数天才及顽劣者外,一般来说人的能力总是差不多的。能考进北大的学生都是从优选拔的,何以他们成才的道路有这些差异? 说培养社会科学人才比培养自然科学人才难度更大,理由有如下几点:

　　社会科学研究社会,自然科学研究自然,自然和社会无时不在运动变化中。自然现象变化比较缓慢而不太显著,社会现象

---

　　*　原载《中国人民大学学报》2003 年第 3 期。

的变化快。自然科学研究的对象,可以被分割开来,放在设定的环境下,供分析、观察、试验,可以反复观察,制造种种条件来供观察、分析,一次不够还可以多次。当然,也有不少学科是只能观察,不能实验的,如天文学等。社会科学却不然,它的对象是社会。社会的变化比较快,基本上只能供观察,而不能供实验,如"文化大革命",只能有一次,无法使它重复。

自然科学所实验、观察的对象可以顺从观察者的安排。社会科学研究的对象是活动的,不能顺从研究者的安排。自然现象超越国家,超越民族,其规律放之四海而皆准。数学、物理、化学不分国家,而文学必须区分英国文学、法国文学等。法、德两国接壤,但法国、德国的哲学文学皆不相同。自然科学不具有民族性、国民性,而人文科学、社会科学离不开民族性、国民性。自然科学做出的结论不涉及研究者个人的利害关系。社会科学的重大结论必然涉及研究者个人及所属群体的利害关系,因而有形无形地影响研究者做出结论。社会现象复杂而多变,研究者必然受到他个人的见解、水平、学术造诣的影响。对同一社会现象,不同的人去研究,可以得出不同的结论。

科学研究由浅到深有三个层次:第一步为描述性的;第二步为探索性的;第三步为规律性的。

研究者的目的在于创新,在于发现问题,提出问题,在前人已有的成果上有所前进。科学能怀疑才能有所前进。这一品格对自然科学工作者来说是题中应有之义,不言而喻,对哲学社会科学工作者来说,往往成了问题。新中国成立五十年来,因学术上不同的意见而招祸者,如马寅初、孙冶方、杨献珍等事例,并不少见。事隔多年,哲学社会科学研究者仍心有余悸。

哲学社会科学开头第一步,描述性的研究就比自然科学困难。1958年,北大哲学系师生在北京大兴县黄村参加劳动,正遇

106

到成立人民公社。群众白天放鞭炮、敲锣打鼓欢庆公社成立,夜间捉鸡捆羊准备明天到市场上去卖,当时农民生怕一切归公。这种社会现象该如何来描述而不失其客观性?如此下推,该如何进一步探索?该如何从中找出规律来?对当时的社会科学工作者来说,实在不易。当时我们哲学系的师生对新出现的社会现象看不透,大家在研究文章中论证了人民公社"一大二公"的好处。当时绝大多数人相信,只要人们接受公有化,实现共产主义并不遥远。

自然科学现象允许多次观察、重复实验,已成为世界公认的正常的科学方法。而我所经历的社会科学研究,观察实践、描述性的报告也只有一次机会。研究社会现象工作难度大,还生怕发生误差。外在环境使社会科学与自然科学不站在同一起跑线上,因而社会科学发展得不令人满意,就不值得奇怪了。

科学研究有一条古今公认的标准,就是要有新见、创见,其结论因而出现在实验之后,而不能预先设定。自然科学界的诺贝尔奖的权威性之所以为全世界所认同,就在于它对人类知识宝库有所增益。而我们常见有的哲学社会科学研究者未动笔以前就有了结论。研究著作、文章中句句正确,却未见作者的创见,读者未看到著作前早已知道它的大致内容。哲学社会科学近十年来有飞跃的增长,年年新书不少,但未能与时俱进。表面热闹、内容空虚的浮躁现象,除研究者不具备科研素质,缺乏科学责任心外,外部环境与管理机制也有不利于社会科学人才成长的一些因素。

科学教育管理部门重视近期效益,用力抓近期见效的成果,对长期钻研、深层次的研究而短期难见效的课题缺少相应的鼓励机制。从研究生入学时起,就鼓励学生多发表论文,而且要求发表在某种级别刊物上才算成绩。有的大学对教师的要求也重视论文的数量及发表刊物的等级,无形中助长了学术界的浮躁之风。

依我们从事大学教学科研多年的经验来看,青年考入研究生院学习,主要是打基础。三年时间已够紧迫了,再要他写论文发表必然影响基础训练,对青年成长不利,对国家的学术事业更不利。前几天参加《中国佛教哲学要义》出版座谈会,与会专家学者都认为方立天教授这部著作是中国佛教哲学研究的重大进展。方立天是解放后培养出来的优秀学者,他的成就基本条件有两条:一是基本功扎实,深入钻研第一手资料,深思熟虑,而后得出结论;二是视野开阔,除佛教以外还熟悉中国哲学史。我和方立天教授相知多年,如果照目前我们培养社会科学研究生的办法,很难培养出像方立天这样的研究人才。

抗日战争时期,西南联大在云南昆明办学,先后培养了全国甚至全世界著名的众多学者,被称为世界办大学的奇迹。在学校物质条件极端困难、师生们衣食仅供温饱的处境下,学校教学和科研水平已经是当时国际上的一流,许多优秀生送到国外仍然是尖子人物。其中有理工科的,也有文科的。总结西南联大的办学经验,最重要的一条——西南联大具有高度的爱国主义作为推动力,再加上"百家争鸣"的优良学风,从而保证了科学的正常发展。当年马克思流亡伦敦,生活困顿,但是他的学说征服了世界。他是从"百家争鸣"中冲杀出来的英雄,他没有权势,靠的是以理服人。他开创了历史唯物主义,首创了剩余价值理论。在当今世界,更加显示出其理论的生命力。发展社会科学没有捷径可走,确保"百家争鸣"是唯一的途径。

当前学术界为了繁荣学术事业,规定了一些评奖规则,这些规则力图采用量化的办法制定出一些考评标准。这些措施看来对理工科行之有效,对文科的特点则考虑得不周。如果照现行的科研成果评奖办法,几年以后,哲学社会科学会有不少获奖者,但对哲学社会科学的长远发展不利。因为研究社会现象要从认识社会开始,要有足够的时间,要把主要精力花在社会实践上,而不是花在发表论文上。研究历史,要花更多时间接触吃透中外古今的经典著作,其中要过古文字关,通晓现代外语等。只有在研究生学习期间打通这一关,才能在知识海洋里畅游,取得发言权。

至于哲学社会科学采取何种奖励制度还要靠大家共同想办法,反正目前的奖励规定对哲学社会科学不适用。哲学社会科学的民族性、社会性、地区性差异很大,其中,社会制度的差异,种族偏见,宗教信仰的分歧,都会对哲学社会科学的评价产生影响。世界的多极化、文化的多元化的现实,不可避免地制约着对哲学社会科学的评价。

我们是有五千年文明的大国,有些规则要与国际接轨是必要的,但发展哲学社会科学必须走自己的路,并不断探索。现在从中央到地方,各级领导都提出要重视哲学社会科学,如何落实还须多方努力。社会对哲学社会科学多年来重视不够,造成营养不良,底气不足。短期内可以采取放水养鱼,暂不捕捞,让这一学科领域休养生息一段时间,再向它要成果。当前,重要的是选好有关学科带头人,做好打基础、正学风的扎实工作。学术本身是有生命力的,只要给以适当环境,正常滋养,它会苗壮成长,从幼苗长成大树。操之过急,可以出点小成果,不能有大成就,人才难以成大器。

学术职称评定权力最好下放 *

　　高等院校和科研机构每遇到评定职称（教授、副教授……）就引起不少矛盾，而且使学校的领导和参加评议的委员们筋疲力尽。评定职称以后，本来要使评上的更加奋发，未评上的急起直追。事实上，评过以后，反倒怨声四起，可谓事与愿违。

　　最近有机会接触到福建、广东、江西、云南、贵州、四川几所大学的朋友们，发现这个使人头痛的问题，南方北方都存在，简直成了一种国内高等院校的流行性感冒。

　　经与各地同行们交谈，他们一致的意见可以归纳为以下四点：

　　（1）全国颁布的副教授、教授的标准，在各地的解释出入甚大。虽然定有标准，事实上未起作用。比如"研究成果"这一项，有的以未发表的讲稿作为成绩，有的以出版的文章算成绩。晋升表格上有"专家评定"一栏。专家们有拿"评定"作交换的，你给我的人写个好评语，我给你的人写个好评语。评定外语成绩，各校办法各异，有在考场考的，有拿回家去做的，也有指定考试范围、篇目回去准备的。所谓外语成绩，真的假的都有，假成绩

---

　　* 原载《群言》1987 年第 3 期。

不在少数。

（2）全国统一晋升，各院校分配百分比指标，流弊也不少。有的老大学或科研单位，分配的晋升高级职称的指标百分比已超过百分之四十，但还是有不少人应提升而升不了，也有戴帽的院校（由中专改为大专的），分配给他们的指标也少，有的百分之十或百分之十五，看来算是严格了。其实，按国家规定的标准来衡量，够格的就到不了百分之十，各院校怕丧失了这个百分比，不惜降格以求，务期占满他们应得的百分比指标。

（3）规定高级职称百分比指标，据说为了促进人才流动，这里评不上，可以到别的需要人才的地方去，结果适得其反。安徽大学一位教授要求调到山东大学去，山东大学已同意接受。晋升的百分比的规定公布后，山东大学表示不能接受了。因为山东大学有自己等待提升的一批人，外边调进一个教授，本校就少了一个晋升教授的名额（百分比的限制）。即使工作需要，领导同意调进，下边一群人反对，就难以调进。从而堵死了人才流动的渠道，各校只好长期关起门来，自给自足，提升本校或本单位的人。

（4）全国统一晋升，各院校争名额，互相攀比，难以制止。各省市主管部门都希望本省市多评上一些高级职称的教师，为本省市增光。反正经费由国库支付，不由省市负担。各院校争名额，互相攀比，多少得到上级的支持或默许。这也是互相攀比风刹不住的一个原因。结果是国家规定的百分比多次突破，提了职，发不出工资，国家财政难以应付。再加上多年不提职称，评一阵，停一阵，停停评评，政令失信于民。大家认为这次评不上，还不知等到何年何月。有些学校替教师拼命争取，希望多评上几个，这种心情也是可以理解的。他们生怕误了这班车，下次车更加拥挤。

鉴于全国统一评定职称的现行办法弊多利少,亟应改革,现在提出改革意见如下:

国家把评定职称的权力下放,由各院校(科研单位)自己去办。各院校(科研单位)评定的职称在本单位有效,出门无效。调动工作,到新单位时原职称可供参考。

各院校为了爱惜本单位的声誉,不会自己砸自己的招牌,不会滥提职称,他们会自动刹住攀比风。

各院校职工工资总额按年包干,晋升职务后的工资,由各院校自己解决,国库不再拨专款。各院校根据自己的物力和教学及科研任务有计划地保证晋升经常化。各院校有了权,不至于几年不晋升,国库不再怕晋升后发不出工资。

这样做的好处是便于人才的流动,也利于人才的成长。国家管不好又管不了的事,放开手,让下边去管,反会把事情办好。(城市蔬菜权力下放,已有成功先例可借鉴)国家教委腾出手来,考虑那些百年树人的大计。

权力下放后,可能有的单位不负责任,发生滥提职称的现象。即使有这种现象,其危害范围也只限于该单位以内,不会波及全国,出了偏差也容易纠正。

为了防止学术职称漫无标准,可以树立全国性的学术标兵。国务院委托国家教委、科委从文、理、法、商、工、农、医各科中推选一批标兵。被推选出来的人,应当是该学科中现正在第一线的学科带头人(不是推举学术界的名流),把他们聘为"国家教授"(或其他名称)。总人数不超过一二百人,推选标准比推选学部委员更要严一些。国家只管这一二百人的职称评定工作,工作量不太大,完全可以做到公平合理。全国学术界有了学习榜样,可以防止教授标准下降,可以调动全国高等院校争荣誉、争上游的积极性,对建设"四化"有好处。

争当第一流的人材[＊]

　　怀着异常喜悦的心情读了不少应征的好文章。"言为心声",它反映了我国青年一代闪光的思想。在为祖国四化奋斗的道路上,新一代的青年表现出朝气蓬勃的上进心,他们思想解放,敢于突破旧框框的豪迈气概实在可喜。青年们和全国人民一道,同遭十年浩劫,他们经受的创伤和挫折是深重的,但在党的正确路线领导下,经过拨乱反正,在挫折中吸取经验教训,青年一代更加增长了才干,更成熟了。他们没有埋怨"生不逢辰",而是以乐观的态度关心着祖国的前途、人类的命运。

　　人们常说社会上有三百六十行,细分起来又何止三万六千行? 每一行业中都有青年在发挥着巨大作用。有的正在茁壮成长,有的已成了骨干。希望青年们在自己的岗位上(无论是工、农、商、学、兵)做出第一流的成绩,成为第一流的人材。如果有人号召大家都争当冠军,这种精神当然值得肯定,但是每个人都要做冠军,是不可能的,因为冠军只有一个。进入第一流则是完全可能的,人材可以成批涌现,也可以大批涌现。好比名厂的产品,全部产品都已达到一级品,消灭了二级品和次品。人材也是

　　＊　原载《中国青年报》1981 年 3 月 17 日。

社会的产品。在我们的社会主义的祖国,人人在自己的岗位上创造第一流的成绩,为人民做出第一流的贡献,这不是什么空想,而是应当办到,能够办到的。事实上,在任何一个平凡的岗位上,已经有人做到了。祖国的四面八方已经涌现了第一流的营业员,第一流科学工作者,第一流人民教师,第一流的清洁工……这些第一流的平凡工作是举不尽的。

为了实现祖国的四化,每人身上的担子都加重了,青年人的担子更重一些,因为青年人不仅部分地承担着当前,还要全部承担着未来。因此,争当第一流的人材,不仅要成为社会主义祖国的物质文明的创造者,而且也要成为精神文明的创造者。不仅要通晓本行业务,而且要具有共产主义世界观,把自己造就成为具有高尚的共产主义道德情操的人。特别在当前,我们国家改变长期以来的闭关自守,对外开放,对于抵制和消除资本主义歪风邪气的侵蚀,更要有所向披靡的精神。这样,我们的青年一代才真正成为第一流人材。这些话好像是老生常谈,我却不厌重复,并作为我的知心话奉献给青年同志们。

在《中国文化研究》
出版座谈会上的发言*

　　随着我们国家地位的提高,更多的外国人需要了解中国,这个刊物重点应该放在怎么把中国文化的现状、过去向全世界如实地介绍出去,这个任务很重要,很难,也很迫切。我们与外国的学者、朋友们来往,都有一个共同的感觉,就是他们对于正确地了解中国相当隔膜,他表面上看到的中国不一定就是中国本来的样子。我们要正确地向外介绍自己的文化,这对世界也有好处。许多美国人了解中国哲学,还是根据半个世纪前冯友兰先生的《中国哲学史》,太陈旧了,应该有些新东西介绍出去。过去我们中国不够强大,是引进的多,讲出去的少。今天我们能不能一方面了解外国,另一方面也要让外国了解中国,这也是个很迫切的任务。现在我们国家还没有一个专门对外翻译、介绍中国文化的机构,北京语言学院是中外交流的中心,可以发挥地理、学术的优势,把刊物办好,很有希望,很有前途,但难度也很大,面临一个严峻的竞争局面。把刊物办好,调动广大作者的积

----

　　* 原载《中国文化研究》1994 年第 3 期"《中国文化研究》出版座谈会纪要"。

极性,真实地、不加掩盖也不夸大地介绍我们中国各方面的新的
成果,是一个很重要的任务。

教育与生产的循环逻辑 *

19 世纪开始,中国日本都提出要现代化。两国起步差不多同时,中国现在已经解决了十一亿人的吃饭问题,日本已成为世界经济大国,各有千秋。

作为中国人,总盼望早日摆脱贫困,走向富强。中国目前的状况有历史原因,有旧中国留下的后遗症,我们应当少埋怨前人,要有勇气承担亲手铸造的后果。

近代历史给中华民族的任务是把中国引向现代化。鸦片战争后,一代一代的先进中国人都对现代化尽了力量。解放后,促进中国现代化的任务落在中国共产党和全国各族爱国人士的肩上。建设现代化的社会主义祖国的详细纲目我不敢妄说,与世界先进的现代化国家相比,大致有以下几点标志:

(1)国民有现代科学知识和技能;

(2)有本民族优秀文化的素养;

(3)有爱国品质。

以上三条是一般现代化国家的标志,作为社会主义国家还应加上一条:

---

* 原载《任继愈学术文化随笔》。

（4）有关心群体共同富裕的理想。

为了达到以上四条，起码要普及教育，很难设想存在大量文盲的国家可以建成现代化的。

建国四十几年，我国经济建设恰恰又是与日本同时起步的。战后的日本，残破不全，国将不国。我国战后也是遍体鳞伤。日本四十多年来的经济增长没有什么大起大落，我国走过的道路几上几下，有高有低。中日两国国情不同，不好勉强对比，我看中日两国对教育重视的程度有显著不同。战后日本没有等到有了钱再办教育，而是首先普及教育，提高教育水平，安定师资队伍。

建国以来，办好教育，搞好生产都列为国家建设的重要课题。这两者哪一个更重要，似乎还没有取得共识。主管财政的人说，教育重要，有了钱自然增加教育投入，目前只好维持着；办教育的人说，教育上不去，生产也难以上去，没有文化致富就没有手段。这个争议有点像山区陡坡上开垦荒地，越垦越穷，越穷越垦的恶性循环。又有点像贫困地区计划生育难以推行，越穷越生，越生越穷的走不出的怪圈。

看看日本的经验，这本来不是不可走出的怪圈。不重视文化教育，文化落后，要达到现代化是办不到的。现代化要靠科学技术去创造，创造者要有爱国献身的热情，花钱能买到某些现代设备，买不来一个现代化的社会主义国家。

118

恢复手脑并用的好传统*

汉唐时期,读书人善骑马,喜佩剑。酒酣,筵前拔剑起舞,已成风气。由此上溯到汉朝,汉高帝作《大风歌》,汉武帝作《秋风辞》,汉末,曹操时代建安文人能歌舞。读书人成为文弱书生,不知起于何时,估计约在北宋以后,不会太早。

北宋立国,力图纠正唐末五代军阀割据、武人专政的余风,提倡文化,抑军人专政。开始重文轻武,文人的地位高于武士。武士只能为将,不能为帅,儒教势力开始抬头。有一派儒者走路要缓步徐行,讲话要慢条斯理,呼唤人,要避免大声疾呼。程颢弟子记载,程氏"终日端坐为泥塑人"。初来求学的弟子,先让他们习静坐,养成静坐习惯后,再谈学业。程氏兄弟自称他们的治学道路,得孔孟真传。程氏兄弟的儒学教学方针得到一部分学者的支持,也受到一些学者的反对。当时苏轼等人很看不惯程氏学派的作风,遇到机会就加以嘲笑。二程同时代的张载,青年时曾向范仲淹请教用兵打仗的知识,范仲淹是文人也能带兵打仗,但他不鼓励张载学用兵,劝他学儒家学问。可见当北宋时(10世纪)时中国读书人并不是一味文弱。

---

* 原载《群言》1998年第6期,名为《文化教育与体育》。

儒门孔子教弟子，从"六艺"入手，六艺是"礼、乐、射、御、书、数"。六艺中"礼""乐"有知识传授，也有实践演习。孔子本人及弟子通晓乐理，也会演奏乐器。奏乐，演礼，都要身心配合。"射""御"主要是实践操作，体力要充沛；差的无法学习射箭和驾车。只有"书"和"数"是知识传习。孔子教授六艺，智力、体力并重，目的在于能治国安邦的文武双全的人才。这个传统大约继续了一千多年，直到唐朝。

宋儒吸取了佛教、道教静坐修心的宗教修炼方法，强化反省内心动机的工夫，自称得到尧、舜、禹、汤、周公、孔子的心传，以十六字诀作为教学宗旨。从此，中国传统教育偏向"主敬""主静"，忽视实践，忽视体力锻炼。清初大学者颜元坚决反对宋儒教育的流弊，他主张实践，体力、脑力并重。当时有人说，孔孟与程朱同堂异室，宗旨一致。颜元画了两幅图。一幅是孔子的讲堂，学生中有弹琴的，有唱歌的，有演礼的，也有读书的。另外一幅，画的是程朱的讲堂，师生瞑目静坐。颜元问道，这两幅画说明孔孟与程朱这两家教育宗旨是背道而驰，怎可以说他们是"同堂"呢？

宋朝儒教盛行，朝廷重文轻武，文官地位高于武将。据说"好人不当兵，好铁不打钉"的谚语，始于宋朝。从此读书人，由刚健转为懦弱。宋以后，虽有元、清两朝的兄弟民族当政，带来一些刚健清新之气，毕竟多年沉疴，积重难返。连东北以骑射起家的满洲贵族子弟，逐渐染上重文轻武的积习。科举取士时，文科举出身的地位高于武科举出身的地位。

辛亥革命推翻帝制，建立民国，推行新式教育，废科举、兴学校。国家也举办过运动会，也参加过一些国际体育竞赛，有些项目得过奖牌。解放后，中国的体育有较大的发展，在国际体育比赛中逐渐显露出中华民族的竞技才能，已不再被外国称为"东亚病夫"。总的看来,中国的强项不多。技巧项目,中国有一技之长,比速度、比耐力的项目,如田径比赛,中国运动员往往力不从心,不占优势。如果用人数与奖牌数来平均计算,中国体育的落后形势更为显著。

体育,是民族文化的一部分。文化要有民族特色。外国竞技有他们的文化传统为背景,其中有精华也有糟粕。如何去粗取精,应由他们自己来选择,我们不必指手画脚。但是,国际文化交流日益频繁,有些地区性的、民族性的运动项目,被吸收为国际竞技项目。如奥林匹克运动会,世界公认为规格最高的运动会。项目多,参加人数也最多,参赛项目多来自各民族,当年古代雅典城的奥林匹克比赛规模和项目比今天小得多。如球类、跳水、游泳、滑雪等项目都是后来逐渐增加进来的。

现有的奥运会比赛的多数项目能增强体质,可以赏心悦目,调适身心。但也有少数项目,不但不能增强体质,反倒是以残伤肢体,败坏人类高尚情操,摧残人性,发挥兽性,如拳击项目就是一例。从事拳击的运动员,头部、面部、脑部都受有不同程度的伤残。

西方世界对这一运动项目有浓厚的兴趣,主要在于从中寻求刺激,它与现代世界的吸毒、豪赌、暴力、色情有着同样的社会背景。西方新闻媒体借此攫取大量金钱,拳击运动员的出场费在各类比赛出场费中是最高的。不禁使人想起当年古罗马贵族、贵妇人,坐在看台上看奴隶斗兽的残酷场面。所不同的是时至今天不用刀剑,参赛者大多不会当场死亡(也有当场打死的)。我国作为国际奥委会的成员国,从人道主义原则、从卫生学原则,应当号召抵制以至禁止此种比赛。我们没必要派我们的有为可爱的青少年从事于有害身心健康的训练。它既不能强身,也违反人道。

中国文化传统悠久,我们有很多竞技项目,如射箭、赛马,有几千年的经验,后来兴起的武术、摔跤,也都有健身及观赏价值。中国的相扑传到日本,成为他们国家级的保留节目。中国射箭现已衰退,应当重新振作起来。中国式的摔跤,起源于蒙古族,体力智力兼用,有益于身心,现在还未走出国门,在国内也未受到应有的重视。我们应当重视自己的文化遗产,有十二亿人推动我们的民族体育事业,普及、推广,不管外国人来学不来学,不管他们怎么评价,我们走自己的路,有十二亿人的竞技队伍,经常不懈的锻炼,这项宏伟的事业必将造福子孙,有益于世界。

发展体育,不是为了追求金牌,应当看作中华民族文化的一部分。中国古代以"六艺"施教,学文化与强体力相互促进。从青少年开始,就抓紧脑力、体力并行发展。我们也要纠正目前的体育训练,只偏重技能训练,忽视智力开发的偏向。培养运动员,从娃娃抓起,单项训练,只专一门,容易出成绩。但对运动员来说,这种成绩对于夺奖牌有用,也有效,但对于培养一个合格的现代化青年来说,远远不够。发达了体力,萎缩了智力,抛弃了现代国民应具备的文化素养,可谓得不偿失。现代化合格公民应具备文字表达的能力,运用语言的能力,掌握现代科学和祖国历史的基本常识。对于社会,对于国家的教育来说,不能算苛求。

我国青少年运动员的情况,一般来说,技术娴熟,文化不高,很难进一步提高。号称美国国球的篮球运动,运动员的来源,不是专业的篮球体校,而是从大学生篮球队中选拔。大学生有文化,会动脑筋,球打得活,不至于离开教练员就显得手足无措。反观我国,我们推行足球运动已有几十年,总是达不到世界先进水平。我们有专业的足球学校,也有从中学生中培养的足球队。中学生足球队比专业少年足球队更有培养前途。原因也在于中

122

学生足球队,学踢球的同时也学文化,不是单科训练,而是文武、体脑训练并重的又一例子。

　　总之,要重视中国自己的文化,总结自己的好传统,并及时学习外国有益的经验为我所用。体育建设是文化建设的一部分,要建设有中国特色的社会主义新文化,体育建设也要照此办理,文武并重,体脑结合,我们一定在不远的将来,为新中国的体育事业开创出 21 世纪的新局面。

知识训练与人格铸造 *

　　六十年前，一个偶然的机会，在昆明西南联大附中替一位朋友代课，担任附中初中二年级一个班的语文课（当时称为国文）。班上有四十几位十一二岁的小同学，白祖诚是其中的一位。他性格内向，不大活跃，勤奋稳重，为人朴诚，有自信心，与同学们相处融洽。他的语文学习比较扎实。当时附中规定每隔一周写一篇作文，两小时内当堂交卷。作文课最能表现学生的思想爱好和倾向，对白祖诚的了解一半是通过作文写作逐步加深了印象。发作文时，针对作文中发现的问题，选择代表性的、易犯的语法修辞错误及错别字予以评论。同学们听到的是自己的事，记得牢，为后来的提高打下基础。

　　此后几十年间与白祖诚没有定期交往，但经常从其他联大附中同学断断续续地得知他的经历和遭遇，关怀并未中断。

　　最近唐绍明同志（他也是联大附中的同学）谈起白祖诚，知道他离休后，写了一本《回忆与思考》文集，即将问世，希望我为此书写几句话。关于这部文集，记录着他自己的风雨晦明，都是

---

　　* 据《竹影集》。原为白祖诚《回忆与思考》（燕山出版社，2000 年 10 月版）序。

他自己的切身感受,我不必说什么。几十年来,我一向在学校当老师,在大学教书,到头来深感大学教育办得好不好,中学教育是关键。想借此机会谈谈有关中学教育的问题。

中学时期正是青少年知识、身体成长、定型的关键阶段,也是世界观初步形成的时期。联大附中我教过的这一班同学分散在全国各地,有的人已在国外定居。不同的机会,不同的条件,不同的性格,研究不同的学科,他们在文艺界、艺术界、外交界、科学界、工程界、理论界各有各的成就,也有遭遇坎坷,蹭蹬一生的。他们成就有大小,贡献有多少,使我十分欣慰的是,他们都经历了风风雨雨的生活考验,一步一个脚印,实现了自己的价值,作为一个"人",他们都及格了。一个人民教师,看到当年的一群青少年如此优异的表现,感到十分欣慰。孟子说过为天培育英才是最大的快乐,这话不假。

青少年时期,只要打好两个基础,一生受用不尽。一是打好知识技能基础,养成运用语文的能力。今天有不少大学生以及研究生,只知道专业范围内的一点点知识,对祖国的历史、文化所知甚少,文章写不通,标点用不对。这种不正常的现象是中学时期没打好基础造成的。这一关没有通过,终生受累。另一个基础是树立正确的世界观,作为世界观可以有不同的层次,世界观可拔高到高深的哲学体系,也可以低到起码的是非善恶的准则。自己明白哪些事应当作,哪些不应当作,哪些绝对不能作,守住这一条底线,就有了主心骨。这也是世界观。有了这个基本认识,遇事不会摇摇摆摆,随风飘荡。这种品格也要从青少年做起。从以上这两点来看,当年的西南联大附中做得还是比较成功的。

当年四十几个青年,现在他们都为自己的历史做出了及格的答卷,无愧于一个"人"字。明朝王阳明讲到人的品格好比衡

125

量黄金价值,主要看它的成分纯度,不在于它的重量。

现在全国上下都关心素质教育。素质教育应当包括哪些内容,世界上有哪些国家在这方面有好经验,还在探寻中。作为教育战线上的一名老战士,我想,素质教育就是育人成才,培养全面发展、对社会对群体有用的人。一方面是知识技能,一方面是品格。这两方面分开来,是两个方面,却集中到一个被培养的对象身上。

回想起六十年前与一群青少年相处的日子,又看到白祖诚同志所写的《回忆与思考》的稿子,不禁联想起当前人们关注的素质教育这个热门话题。知识丰富,品格残缺,充其量不过是养成一批"会行动的电脑",与育人教育毫不相干。

给《文史知识》编辑部的信 *

《文史知识》编辑部：

200 期的成绩，积累了宝贵的经验，形成自己的风格，赢得了读者的支持。我收到的 1、2 期，还未发现哪些文章"不理想"的，文章短，内容充实。既然命名为"文史知识"，要多在知识性上下功夫。

国家要富强，离不开科学，这一点早在百余年前已引起国人的注意。振兴科学、科学救国的口号不少专家提出过，我们还没有看到尊重历史、熟悉历史对国家富强的重要性。中华民族历史长，内容丰富，历史知识是中华民族的凝合剂，历史知识是爱国主义的基础，我们不但教育青少年熟悉中国近代史，也要他们熟悉中国五千年史，我们要做历史普及工作。

《文史知识》形式上是个不大的刊物，但读者面广，影响面大，办好这个刊物不但有益于当前，也造福于后代。

如果把历史知识分解为若干部类，分门别类地向读者介绍（如民俗、制度、民族、科技、文化生活……），积少成多，这是大型

---

* 原载《文史知识》1998 年。

刊物难以做到的,这是本刊的优势。

　祝

　进步

                              任继愈
                        1998 年 3 月 3 日

应当开展经典文化建设活动*

　　开展经典文化建设工作十分重要。作为人类智慧文明源泉的古今中外经典，对于促进我们的教育改革、文化进步、科技发展，以及培养高素质、创造性人才有很大的积极作用。

　　"经典文化建设"内容涉及全球文明整合，人文社会科学与自然科学的相互影响，中华传统文化和素质教育，传统经典诵读与教育创新，经典诵读的实践等多方面。我们建设有中国特色社会主义的新文化，就要把世界上所有的先进文化都吸收进来，为我所用，同时又要吸收我们中华民族过去一切有价值的传统文化，加以改造，为我所用。

　　古今中外的经典是人类智慧的源泉，朗诵经典是开发潜能、学习语言、提高修养、开启智慧的重要途径，对于塑造新世纪学贯中西、锐意创新的优秀人才有着特殊的催化作用。文化有持续性的特性，它没有"暴发户"，没有哪个国家一天之内能够成为文化大国。过去，在这个问题上我们吃过亏，对历史了解不够，对古代糟粕的东西看得多，精华的东西看得少。现在，我们要平心静气地对古代的东西加以总结，研究开发。这项工作不但全

---

　　*　原载《今日浙江》2001 年第 11 期。

社会应当重视，而且要从小孩子抓起。经典文化建设推广工作从娃娃抓起，才会有根。古代的东西是文言文写的，不大好理解，但没有关系，小孩子记忆力好，先记下来，再慢慢地消化。古代的经典经得起揣摩，经得起消化，不是念一遍就完了的。有些故事，讲一遍，听过去就完了，而经典文化不一样，第二遍读过来和第一遍的感受不一样，第三遍过去和第二遍又不一样，可以长期起作用。如果我们坚持不懈地抓下去，弘扬优秀传统文化，就会落到实处。

"经典文化建设"可以依托国家图书馆宏富的珍贵文献资源，来开展各种各样的学术及宣传活动，它是一项提高全民文化素质、培养优秀人才的重要的文化建设活动，是国民社会教育、终身教育的重要内容，应当长期持久地开展下去。

经典教育:孩子们的"维生素"*

　　在学校中开展经典诵读和经典教育,目的是培养孩子们的人文精神,也是一项进行优秀传统文化熏陶的传统美德教育。多年来,我国的中小学校偏重知识教育,语文、数学、外语等知识学科很受重视,但是在传统文化、为人品格教育上做得很不够。如果说语、数、外等知识科目是"药",可以帮助人治疗"无知"这个病症的话,经典教育就应该是"维生素",缺少了维生素,机体就会出问题。服药的作用可能立竿见影,学习了这些知识科目,人就会变"无知"为"有知";而维生素却潜移默化、点滴渗入每个细胞,以保障机体的健康。得了病的人可以"临时抱佛脚",只要及时吃药就可以痊愈;而缺少维生素的人可能自己并不知晓,等得了病再补维生素往往已经来不及了。因此,虽然知识学科的教育成果明显,传统文化教育短期内看不到效果,但是我们万万不可只重视知识学科教育,而忽视了经典教育和传统文化素质的培养。

　　在信息技术高速发展的今天,人们自当提倡培养学生的科学精神、现代精神。但是,经典教育带给学生的人文精神同样重

　　＊　原载《北京教育》(普教版)2005 年第 2 期。

要。科学精神、现代精神与人文精神一起,对于培养一个健全的、完整的"人"意义重大。这是一条促人不断发展、不断前进的光明之路。品德教育要从娃娃抓起,我们应该给儿童一个道德底线,告诉他们"什么能做""什么不应该做""什么绝对不能做",让他们从小就有基本的是非观念。随着年龄的增长,这个要求应该越来越高。这样,儿童的道德素质就会与年龄同步得到提高,相应地,整个民族的道德素质就会提高,良好的社会道德风尚就会树立。从这个意义上说,教育是立国之本,德育更是国民素质提高的重中之重。

在经典教育的具体实施中,存在着这样一个问题:经典读本在学生中很受欢迎,但是家长和老师本身的传统文化素养却积累不足,经典诵读的师资缺乏。为了改善这种状况,教育部门和学校应该多举办面向经典诵读教师的培训活动,师范学校更应该有计划地培养经典教育师资。教师和家长也要有意识地读读古代经典,可以跟孩子们一起学习。这不仅对教育孩子有益,也可以促使教师和家长对人生、对世界产生更深刻的思考。

古代经典是经过几千年的时间积累下来的,是经过历史筛选的,它们是精华、是有生命力的,在今天仍然对我们大有裨益。举个最简单的例子。"己所不欲,勿施于人"就给我们提供了一条很好的处事原则——自己不愿得到的事物、不愿遭受的事情,不要强加于人。不仅对于个人,这句话对于一个国家同样适用。国际交往上平等互利,就是很好地遵循了这个原则。而且这句话是经得起推敲的。为什么不说"己所欲,施于人"呢?因为这样的话,喜欢吸烟的人就要让所有人都吸烟了。所以说,古代经典第二遍读来和第一遍的感受不一样,第三遍跟第二遍又不一样,是经得起揣摩、推敲的。中华民族最大的成功就在于五千年的文化没有中断,一脉相承的文字、语言和文化,使我们在几千年后的今天仍然能够站在巨人的肩上看世界,使我们能看得更远。所以,我们没有理由让五千年的历史积淀在这里失传。

科举考试制度值得借鉴 *

科举制度的利与弊

汉代开始采用选举制。地方官员选拔出一批人才,呈送到中央,与近代由群众推选的选举意义大不相同。

古代选举制,王氏家族选举李氏家族子弟到中央做官,李族又推选王氏族的子弟作为回报。众多势家大族之间长期互相推举,互相支持、互相利用,豪门大族结成政治集团,"门阀士族"由此形成。南北朝的王谢两大士族,互相援引,从东汉经三国魏晋南北朝,形成盘根错节势力集团。汉末三国时河北袁氏家族,"四世三公"并不是他们袁家子弟才学过人,而是凭借他们世代形成的士族集团势力。

从汉到南北朝,几百年间,门阀士族拥有强大政治的、经济的、文化的势力,致使南北朝长期不能统一。历史发展需要统一,人民生活需要安定、温饱,不需要战争。隋唐顺应这一形势,统一了南北朝,并使之进一步巩固。建立多民族的统一大国是

---

　*　原载《炎黄春秋》2005 年第 11 期。

历史的趋势,百姓的愿望。南北朝时期,南方北方王朝更替十分频繁,朝代是短命的,但门阀士族却安然无恙,中央统一政权为了培养选拔为中央政府服务的官员,必须找一条选拔培养人才的途径,建立一种新制度,科举制应运而生。

科举制,选拔人才不问家族出身,只要能治国安邦,用兵打仗,有经济管理的特长的,都可以应试,及格的可以得到重用。唐朝的高级官员从宰相到地方官员,多半是科举出身的。此种制度,符合中国的国情,行之有效,历宋、元、明、清,一直沿用下来。推行一千多年,明显的效益有以下几点:

(1)选拔人才的范围扩大到全国包括边远省区,规定各省区录取人员的比例,像云南、贵州,人口少,文化不发达地区也分配有一定的名额,全国士人产生拥护朝廷的向心力。

(2)定期考试,后备人才不断地补充到中央,不忧人才匮乏。

(3)国家规定《四书》《五经》为教材。全国知识分子通过各种学习的方式,主要是自学,国家兴办公家学校不多,大量的应考者都是单独自学,只要考试得中,即可上升到官员阶层。

(4)考试立法详明,执法严峻,主考官舞弊的,重的可判死刑。因此考试取得"功名"(如秀才、举人、进士)即可得到社会的尊重、认可。

这制度后来传到外国,世界上普遍认为英国"文官制度"是以中国科举制度移植过去的。

科举制度的公开性、权威性,已被社会所认可。于是,为了考取"功名"苦熬一生。从另一个方面也可以看出科举考试并不是绝对公平的,真正的人才,由于不合规范程式而被排斥,未被录取,像清朝大文学家蒲松龄应科举,一直考到七十岁,还未考取举人。

科举经历了好几百年,推行了八股考试办法,这种选拔人才的方法的缺点明显。因为八股文考试题目出自《四书》,《四书》的字句就是那样多,三年一考,从明朝规定以朱熹的《四书集注》为标准答案,应试者不准有自己的独立的新解释。几百年的考试,差不多把《四书》的句子都出遍了,于是想出了截取上句的末句,下句的首句一些不成句子的题,称为"截搭题"。《红楼梦》第八十一回讲到贾宝玉第二次入家塾读书,老师出应试科举三道题,其中一个题目为"则归墨",这是《孟子》中"今天下之言不归易则归墨"一句完整的句子,截去上半句"今天下之言","则归墨"是下半句,题目就不通,偏要教应考者"代圣贤立言"写出有条理、讲出道理来的文章,岂不荒唐!吕留良曾写过一篇《真进士歌颂黄九烟》指斥明朝三百年来科举取士的弊端:

> ……进士尔何能,能作八股耳,其中并多不能者,一行作吏无须此。三百年,几十科,科数百人印累累,如今知有几人名?大约尽作蝼蚁死,人言蝼蚁可怜虫,吾言凶恶过虎兕,谨具江山再拜上,崇祯夫妇伴缄贶。〔自注:崇祯末,有人书一仪状云:谨具大明江山一座,崇祯夫妇二人,奉申赟敬晚生文八股顿首拜。亦愤世嫉俗之言也,贴于朝堂〕

八股文取士的弊病在于政府规定"代圣贤立言"上,把应试者的思想禁锢死了。八股文有罪过,科举制度不能负责。

借鉴科举制度,改进当今教育存在的弊病

"四人帮"粉碎以后,我国恢复了学位制度,开始培养自己的硕士、博士,为国家培养了不少人才。1978 年招收的硕士生,1982 年招收的博士生,现在有的成为各学科的骨干。近年来,各校招生的名额不断扩充,教师和学校为争取建立博士点,布点过

多过滥。我们的工业产品量多,但缺乏领先的拳头产品。我国已成为生产钢铁的大国,但还不能算钢铁强国。我国手机产量在世界领先,但关键技术没有知识产权,仍处于弱势。文化精神产品也有类似的情况。

有的博导带十几名二十几名学生。也有的学校由一著名导师的名义招徕的博士生,然后分别交给一些青年教师去培养,势必造成成绩下降。

研究生入学后,本来要求读些必读的书,三年时间内用来专心学习已经够紧张的,现在不是把充实学识放在首位,而是要求在校期间每年必须发表论文,还要发表在规定的某种等级的刊物上,不照办,即无法毕业。研究生入校后,第一年大部时间用在外语上,博士生还要学第二外语,这要花费较大的精力才能过关。研究生的最后一年,大部分时间为自己联系工作单位,主要精力向用人单位介绍自己。为了在刊物上争取发表文章,难免要拉关系,找门路,有的导师用不正当的手段保护自己的研究生。商品交易之风污染了教育界这块净土。人们常说应当刹一刹学风浮躁,但我们的一些制度助长了浮躁风,形成恶性互动。我们国家图书馆设有“博士生文库”,专门收集储存我国的博士生论文。按年代顺序排队,发现各学科论文水平逐年在下滑。如果有人有兴趣,可以用这些资料作进一步的研究。

当前博士生、硕士生培养的现状参差不齐,优劣相差不可以道里计,有些水平低的博导,给水平高的博导当学生,还未必够格。授予学位,国家有统一标准,但各校各有自己的标准,执行起来宽严标准不一。教育部规定研究生答辩委员中必须有外单位及外校的委员参加。据我所知,有一次某大学答辩委员会上,有一位外地请来的答辩委员一连问了一位应试者好几个问题,该生一个也答不出。这时该生的导师坐不住了,指着从外校聘请来的委员大声呵斥道:"你这是考他,还是考我? 给他过不去还是给我过不去?"

也有学校招收"在职博士生",有的博士研究生,不必来校上课,可以派秘书代他上课,当然这类博士生拿到的文凭是真的,博士生学识是名不副实的。各大学招生和培养博士生标准不一,招生和应试的各有所图,各得其所。

为了改变目前研究生培养的混乱无序,国家应当当作一件大事来抓。从古人实行的科举制度中采取其合理部分参考、借鉴。

(1)可以培养出合乎国家要求的人才。滥竽充数、不合格的学校及不合格的导师将自行消失。

(2)培养研究生不再规定毕业年限,学校只发给在校学习年限的证书,各校不再授予学位。研究生学完应当达到的学分,可以报国家的科举考试,一次考试不中,还可多次再试,只是不能继续在校学习。

(3)国家不再设博导。大学教师按道理每一个教授都应具带博士生的能力。我们常说"与世界接轨",我们的"博士生导师"称号就没有与世界接轨。外国的教授名片从来没有"博导"字样。

18、19 世纪,列强在全世界争资源,争土地,进入 21 世纪,还增加了一项掠夺的对象——技术人才。智力开发可以用很少的投入创造出更多财富。人才智力都是资源,是开发不尽的智力资源。为国家培养合格优秀人才不光是一个教育问题,也是增强国力的根本措施。

国家培养尖端人才,培养硕士生、博士生,是国家的百年大计。在激烈竞争的当代,我们疏忽不得,也疏忽不起。

从近处着眼,硕士生、博士生培养关系到学风的邪正,从大处远处着眼，硕士生、博士生培养关系到国家兴衰。不可等闲视之。

在中国人民大学国学院开学典礼
暨揭牌仪式上的讲话*

中国人民大学国学院成立是一个大喜事,我今天来不是为了讲话而是为了来祝贺学院的成立。我对中国人民大学国学院成立的重要性和必要性在参加筹备会的时候已经说过了,不再重复。

我主要想讲一些具体的小事。我觉得现在社会的发展,特别是电脑出现之后,使用拼音输入法会使人养成提笔忘字的习惯。这也是一个副作用,电脑是方便,可这种输入法造成的结果就是使人不认识字。另外北大的一位教授提起,他的孙子毕业回来之后说,"闹了半天,原来祖国的祖字是一个点"。祖国是一个点还是两个点他以前一直都不清楚。可见汉字的认识随着电脑的发展和电脑的普及,人们认识汉字的机会就少了。所以国学院要从基本的方面做起,要会写。像刚才许嘉璐先生提到的要会作诗写文言文。

会写是第一步,固然不仅要会写还要会读。将来开课第一年要开设语文课,这是必须要有的。大学有自己的决定权,教育

---

*　2005 年 10 月 18 日。

部有它的要求。学校是给国家培养合格的人才。只要交上的成品合格就好了，不一定要规定怎样培养。至于怎样培养，这应该是交给学校自己决定的事，教育部不应该过多干预比较好。再就是培养办法。过去几年我没有带研究生，以前是考上研究生以后规定必须要在标准的刊物上发表多少论文。这个制度是不是还在进行我还不清楚，如果还是这样的话，希望人民大学可以带头废除这种制度。这也要求纪宝成校长要有胆量，要不怕罢官。过去的北京大学第一次招女生，在北洋政府时期是一件大事。到底应不应该招，学校是不是应该向教育部请示？蔡元培校长就说，为什么大学招生就不能招收女生呢？招。可以说给校长自主权是有好处的。

另外，我就想说一下对同学们的要求。因为我教书多年了，我希望同学们不要图热闹，看见别人发表多少文章了，发表多少著作了就羡慕，就沉不住气。关键不是发表多少文章，关键是充实自己，衡量自己够不够能力。当年清华大学成立国学研究院的时候，问陈寅恪教授有没有什么著作，有没有什么学位的时候，他都说了没有。后来他成了一个有名的教授，成为了教授的教授。可见一个人有学问没有学问，发表论文是次要的。人民大学可以考虑培养研究生要走一条全新的路，走创新的路。国学院办到什么程度才说它是好的学院呢？等到它使那些百年老校，像北京师大，像北京大学，它们的校长坐立不安，那个时候我们就说国学院已经建设得差不多了。

培养人才不是蒸馒头*

　　国图的"博士生文库"收录了近些年全国的博士论文。有选择地读了一些,发现问题多多。很多文章语句不通,基本的标点符号都用错。大家都觉得现在博士生论文的质量下滑得很严重。有人感叹:注重考知识而不注重培养能力的学校教育、量化的培养方式已经使得我们的人才素质整体下降。

　　现在的研究生大多学制三年,三年内要求每人都发表文章,还要在指定的核心刊物上发。三年时间,实事求是地讲,第一年学外语要花很多时间,第二年进入专业学习,第三年开始联系找工作。很多研究生连基本的专业知识都尚未掌握,就开始写论文,然后托关系找刊物发表文章。各学校对于研究生的培养有许多不切实际的量化规定,可是如果现在每年上万的研究生都要在核心刊物发表文章,刊物又如何够用? 如果每篇博士论文都在 10 万字以上,又如何能保证其中不掺"水"?

　　量化应该有一定的限度,产品的规格可以量化,但不是什么都可以量化。比如《红楼梦》写一个女子的外貌,不能说眼睛多少厘米,鼻子多高,腰围多少。培养人才,不能完全用量化的标

***

　　* 原载《人民日报》2007 年 4 月 5 日。

准来衡量。我带研究生,就是要求他们阅读指定的书,写读书笔记,然后定期进行检查,从不硬性规定他们发表文章。

社会普遍反映现在的博士不如从前的大学生顶用,学位贬值已经成为一个大问题。培养人才不能像蒸馒头,个个都一样。比如,自然科学与社会科学各有各的特点,在人才培养方式上也应该有所不同。自然现象比较客观,可以通过实验,反复观察;研究历史和社会现象,只能在社会运动中去观察、认识,只能在极小范围内搞实验。因此,我们不能套用理工科研究生的培养方式来培养社会科学人才,反之亦然。

而且,人的天性禀赋是不一样的,用一种模式培养人才,只会削足适履,造成"南橘北枳"的结果。

在北京大学研究生教育 90 周年
庆典上的讲话 *

　　我今天很高兴参加这个会。因为我的经历,我在北大当过研究生,又在北大带过研究生,之后又主持国家研究生培养的一部分工作,有一些感想在这里说一说,我也很愿意提出一些不成熟的意见。

　　我当学生的时候,我就有这么一个感觉,研究生要想打好基础,是靠自学为主,不是靠听课。听课只是个启发,真正要做的是自学。自学要给他一定的时间,没有时间怎么能自学呢? 课程不能安排得太多。课程安排太多,听课都听不完怎么能谈得上自学呢? 应该给研究生创造这么一个条件,就是充分自学的机会。研究生在学习期间,应该维持竞争的机制,有一定的淘汰率。我当研究生的时候,有些研究生考上之后毕不了业。十个研究生就有一个念不下去的,不能够毕业,可见淘汰率还是相当高的。不是说考上研究生之后就保证一辈子解决问题了,不是这样子。这是一个初步的想法。做研究生要有些必要的准备,准备不够的话没法成才。需要哪些准备呢?

---

　　*　2007 年 12 月 26 日。

　　第一个是工具上的准备,工具包括语文等基础的知识。第二个是思想上的准备,不是说当了研究生就要提高我的待遇,或者将来有什么出路,少想这个;要想到为国家做出什么贡献,这是第一位的。我们在昆明当研究生的时候生活很苦,吃饭都吃不饱。那个时候杨振宁还是学生,他说:在大食堂吃饭,头一碗饭不要装得太满,盛半碗,第二碗饭装得满一点,这样可以多吃一点。头一碗装得满,吃第二碗的时候没有了,就吃不饱。在那种情况下能出那么多人才出那么多成果,这就说明方法要对路。研究生要有志气,要想着为国争光,不要想着个人前途怎么样,就像抗日战争时期,打倒日本鬼子是我们共同的愿望。爱国是主要的,这是个动力,不是增加工资作为你的动力。以工资作动力,那就是"有奶就是娘",谁给我钱多我就给谁干。这行么? 这样子没法给国家、给人民做贡献。以上说的是思想上做准备。

　　再就是学风上,在研究生阶段培养正当的、科学的学风。什么学风? 靠自己的努力,不要东抄西凑,那样子学习不扎实、靠不住。这是起码的要求。

　　以上几点是对学生的要求。

　　我当过研究生的导师,导师也有相应的要求,首先是导师要以身作则。导师要有示范动作,不只是动动嘴纠正学生操作上的哪些错误。导师还有一个责任,就是领导学生科学地、规范地做科研。昨天有报道说复旦大学处分了两个老师,是关于剽窃方面的问题。必须要有这样的处分。这个情况各个学校都有,以后研究生院要办好,学风必须要扳正,这样才能出第一流的人才。导师还有一个任务,就是看看这个学科发展到什么程度:国内发展到什么程度,国外发展到什么程度。哪些问题已经解决了,不要重复。哪些问题没有解决,需要努力。题目从这里面出,不是现在国外的杂志上说了个题目咱们就跟着跑,那永远也跑不到前面,永远也跟不上。导师应该有这个责任。选题要选对。导师还有一个责任,就是选学生,把学生选好。最要紧一个条件就是导师要无私。这种无私很难。中学老师、小学老师对教的学生真是无私的。就算学生超过他,当个将军、当个元帅、当个院士、当个专家,老师高兴得不得了,比他自己得那个地位还要高兴!这就是无私。大学里有些老师不是这样。他有些新的观念不说,发表之后他才公布,才让人知道,这就是怕学生超过他自己。我们都看过《水浒》,梁山泊白衣秀士王伦是怎么失败的?他就是怕别人超过他,容不得,容纳不了。那样学生怎么会进步呢?这个不行。心胸要宽大,看到学生超过自己,我高兴,这就对了,这说明你有成绩,有人才出来了。这点我很有感受。前二十年,我经常收到有关敦煌问题讨论和研究的信。最近十年、最近五年以来,我没有收到这样的信了。这些信都跑到我学生那里去了,我的学生研究敦煌很有成绩,全世界好多人都问他。我觉得这就好极了,人才出来了。后来我主持国家一些领域里面的一些项目,管的范围涉及更广一点。在某个领域里面培养人才要高瞻远瞩。要看这个学科在世界上什么地位,研究到了什么程度,哪些东西该做,哪些东西急迫要做,哪些东西条件不成熟不应该做。没有这个看法以及想法,方向找不准是不行的,方向找不准是浪费。刚才我跟董申保院士交换了一下意见,他觉得过去我们学苏联学得太像了,把学科定得太死,范围很窄,走一条线。学生毕业之后专业不对口就干不了,改行也改不了,就只能干那一条,这是自己给自己封闭起来。路子要宽的话,基础要打得广、打得开才行。我作为北大的老校友,希望研究生培养越办越好,我觉得北大研究生院要向教育部申请试点,大胆尝试一下。北大的优势是敢为天下先,像五四运动那样大的运动,改变历史的运动,就是北大发起的。现代化的大学也是北大开始办的。北大的邓广铭教授给我说过一个例子,他是研究宋史的,说的是杨家将的故事。在宋朝宋太宗的时候,与辽交战,争夺燕云十六州,辽军五十万的兵一直打到北京的高粱河,宋朝也以主力迎战。宋军不动,正面吸引辽军的主力,派杨家将从山西大同那边包抄过来,一直包抄到北京背后,救北京的危机。这个战略是合理的,效果很好,杨家将屡战屡胜。结果宋军统帅沉不住气,觉得杨家将与辽交战屡战屡胜有功劳,而自己却不动,自己也应该与辽军迎战,结果出战后大败。辽军胜利后撤出部分兵把杨家将团团包围,结果杨家将全军覆没。这就说明要沉得住气,要受得住外界的批评议论,要顶得住,不能影响大局。

希望北大的研究生培养会越办越好,谢谢大家。

《国学基本教材·论语卷》序 *

　　教书几十年,时时与青年接触,从青年身上看到他们追求理想,敢于幻想的精神,从中受到鼓舞。我曾替一位朋友的夫人在一所中学代过课,教过初中二年级的语文。

　　多年来我发现了一个普遍现象:奠定一个人的人生观、世界观,不是在大学学了哲学或政治课开始的,而是在中学时代,从十二三岁时随着身体的发育、知识的积累、意志的培养平行前进,同步开展的。再回想自己成长的过程,也是在中学时已经考虑过将来如何做人。

　　在应试教育的催化剂推动下,有的大学专门成立了少年班,有十四五岁的大学生,而且成绩优秀。这种情况,南方、北方各大学不乏先例。北京几所名牌大学,曾不断发生学生自杀的,也有拿到博士学位,有了工作后自杀的。

　　教育最终目的在于育人。人是社会的成员,社会培养他成长,成长后反过来为社会奉献他们的聪明才智。古今中外社会都是这样走过来的。对社会有用的人,不光有丰富的知识,还要关心国家大事,除了专业分工以外,还要熟悉祖国的历史、对世

---

　　* 《国学基本教材·论语卷》,新华出版社,2008 年 2 月版。

界大势有所了解,对艺术欣赏,辨别美丑,对人间的善恶有判断的能力。

还要具备健全的体魄,有操作现代工具的基本能力,包括语言的运用。要养成关心别人,帮助弱者,坚持真理的品格。这是一个现代公民必备的基本条件,也就是说首先是一个合格的公民,然后才是什么专家,什么大师。等等。

这样的基本要求,起码要有十几年的系统培养,十二三四岁的少年是做不到的。必要的成功和挫折,对我们的青年人都是不可缺少的宝贵经验。

中学是为培养全面发展的幼苗打基础的阶段,只有语文课可以负担这个任务,其他课程无法替代。

王丽女士对中学语文教学有丰富的经验,更难得的是她有一颗热爱教育事业,关怀青少年的童心。她也是出入图书馆的常客。有一天她拿来一篇谈语文教育的文章给我看,其中的见解我很欣赏。这套台湾版的《中学国学基本教材》也是她让我看的。我看了选材篇目,选看了其中解说注释,认为选材精当,注解简明。按照学生的年龄理解能力,安排选材先后顺序,符合中学教学的要求。市场上见到的同类书籍中,这套教材的特色鲜明,优点突出。它不光是增加古汉语知识,对培养青少年品格全面发展也有益。

台湾和大陆,血脉文化本属同根。在众多繁茂的语文教材中增添一株奇葩也是一件好事,值得向社会推荐。

《文化中国丛书》总序 *

　　中国是世界文明古国之一,古代世界曾经辉煌灿烂的文明国家,多数没有维持下来,唯有中国这个国家从原始社会到形成国家,有文字可考的历史有五千年以上。我国的文化文明史从未中断,一脉相承,屹立于世界之林,历久而弥新。

　　我国文化起源于上古,大致在黄河、长江及其周围地域形成,是延续至今的中华民族共同文化,同时又是在连绵几千年中,以华夏民族为主体的各地域文化和各民族文化长期不断交流渗透和大融合的结晶。

　　今天,我国正处在飞速发展的新时期,了解过去的优秀文化,正是为了创造未来的新文化,这对于提高民族自尊心、增强民族凝聚力有着极为重要的意义。青少年是国家的未来、民族的希望,对他们进行传统文化教育,是百年大计、千秋功业,因此可谓当务之急。进行传统文化教育要有长远的目标,要让中小学生和拥有中等文化程度的读者掌握和了解我国文化传统史方面的一些基本知识,提高国民的文化素质和修养,以更好地继承发扬优秀文化传统。这是一项宏伟的事业,应引起更多的关注

---

　　* 《文化中国丛书》,湖南少年儿童出版社,2010 年 3 月版。

和重视。我在大学教了大半辈子的书,我以为现在大学生的文化素养正在慢慢下降,原因可能不在大学,而在中学,中学底子如果没打好,到大学再改造就困难一些。

书是文化的结晶,是时代的精神产物。我们讲综合国力,书籍也要体现综合效益。大专家写小文章是件好事,一本书几万字,看起来举重若轻,但背后有很多学问的支持,像演话剧,前台搭的东西并不多,其实后台有好多支持前台演出的东西。该丛书对于成年人也不失为一部高品位的、可信赖的文化知识读物,要走进全国大大小小的图书馆,更要走进千家万户,让更多的读者了解我们伟大祖国悠久的传统文化。

辨公私关系 *

自从人类脱离动物界以来，就过着自觉的社会生活，动物界也有社会生活，如蚂蚁、蜜蜂、猿猴类，但它们与人的区别在于人自觉地过着社会生活，动物是本能地过着社会生活。自觉不自觉，这很重要。自觉的社会生活，不断使人进步，不自觉的社会生活，千古不变，几千年前的蜜蜂、蚂蚁和今天的蜜蜂、蚂蚁的生活看不出有什么改进和变化。人类社会却不同，自从人类社会出现直到现在，社会物质生活不断改进，文明也逐渐进步，特别是近一、二年，人类的发明创造超过人类出现以来发明创造的总和。

人类在社会中的活动，始终遵循着一个基本原则——对自己所在的社会群体有所索取，同时也有所奉献。光索取不奉献，社会生产枯竭，社会就不会维持。只有一方面从社会群体中取得自己的份额，同时又对社会奉献出自己的份额。算一算总账，一个社会的成员对社会的奉献大于索取，社会就发展、繁荣。回顾人类社会发展的历史，正是由于奉献的总和大于索取的总和，社会才会取得今天的成就。

---

* 据《竹影集》，原载《做人与处世》2000 年第 3 期，题为《做人的原则》。

　　社会中每一个成员的能力有大小,体力有强弱,智力有高下,只要在自己能力所能达到的范围内各尽所能地有所奉献,社会就可以从中得到动力。大家都要正确对待公与私的关系。"私",对生活成员来说是必要的,是个人的生活需要。生活爱好却因人而异,这种"私"是不可少的;同时不允许损公以肥私,应当先公后私。远古时代国家尚未出现时,没有法律,人们根据生活经验对待公私关系,用风俗习惯来约束公私关系。后来形成道德规范,大家用道德规范来指导人们的行为。传说中,所谓古代的圣人,都是为大家谋福利的英雄人物,他们把自己的精力、才干用来为大众谋福利,人们拥戴他们,他们便成为后人崇拜的伟大人物。古代大禹治水的传说广泛流传,因为他为人民排除洪水灾害,人们永远纪念他,世代相传,禹成为中华民族几千年来共同尊敬的圣人。

　　人类社会进步到今天,社会制度、法律规定比古代完备得多。但今天社会所提倡、法律所禁止的,说到底,还是关于如何对待公私关系的问题。社会鼓励先公后私的,限制先私后公的,制裁损公肥私的。

　　先公后私,不损公肥私,是做人的起码原则,也是做人的最终原则。日常生活,小自上街购物、出门坐公共汽车,大到对待国家大事,保卫国家,都离不开这个简单的原则。三岁儿童上幼儿园起,学习礼让,到八九十岁的老年人,都离不开这个原则。这个原则最简单、最普遍、放之四海而皆准。大家照此原则去做人,我们的社会就会安定、团结、进步,我们的民族素质就会提高。社会每一个成员也会不断获得充实丰富的生活乐趣。

文化交流　前景无限[*]

文化是社会的产物,社会在不断发展、变化,文化也在不断发展、变化。中华民族有文字可考的历史已有五千年,汉字与汉语也在变化。古代汉语与现代汉语有显著的变化。在旧文化的基础上创新,从而保证文化的纵向传播,使其健康发展,不致中断。

文化的纵向传播,有一个基本原则,就是随时增加新的内容,又随时减弱旧的内容。新内容往往通过注解形式(不同时代有不同的注释)发挥原旨,用发挥的意义代替原有的意义。《论语》一书不过一万多字,古今注解《论语》的著作,超过《论语》原书不知多少倍。《易经》最初有图无字,后来关于《易经》的著作达几千种,大部分意义是注释者增加的新内容,新内容越来越多,旧内容越来越被冲淡。中国文化史、世界文化史就是这样演进的。文化有纵向传播和横向交流。纵向传播多在本民族、本地区内①。横向交流多在不同地区之间②。

---

* 原载《中日东方思想研讨会论文集》,上海三联书店,1997 年 3 月版。
① 古代华夏民族与现代中国文化多属此类。
② 古代希腊、拉丁文化与现代欧洲英、德、法诸国文化多属此类。

154

文化的另一特点是地区间横向交流,不同的地区有它的地区特点,包括该地区的历史、民族、传统习惯、语言等共同因素,这些共同因素使此地区的文化不同于另一地区的文化。以中国而论,南方各省不同于北方各省,东方沿海与西部青藏高原的文化特点也有所不同。欧、美和亚洲不同。同样在欧洲,欧洲大陆与岛国英国又不同。同为亚洲,东南亚与东北亚不同,中国和日本也各有明显的特点。不承认这些的差异,也无法开展今后文化交流的新局面。

横向交流是当前文化交流的主要方式,因为它是与经济交流相伴而来的。经过长期封闭,后来走向现代化的中国和日本,对此感受更加深刻。文化横向交流,可以给双方带来新知识,提供新信息,新的文化观、价值观,以至新的词汇及表达方式。我们使用的工具书,如词典、字典,每经过十年、二十年就要修订一次,原因在于不断增加新内容。

中国三四千年前,周朝建国初期,有南方民族因语言不通,经过九种语言的翻译,才达到交往的目的,古书称"九译来朝"。影响中国传统文化的佛教也是通过大量佛经翻译,增进了中、印两大古国文化的了解。佛教思想传入中国后,经过融合、吸收,后来成为中国传统文化的三大支柱之一(佛、儒、道)。"五四"以后,中国学者大量翻译介绍西方的科技、制度、哲学、文化知识,从而加速了中国走向现代的进程。这里不得不提到中国现代化最早的一批推动者,多为在日本留学的青年学者,由于地域的接近,这批人的数量远远大于欧、美留学生。

文化的横向交流,并不是无原则可循。交流维持正常发展,要遵循双向原则。单向交流,流而不交,将出现一方对一方施加影响,一方为接受者,受影响者或受益或受害,起不到交流的作用。这种现象多出现在文化发达水准不平衡的民族和地区之间,如过去欧、美殖民者对殖民地的文化交流多属此种。

文化交流,不能只看作文化自身的行为,必须伴随着经济交流,才能保持活力,继续发展。文化交流还要有一个和平建设的大环境。在第一、二次大战期间,本来已经正常有序的交流都被迫中断,足以从反面说明文化交流不能孤立于世界总环境之外。

文化的又一特点是它的融摄性,或叫作渗透性。历史记载,18 世纪时,英国派特使到中国与清朝皇帝建立联系,当时清朝乾隆皇帝在热河行宫,英国特使马卡尼呈交了国书,希望双方建立正式外交关系,遭到拒绝。乾隆皇帝说,中国物产丰富,不缺少外国的产品。就是这个自称不需外国产品的封闭大国,并非像他自称的无所不有,在乾隆时期盛行的小说《红楼梦》中,可以看到很多进口的洋货,有西洋钟表、玻璃、洋毡毛呢、洋碗,俄罗斯的毛织品,还有西洋治伤风头痛的药品"依弗那"。这些都说明,文化本身起着交融、渗透的作用,用行政干预可以使其延缓,而不能使其不发生关系,不起作用。19 世纪,特别是鸦片战争以后,中国封闭的大门被打开,这种交往势如潮涌,无法改变。既然不可逆转,是主动迎接这种文化,还是被动勉强接受这种交流,曾引发了中国政治改革家的辩论和思考。主动接受文化交流,可以根据中国的需要,有选择地进行吸收,这种观点后来占了上风。近百多年来,中国对外文化交流正是走着这样一条道路。

我们试回溯中、日两国历史发展,可以看出,从文化交流中能够得到社会效益。中国历史上最值得称道的首推汉、唐两朝,汉、唐两朝的繁荣昌盛得益于对外交流。汉朝开通了丝绸之路,打通了欧、亚大陆;唐朝于陆上丝绸之路以外,还开辟了海上丝绸之路。从东南沿海经东南亚,直至地中海。中、日两国的交往可以上推到汉朝,正式的更广泛的交往是在唐朝,海上交通成为日本遣唐使的主要通道。如果把视野放远一点,全世界之有今天的文明,也是靠了文化交流。

文化交流不外两个方面,一是生活文化的交流,二是观念文化的交流。生活文化,属于饮食、服装、器用的生活表层,双方接触后,只要对生活方便,比较容易接受,比如服饰、用具;至于观念文化,则不像生活文化那样,容易被识别。它是一个地区或一个民族的精神面貌所系。它表现为文学、哲学、伦理观、价值观。它表现在思想深处,不是一眼就看得透的。哲学属于文化的精华部分,更不容易被另外观念文化的民族所理解,双方发生交流比较困难。而这一部分文化恰恰是一个民族(或国家)的精神支柱,比如,东方人与西方人打交道,如不了解西方人的宗教、哲学、文化,就难以了解西方社会;西方人不了解东方人的宗教、哲学与文学,也难以了解东方社会。认识中国传统文化,首先看到的是万里长城、北京故宫及考古发现的秦兵马俑,但是这远远不够。如果不了解中国传统文化的三大支柱——儒、释、道三教,也就很难正确地认识中华民族的性格。

观念文化潜存于生活深层,难于一眼看穿,不容易理解。名词可以翻译,而理解不尽一致,像近来中国与西方国家有关"人权""民主"的争论,就是在不同的文化背景下引发的。

我们今天比两百多年前,比乾隆皇帝时期的人看问题更清楚,并不是我们比前人聪明多少,而是继承了前人的文化遗产,从他们的出发点继续前进的结果。"前事不忘,后事之师"这一规律的总结,是用成功和失败的实践换来的,值得珍视。

每一个对人类有过光辉贡献的民族,回顾自己走过的道路,会发现其发展、进步有时快些,有时慢些,有时停滞甚至后退,但算总账,还是发展了,前进了。前进的速度很不均衡。以中国为例,从秦、汉建立统一王朝算起,两千年间,有三次大飞跃。第一次在汉代,公元前 1 至 2 世纪;第二次飞跃在唐朝,在 6 至 7 世纪;第三次飞跃在 19 世纪中期。这三次大飞跃中,日两大民族都是参加者。

第一次飞跃由于开通了丝绸之路,这时中、日之间也开始交往(考古及古文献均有记载)。第二次飞跃在隋、唐,陆上丝绸之路以外,又开通了海上丝绸之路,中国与世界交往更多,中、日两国有了空前密切的交往,交往的内容也丰富多样。第三次在 19世纪中期,中国被迫从封闭走向开放,这时日本也走向世界,从此各国先后成为地球村的成员。这三次大的飞跃,都促进了中、日两国历史的前进,推动文化、科技进步,丰富人类文化宝库。由于各国条件不同,国有大小强弱,中间发生两次世界大战,给世界带来了灾难,两次世界大战都发生在 20 世纪。

这三次飞跃对中、日两国的影响一次比一次强烈。中、日两国都得到了空前的发展,走过了过去几百年才能走完的路程。虽然付出了代价,但总的看来,是发展了,前进了。这种前进发展是不可逆转的。这种发展得力于交流。交流,扩展了人民的视野,为更好地创造未来打下了基础。

中、日两国又有所不同,差别在于对待交流的态度,特别是第三次大飞跃,19 世纪中期以后,日本知识界有识之士采取积极、主动的态度以迎接世界文化交流,中国的知识界及上层人士采取消极、抗拒的态度。这种差异,产生了后来不同的结局。

古代的交流是不自觉的,我们现代人是自觉地进行着。首先是经济交流。它来自生活需要,通过交流,给双方带来实际利益。像古代丝绸之路,商人们甘冒风沙饥寒,克服艰难险阻,换来实际的利益。通过经济交流,带动了文化交流,中、日两国的佛教信仰是随着胡商传来的,先到中国内地,再从中国内地经过朝鲜半岛以及海路传到日本。经济交流、文化交流的同时,推动政治交流。经济交流给交流者带来实际利益,文化交流给交流者带来文化效益,这两方面都符合人民的需要。政治交流(包括国家之间的交往)则对经济文化交流起着保障作用。这三者互相协调,使交流得以顺利进行。没有经济交流,则缺少动力,难以持久;没有文化交流,难以使交流深入,不利于扩大其影响。即使双方需要,如果政治不稳定,比如说,遇到战争,也会使经济文化交流被迫中断。中国的丝绸之路几次中断,并不是双方不需要,而是受战争影响。可见,经济、文化、政治这三者关系密切,不能割裂。

经济交流、文化交流、政治交流,从过去的历史看,要维持其正常发展,有几个原则:

一、双方共同受益(经济交流的基础);

二、双方特长互补(文化交流的基础);

三、双方平等自愿(政治交流的基础)。

20世纪开始,每个国家是全世界的成员,大家共同住在地球村,更要自觉地认识交流的实际需要,遵循交流原则,因为交流是时代潮流。

中、日两大民族有传统的成功交流的光荣历史,也经历短期的隔阂。我们作为文化交流的使者,有责任担负起历史赋予的使命,总结过去成功的经验,避免过去走过的弯路,遵循上述原则(共同受益、特长互补、平等自愿),放眼未来,结束多灾多难的20世纪,迎接光明坦荡的21世纪,为中、日人民造福,为东亚人民造福,为全世界人类文明造福。

系统介绍中国文化与世界游客 *

　　人类开始脱离动物界,不断前进,能有今天,关键在于交流。自从人类发明用火,制造工具,其智慧来自互相启发和交流。社会进一步发展,有了文字,扩大了交流范围,延长了交流时限,交流范围不局限于耳目视听。从此克服了文化交流所受到的时间、空间的限制。

　　五台山这个历史名胜集中的宝山,它特殊的文化地位,使它成为中外文化交流的重要窗口。它有资格向世界介绍中华五千年优秀传统文化。近二十年来,全国经济建设和文化建设有了飞跃的发展,山西省和全国一样,经济繁荣,人才辈出。《五台山文化丛书》的问世,就是三晋人杰地灵的明证。

　　20 世纪的后五十年,中国成为国际社会的重要成员,引起全世界的瞩目,了解中国的现在和历史,首先从了解中国文化入手。人们可以从莎士比亚的剧作了解英国文化和英国民族性格,在牛顿的物理学中却难以追踪英国民族文化特色。明朝汤显祖的作品体现着中国文化,从李时珍的《本草纲目》却难以看

---

　　* 据《竹影集》。原为《五台山文化丛书》(山西人民出版社,2000 年 6 月版)总序。

出明朝的民族文化性格。

　　山西省出版的《五台山文化丛书》从不同的侧面向游客介绍中华民族文化。来五台山的游客,不只领略壮丽的山川,瑰伟的文物建筑,淳厚的风土人情,还可以从中品味到五台山文化气质,从而得到赏心悦目的精神享受。如有兴趣,还可以把有关学术著作带回去细细涵咏。未到过五台山的读者,手头有这样一套丛书,可以增见闻,颐性情,收到卧游五台的效应。

　　21 世纪,国际交往比过去更加频繁,中国要深入地了解全世界,全世界也要真实地了解中国。《五台山文化丛书》为此愿尽绵薄之力。

《和志武纳西学论集》序*

　　中华民族的五十六个民族都有自己的历史传承。各个民族，不论人数多少，都有不同的经历、不同的生活环境、不同的宗教信仰及文化传统，都有自己的贡献，各具特色。在几千年长期共同生活中，互相交流，互相借鉴，取长补短，从而得到共同发展。古人所说，五色交辉，相得益彰，八音合奏，终和且平，正是指的这种情况。

　　再从横向来考察，每一个民族都和周边地区的社会群体发生交往。经济交流可以互通有无；文化交流（如文学、艺术、建筑、绘画）可以丰富生活、开阔视野；政治交流，可以增加信任，维护和平、稳定；地区之间的交流同样可以互相补充，双方受益。

　　民族传统研究与地区研究，纵横交叉。开展研究，形成综合、系统的考察，必将贯串我国民族文化、历史的研究，并将其推上新的台阶。

　　纳西文化研究，开了一个好头，成绩斐然。我国有不少地区根据自己的情况，也做了类似纳西文化研究的工作。山东有齐

　　＊　曾载《云南日报》2008 年 4 月 28 日。《和志武纳西学论集》，民族出版社，2008 年 2 月版。

文化研究,湖北有楚文化研究,陕西有三秦文化研究,山西有五台山文化研究、晋西南有华夏古文化研究,安徽有徽文化研究,浙江有天台山文化研究,东北三省有萨满教文化研究,河南有少林寺文化研究。这里只是随手举例,并未详细统计。这些研究侧重点不尽相同,有的从宗教文化入手,有的从考古资料入手,有的从民族学、人类学、语言学、民俗学入手。不论从哪一点切入,都归结到文化深层的认识。各个分门别类的研究归总起来,对中华文化做出了不可缺少的贡献。集腋成裘,积锱铢为丘山。只有对每一个兄弟民族的研究深入,有所创获,才可以写出更完备的中华民族文化史。

在众多地区文化、民族文化、宗教文化中,纳西文化研究贡献突出,成绩斐然。和志武同志的文集就是明证。通过这部文集,我们看到了纳西文化的深度和广度。我们还要在已取得的成绩上更进一步。比如说,我们前些年抢救译出了上百部东巴文献资料。当时为了抢救翻译,来不及仔细推敲,力求保持原著的原貌,采取了四行译法。先如实地把读音记录下来,逐字对应地译出,最后写成译文。东巴文字难于识别,不同地区的经师师徒口耳相传,各有不同的传承。今后开展进一步的研究,还要在更广泛的范围内参照相近的文献资料作进一步的推敲,还有不少工作有待后人继续深入。这些困难是我们研究已死去的文字时共同遇到的。东巴文处在"绘画"与"文字"发展的过渡阶段。国外的少数民族也有类似的情况,如北美印第安人也曾用绘画来表达意义。他们绘出表意示意图,又必须附口头解释。对东巴文作科学、确切的解读,东巴语文的语法、词汇研究,还有很多工作等待我们后来人继续发掘。

万事起头难。有一个好的开端,预示了一半的成功。我们欣慰的是有和志武这样的先行者开了路,后面更年轻的梯队可继续前进。纳西文化研究前途无量。令人遗憾的是和志武同志的事业刚刚开始他便不幸逝世,更多的工作有待我们后继者的努力。纳西文化是中华文化不可缺少的部分。纳西文化研究得越深越透,中华文化的研究才能达到更高的水平。

和志武同志的论文集具有科学性、开拓性,奠基工程已开始,并且做出了榜样。这本文集的历史价值功不可没。

祝纳西文化研究前途无量。

沙滩红楼老北大杂忆(之一)*

——招考新生

　　抗日战争以前北平的大学中,由国家出钱办的大学只有北大、北师大、清华三校,独立的高等专科院校还有北平工学院、医学院、法商学院、女子理学院、农学院、美术学院等。由教会资助出钱办的大学有燕京(基督教)、辅仁(天主教),还有由社会募集基金的私立大学有中国大学(综合性的文科大学)、朝阳大学(是法科大学)。这些学校,都是教育部认可、注册的,承认其大学文凭合法,也都培养了一些人才,做出了贡献。

　　当时北大清华两校的教学方法、治学道路比较接近,又各有特色,都是青年学生报考的首选。两校都有文、理、法三个学院,清华多了一个工学院。两校在社会上的声望也差不多。

　　每年北大清华招生各自决定,互不通气。这两校后来发现招生日期协调不好,往往两校都招不满名额。因为比较成绩优

---

　　* 据《皓首学术随笔》。

秀的学生考上北大的也往往能考上清华,同时被录取,只能选择一个学校就读。两校招生发榜时,虽留出几名"备取"名额,但还是出现招生招不满的矛盾。后来两校招生日期定在同时,让它相差一天(一般考试为三天),第一天如果考生考得自己认为不满意,还可以第二天放弃这个学校考另外一校。这样一改,果然取得了考生及学校双方的满意。北大清华再也不会发生考取了又不来报到的空额现象。对学生来说,多一个选校的机会,也比较满意。

也有的学校,为了争取选择优等生,提前在北大清华招生之前,先行招考,抢先录取。先招生,先录取,固然取得选择学生的优先权,但学生考取这些学校后,还是要报考北大和清华,一旦考上就不去这类学校报到,录取的多,报到的少。因此,在报上经常有某某大学第二次招生的广告。经验教训了这类学校,要甘心承认自己的学校的二流地位,等北大清华考生发榜后,自己再招,录取的学生基本都能到校报到,从而保证了招收新生的名额。这些都是早年老皇历了。

当建国之初升大学的人数不多,记得有一年招生数比报考人数还多。每年招考,报名生多以万计,遍布全国各省、市、自治区。近来给北京、上海等少数大城市以独立自主招生权。即使这样,还是管辖的地区太宽,报考的学生几十万,还是照顾不过来。"一考定终身",对考生来说是背水一战,务求必胜。精神压力太大,对健康有害。弄虚作假的年年发生,屡禁屡犯。

"四人帮"被打倒以后,大学招生比从前松动了一些,但多年习惯积重难返,一直由国家统一来操办。这一办法已落后于国家发展的形势。

我们不妨回顾旧社会的大学招生,各高校自己招自己的新生,国家省了心,省了钱。各校为了自身的利益会尽力去办好。

考试日期错开,从6月到8月,各校自己选定。各校最清楚自己的学校在教育界的分量和地位,招生日期不必过分提前,时间错开,拉开报考的时间距离,给学生有更多选择学校的机会,学生有许多次应试的机会。甲校未成还有乙校,乙校未考上还有丙校……而不必一考定终身。我猜想,这个招生办法学生会欢迎的,只是多花点报名费,多费几张半身照片。作为学生家长,为了子女教育,升上满意的大学,他们不会计较这些的。

有声望的历史长久的学校,有自己的校风、学风,招生考试题目也有自己的特色。青年学生的天赋各有偏长,天赋相近的学生报考和他爱好相近的学校,各校分别招生,各得其所,国家省事,学生得益,家长省心。这种无为而治的好事,何乐而不为?

新生考试作弊的行为,每年招考时有所闻,不是发生在此地就是发生在彼地。试题泄露的事,也时有发生,主考的、应考的双方都有违法犯禁现象。记得老北大上一世纪30年代上海考区有一位应试者发现钢笔没有墨水了(当年还没有圆珠笔,只用钢笔和毛笔),这一考场的监考者是(课业长,相当于教务主任)樊际昌教授一个人(是北大教育系一位心理学教授),他离开考场去为考生找来墨水,中间离开约有十来分钟。这中间,考生在无人监视的情况下,秩序井然,大家埋头答卷,并未发现有违规现象。樊际昌回来后,对大家谈起这件意外的遭遇,很欣赏称赞考生们自律、自觉精神。这种社会的共信精神,反映了当年报考青年的品格。

我们多年来对青年的政治教育,讲得比较多,重点放在教育青年热爱社会主义拥护共产党的领导,对学生如何做人如何讲诚信的教育讲得很少。看来光讲世界观,忽视人生观、价值观是不够的。这与当前招生没有直接关系,说着说着就跑了题,就此打住。

重读《阿 Q 正传》*

　　研究评论《阿 Q 正传》的文章很多,也有写得相当好的,他们从文学方面着眼的多,抓住中国农民的本质来深入解剖的文章却是少见。农民的许多品质在阿 Q 身上有集中的表现,而且表现得极深刻,许多人看不到这一点,嘲笑阿 Q 的某些缺点、毛病,其实这些毛病人人都有,是中华传统文化长期带来的胎记。鲁迅"哀其不幸,怒其不争",当年编者曾放在"开心话"专栏内,其实饱含着沉痛、哀伤,有心人读来并不认为开心。

　　民族性某些弱点,汉唐时期,中华民族并不是这样的。宋以后,儒教成为主流。在忠君为最高原则下,又吸收了佛教的禁欲主义,用程朱理学为天下教材,在全国青少年中实施强迫教育,遵照程朱学派的《四书集注》作八股文,并以此猎取功名,做官为宦。这个民族才衰败下来。直到今天痼疾仍在,当年的阿 Q 不识字,今天的阿 Q 可能有海归派,有的拥有博士头衔。当年未庄的有势力者以赵太爷等最显赫,现在有不少高官、大款,如果说当年鲁迅所感受的社会风气,国民性问题严重。我看现在令人揪心的是今天的阿 Q 们不以为病,自我感觉良好! 今天农民生

---

　　* 据《皓首学术随笔》。

活与上世纪有了大的改观,会上网,会读书写字,思想深处并未改变多少,阿Q头上的疮疤讳言"光""亮"。"文化革命"之后,巴金生前曾倡议设一个"文革"纪念馆,一直没有做到,遗憾终生。一个民族忘记过去耻辱,忘了犯过的过失,不愿提,也不愿想起来,那末将来还可能会犯。过失不怕,只要不犯同样的错误,做到前事不忘,后事之师。过失转化为精神财富,这个民族就有希望。看来路还很长,绝非几十年、百把年能看到效应的。战斗未有穷期,提高人民素质的任务仍须尽力。

"绿色音乐"还能听到吗?*

广告经常宣传"绿色食品",到自然风景少受污染的地方去旅游,也称为"绿色旅游"。照通常的理解,"绿色"的基本因素是接近自然,没有或较少人为破坏。现在音乐歌唱,大小的演唱会,都靠扩音设备,没有扩音设备,演唱会就无法进行。

靠了电器辅助,扩大音量,增加效果,这是现代科技带来的方便,应当肯定,缺点是"失真"。再好的音响设备总与原来的声音有差别。电器设备有时会补救歌唱者的缺点和不足,即使比原来的音色更美,毕竟失去原汁原味,失真就是缺点。

这是社会进步伴生的缺憾。音乐的遭遇也是一样。古人评论音乐演奏,曾有"丝不如竹,竹不如肉",意思是说,乐器是人加工后的产物。弦乐器完全靠丝弦振动发出的声音;竹制乐器,靠人来吹奏,这里的人自然因素比弹奏乐更多些;"竹不如肉"是说直接歌唱完全是人的口腔发出的声音,喜悦忧伤悲欢离合的感情有歌唱者的风格,感情能表现得更充分。同样的一首歌曲,由于演唱者的处境、心情的不同,可以发生不尽相同的效果。管弦乐也能由于指挥者不同,表现不同的效果。但其差别总不及直

---

*　据《皓首学术随笔》。

接发自歌喉的效果显著。京剧中生、旦行当,同样的板式,同样的唱词,谭富英与马连良,梅兰芳与程砚秋,给听众的印象迥然不同。这种差别是每一个听众都能感受得到的。西方有名歌剧(如"茶花女""卡门")的演唱者也有类似的情况,这里不用重复了。

唱歌要有扎实的功底,容不得半点马虎。听梨园界老艺人讲俞振飞幼年学昆曲,他父亲亲授,一句唱词,要唱一百遍。高低、强弱、节奏,不许走样,这样才算及格。只要不生病,天天"曲不离口"。俞振飞下过这样的苦功夫。梅兰芳等大师又何尝不是这样苦练出来的?人们都知道,日寇占了上海后,敌伪统治时期,梅发誓留起胡须,不再登台演戏。但梅兰芳在家里,还是不断对着一只空坛子口,吊嗓子。等到日寇投降,大陆光复,梅兰芳邀集当年的班底马上恢复了演出。没有扎实的基本功,能做得到吗?

记得青年时代在北平(1949年以前"北京"叫"北平")听京剧。东安市场有吉祥戏院,前门外有广和戏院、中和戏院。广和楼是富连成剧社经常演出的地方,中和戏院是程派及其中国戏曲学校经常演唱的地方。不论哪一个剧场,都四面透风,观众在冬天都要"全副武装",大衣都不能脱。在那种四面透风的剧场里,演员的唱词和念白都能使座在最后排的听众听得清。当时的剧场不是阶梯式的,地面都是平地,坐在后排,离舞台远,虽看不清楚但可以听得清楚。北京老戏迷,主要不是来看戏,而是听戏。即使他们坐在前几排,往往也闭目聆听,有时手指轻轻拍着桌面随着唱腔打拍子。

当年的演员的基本功,一是练身段、步法、跌翻武打,一是嗓子。当年崇文门一带城墙上,天天早晨天不亮就有人在吊嗓子。旧时城墙上砖铺的地面有一两丈宽,相当平整,打拳、练功很方便。

　　科技发达是好事,各行各业的基本功还是不能丢掉。西医看病常规诊断是用听诊器,中医靠号脉。新科技与旧传统如何有机地结合,是我们面临的新课题。要大家共同关心,从实践中踩出一条新路来。

尼泊尔友好访问记 *

今年 2 月 14 日到 2 月 25 日,我们应尼中友好协会的邀请,到尼泊尔访问。时间虽然只有十一天,留给我们的印象却是极为深刻的。

尼泊尔对于我们研究佛教史的人说,并不是陌生的,她是佛教创始人释迦牟尼的故乡。人们习惯地把释迦牟尼当作印度人,这是一个误解,可能由于释迦牟尼当年活动的地区在印度而引起的。其实,他的传教的踪迹不止限于印度,今天的巴基斯坦也有他的不少遗迹。

远在东晋时期,我国求法僧人法显曾走印度,他也曾到尼泊尔朝拜过佛的诞生地,以后唐朝著名的僧人玄奘也到过这里。以后,还有不少去印度求法的僧人到过这里。尼泊尔高僧觉贤(佛驮跋陀罗)也曾到过中国,并与法显等人合作翻译过佛经《僧祇律》,与慧义、慧严等译出《华严经》等。这是中尼友好往来的最早的正式文字记载。

一千多年来,两国人民的经济、文化往来从未中断。今天我们吃的菠菜,据考证就是从尼泊尔传来的种子。

---

* 原载《文汇报》1964 年 4 月 23 日。

尼泊尔朋友告诉我,"尼"是藏语"羊毛"的意思,"泊尔",是藏语"产地"的意思,"尼泊尔"意思是羊毛产地。我不懂得古代的藏语,这个说法,也透露了中尼之间经济、文化的亲密关系。

我们还没有到达加德满都的时候,在飞机上就看到冰雪覆盖着的世界高峰喜马拉雅山。这座雄伟的雪山把中尼两国牢固地连接在一起。最高的珠穆朗玛峰经年为雪雾封锁,山尖就看不大清楚。这也许就是我国藏族同胞所说"三姐"最美丽、最难得被人们窥见的原因吧。飞机快到加德满都时,我们的飞机几乎是擦着山峰飞过的,山顶到山脚到处看到星罗棋布着的红墙灰顶的农舍,梯田整整齐齐。我们深深敬佩尼泊尔人民的勇敢和勤劳。

飞机一到加德满都机场,我们立刻沉浸在友好的海洋中,山川秀丽,气候温暖,到处是绿草、鲜花。更使人印象深刻的是尼泊尔朋友的真挚的友谊。

尼泊尔朋友对我们说,据神话传说,原来加德满都这一带地方是个大湖,四面是大山。后来,中国文殊菩萨(佛的弟子)到了这里,用宝剑划开了山谷,放出了湖水,才形成加德满都的河谷。从此,这里四季如春,五谷丰收。这个充满友好的传说,又一次表明两国人民的友谊是有深远传统的。神话是美丽的,它是过去友谊的见证。现在,中尼公路正在夜以继日地建设着,它将是联结中尼两国的纽带。中尼公路的修筑,是两国劳动人民用双手开辟成的,比传说中的文殊的"宝剑"所起的作用还要有意义。这条公路今年即可通车。在尼泊尔,马亨德拉国王接见我们时,还提到要尽最大力量把公路修通。将来拉萨和加德满都之间通车后,中尼两国的往来要比现在方便得多了。

尼泊尔的朋友们,十之八九都会作诗。起初我们认为也许我们所接触的都是文化名流的缘故。等到和尼泊尔朋友往来多了,才发现事情不是这样。尼泊尔的马亨德拉国王就是一位诗人,他的诗歌有的已译为汉语,并为我国人民所传诵。事实上不但男子、女子都能吟诗,就是十来岁的儿童也能出口成章,娓娓可听。这种情况有点像我国南部兄弟民族地区的"对歌"。有一次我到尼泊尔皇家艺术学院(相当于其他国家的科学院)的院士西蒂恰伦的家里作客。这位诗人是尼泊尔和大理事会的主席,出版的诗集很多,曾到过中国。他拿出郭沫若同志赠给他的一册《百花诗集》给我看。他有八个儿女,有四个不在身边。在身边的几个儿子、女儿都当场念了诗,他的八岁孙子也念了诗。有一天晚上参加文艺晚会,加德满都市的市长也是个诗人。学校的校长、教师更不用说,都能吟咏。有一次我们到外地一个城市巴德岗,在临时组织的一个盛大的群众会上,有些青年、少年们在表演歌舞时,有些歌词也是临时编成的。除了诗,就是歌舞。尼泊尔的朋友们都是能歌善舞的。有些文艺表演会上,有的小演员不过五六岁,也会跳舞,而且跳得节奏分明,从容不迫,舞姿优美。

另一个印象是鲜花多。加德满都四季如春,有点像我国的云南昆明的气候,地势比昆明还要低一些。我们刚从冰雪未消的北京到了这个城市,到处有芳草、鲜花,使人印象十分深刻。妇女的服装,也是大红大绿的鲜丽的颜色,和这座美丽的山城的色调也是十分协调的。加德满都美丽的风物,温和的气候,吸引着来自世界各地的游客。但是使我们感到沉醉、留恋不舍的,不仅是秀丽的山川风物,而是朋友们的热情。

在尼泊尔我们会到了不少访问过中国的朋友,他们见了我们这些中国去的客人,就像重逢的亲人一样,问中国的朋友,问中国的建设,问长问短,好像千言万语一时不知从何说起。就是初次见面的朋友,也是一见如故。尽管操着不同的语言,但不感

175

到隔阂、生疏。

我们在尼泊尔停留的短短十一天中，尼泊尔朋友们为我们举行了各种欢迎会、招待会、茶会、宴会、野餐、演讲会和文艺晚会等共二十一次。在尼泊尔王国政府和尼中友协的妥善安排下，我们有机会和官方、民间各界人士见面，进行了广泛的接触。参观了学校、城市、工厂、古代建筑，使我们对尼泊尔的全貌有了深刻的感性认识。我们也介绍了我国经济、文化、教育等事业的新发展的情况，也普遍引起了尼泊尔朋友们的兴趣。

尼中友协会长普尔纳·巴哈杜尔曾不止一次地说，"中国人民有了毛泽东主席的英明领导，在社会主义建设中，取得巨大成就，使全世界感到惊讶，使一切不发达国家受到鼓舞，我们尼泊尔人民对此有特别深刻的印象。"

我们也向尼泊尔人民学习了不少东西。尼泊尔人民是敢于斗争的英雄人民。尼泊尔和中国都曾遭受着帝国主义的侵略，但是英雄的尼泊尔人民在帝国主义面前，没有屈服。在尼泊尔的近代史中，写下了不少英勇反帝的斗争事迹。当鸦片战争时，尼泊尔人民曾站在我们这一边，共同反抗英国的侵略。

尼泊尔有许多精美的古代雕塑艺术和古代建筑。这些艺术成品直到今天还闪耀着劳动人民智慧的光辉。北京的白塔寺的白塔，就是元代初年尼泊尔青年工程师阿尼哥设计建造的，这位杰出的工程师在中国安家落户，并为中国培养了一些有才干的工程人员。今天，中尼友好已进入一个新的历史阶段。我们通过这次访问，促进了双方的了解，在传统的友谊的基础上增加了新的友谊。尽管中尼两国社会制度不同，但是反对帝国主义和殖民主义的正义斗争把我们两国人民联结在一起；帝国主义百年来给我们经济文化方面造成的遗患，还要努力克服，这就要两国互相帮助，互相支援。我们两国人民的友好往来，是任何人也破坏不了的。因为我们反对帝国主义的事业是正义的,是符合历史发展的需要的。正义的事业是任何人也攻不破的。

我向大家推荐的一本书 *

——《呐喊》值得一读再读

古人说"开卷有益",这话有它的道理。而在今天,对这句话就要有选择地对待了。青少年辨别力不强,读了一本坏书,可能对他不但无益,反而受害。我推荐的书目是鲁迅先生著的《呐喊》。鲁迅用严峻的目光、严峻的语言、严峻的要求来剖析中国传统文化。鲁迅对中华民族有深厚的爱,爱之也深,责之也切。《呐喊》更加使我们认识到除旧布新的紧迫性,值得一读再读。

---

* 原载《图书馆杂志》2009 年第 7 期。

楹　联 *

北大百年校庆楹联：

　　校庆国运同辉　百岁沉浮否转泰

　　教书育人不二　首开风气敢为师

山东大学百年校庆：

　　枏梓参天　储此材隽

　　鲲鹏击水　待我青年

南京曹雪芹纪念馆：

　　驵侩簪缨　穷世间相

　　兴衰浄忽　见造物情

浙江图书馆新馆落成：

　　琅嬛清秘文澜阁

　　澎湃新知浙江潮

---

　　*　据《竹影集》。

首都图书馆新馆落成：

    学友如云　应无虚士

    书海接天　会有玄珠

赠四弟：

    涵养动中静

    虚怀有若无

赠学友葛林：

    青春纵笔冲旧垒

    白首沉思挹群书

冯友兰师九十寿联：

    范铸古今理归一贯

    逍遥罔象寿结三松

烟台蓬莱阁联：

    晓日腾云海

    天风下涛声

胡绳赠诗怀昔年北大共话：

    沙滩银闸忆旧游

    挥斥古今负壮猷

    履霜坚冰人未老

    天风海浪自悠悠

冬日初雪得到胡绳寄来诗集：

初雪纷扬接岁除

灯前喜读故人书

笔底波澜出枣下

逍遥倚杖入槐居

· 图书馆与出版业评论 ·

为繁荣中华民族的文化做出贡献[*]

——纪念北京图书馆建馆七十五周年

民族不分大小,各有自己的贡献。对人类文化有贡献的不止中华民族,而中华民族屹立于世界文化之林,足以自豪的,有两大特色:一是文化的连续性,二是文化的融合性。

纵观世界文化的历史,可以看到有的民族古代文化灿烂辉煌,后来趋于消沉;有的民族,进入近代有高度繁荣,其古代文化渺茫难考;有的民族在中世纪时曾驰骋欧亚,震烁于一时,后来一蹶不振,往日峥嵘,徒供后人凭吊。唯有中华民族,栖息繁衍在这块九百六十万平方公里的土地上,数千年来,历经艰难险阻,不断前进,在前进中形成了自己的文化体系。

中华民族善于吸收、融合不同民族的文化,并用它来发展自己。没有文化的民族,文化基础不深厚的民族,只能受奴役,被

---

[*] 原载《中国图书馆学报》1987 年第 4 期。

消灭,谈不上发展。中华民族显然发展了。

北京图书馆收藏的典籍的基础,可以上溯到南宋缉熙殿、明代文渊阁、清内阁大库的藏书。如果把"图书"的概念理解为文字记载,那就应包括甲骨、钟鼎铭文、碑刻、竹简、卷子,北图的收藏可以说是中华民族文化史的一面镜子。

人民没有当家做主以前,文化掌握在贵族统治者手中。图书资料庋藏在贵族宫廷。据史书记载,老子曾担任过周王朝的守藏史。秦始皇不准民间藏书,但宫廷图籍保存完整,萧何随刘邦入关,首先接管了秦朝全部图书资料、档案。汉朝建有石渠、天禄等处贮藏图书。从秦汉到明清,图书由国家管理、收藏的制度,维持了几千年。古代巫史不分,殷墟甲骨卜辞窖藏的发现,把图书收藏的制度又上推得更早。可见中华民族热爱文化、尊重历史,有着悠久的传统,是个好传统。北图的馆史,从京师图书馆算起为七十五年。实际上,从宫廷藏书制度建立算起,它远不止七十五年,而是好几千年。这种情况有点像中国教育史,讲中国大学从"京师大学堂"算起,即北京大学的前身。中国的大学应上溯到汉代的"太学",世界最早的大学应在中国。

当然,现代意义的图书馆是供收藏图书资料和提供一般读者阅览的地方。这种功能,是古代宫廷藏书楼所不具备的。北图真正具有近代图书馆的职能,是辛亥革命以后的事,特别应当提到的是蔡元培先生的功绩。蔡先生是我国著名的教育家,曾任馆长多年,他对北图的改革和他改革北京大学一样,他代表了当时的新文化思潮,推动了北图的事业。也应当看到,旧中国的历史,内战不止,民不聊生,政局动荡,经费支绌。解放前的旧中国时期,北图近四十年间馆长换了十八任,先后十六人(其中马叙伦还连续地担任过三任馆长),平均两年换一次馆长,维持已不容易,难以发展。北图真正为人民群众所享有,那是新中国成立以后的事。

解放后，从50年代开始，集中了全国力量大大丰富了馆藏的数量和质量。北图从此承担了社会主义文化建设的重任。

我们全国人民的共同任务是建设社会主义，使祖国早日现代化。在文化建设领域中，我们要批判地吸收固有文化，吸收消化外来文化。在四项基本原则指导下，打开大门，吸收一切对我们有用的先进文化。北京图书馆的任务，既要总结过去，还要开创未来。处在信息激增的时代，必须采用先进的现代手段装备自己，建立世界性的信息网络，北京图书馆新馆落成，是向现代化迈进的标志，从此北图进入新的历史时期。

北京图书馆新馆，无论是馆舍建筑还是内部设备，在目前来看，是世界第一流的。馆内藏书在世界上也排在前几名。如能充分发挥它的作用，应当大有作为。有了现代化的设备，不等于现代化。好比演戏要有剧场、舞台及应有的设备。有了这些不等于有好戏演出。好戏要靠演员、剧本、观众的配合。现代的图书馆要现代化的设备，让现代化的设备发挥作用，还得靠人。关键是人的现代化，人的观念的现代化。真正现代化是买不来的。

发展文化不能割断历史，不能自我封闭。几千年我们走过的道路足以证明这个道理。在四项基本原则指引下，我们比过去更有魄力融合世界其他民族的优秀文化以丰富中华民族的社会主义文化。北京图书馆愿与全国文化工作者同心协力，为社会主义文化事业多做贡献。

在人民大学图书馆建馆五十周年科学讨论会上的讲话*

今天,人大图书馆举行建校建馆五十周年科学讨论会,我首先向你们表示祝贺。同时,借这个机会讲几点希望。

北京图书馆同人大图书馆、北大图书馆是街坊邻居。俗话说:"远亲不如近邻。"希望我们以后要加强相互间的联系、加强协作、互通有无。在面临改革开放的形势下,不仅国内馆际,就是国际馆际之间都应当加强联系。这是第一点希望。

第二点是希望图书馆事业兴旺发达。过去社会上对图书馆重视不够,在今天发展生产力,向四化进军的进程中,图书馆是文化事业发展的总后勤。没有总后勤的支持,建设四化是不可能的。我们要重视自己的岗位,充分认识到我们所承担职责的重要性。

第三点希望同志们处理好科研和日常工作的矛盾。图书馆的科研工作有自己的领域。我们要扬长避短,注意发挥优势。我们的科研是大有前途的。

祝大会圆满成功。祝图书馆事业兴旺发达。

---

*　原载《中国图书馆学报》1988 年第 2 期。

图书馆学的理论与实践*

　　《中国图书馆学报》创刊已经三十五周年了。作为中国图书馆学会的会刊，《学报》已成为反映我国图书馆学研究最新成果的主要理论窗口之一。从过去的《图书馆学通讯》到现在的《学报》，都对推动我国图书馆事业的发展，繁荣图书馆学理论研究发挥了重要作用。

　　本世纪以来，我国的图书馆学研究，经过几代人的努力，已确立了自身的独立地位，获得了社会的承认，并且在一些基础理论建设方面取得了进展，逐步形成自己的理论体系。从目前来看，图书馆学仍是一门年轻的发展中的学科，它的理论前景十分广阔，有待于我们去探索和开发。

　　图书馆的任务在于保存和利用人类的知识成果，传递和交流情报信息，发挥社会教育的职能，促进科学文化事业的发展和整个人类文明的进步。图书馆事业的发展是整个社会发展的一面镜子，国民经济发展了，图书馆事业才会兴旺。图书馆也是整个社会文明程度的一个标志，社会成员的文化水平普遍提高，对图书情报交流传递的需求才会较大，图书馆的发展才会保持持

---

　　*　原载《中国图书馆学报》1992 年第 2 期。

久的动力。近些年来,随着社会发展和科技进步,我国图书馆建设事业取得了一些成绩,但还有相当多的工作要做,有些困难急待解决,如管理水平低,资金不足等等。为了保持图书馆事业和整个社会的协调发展,我们不但要改善办馆的外部环境条件,更重要的是挖掘自身内部的潜力。一方面要积极地向社会宣传图书馆的作用,介绍图书馆的使用知识,让全社会都来重视和支持图书馆事业。另一方面,要努力提高自身素质,改善自我形象,从强化管理、提高服务质量入手,充分发挥图书馆的社会效益,赢得社会的信任和支持。从观念上,要改变那种只重视"硬件"(如馆舍、设备等),忽视"软件"(管理水平、工作效率、服务质量等)的认识偏差,下大力气抓管理、抓服务,只有这些"软件"也上去了,我们的图书馆事业才能给社会提供实际效益。

图书馆学研究的目的,就是为图书馆事业的发展提供必要的理论指导。没有正确的理论指导,图书馆工作只能停留在低级的水平上;而脱离开图书馆工作的具体实践,图书馆学基础理论研究的路子也会越走越窄,难以发展。为了解决目前存在着的理论和实践相脱节的问题,一方面要深化基础理论研究,一方面应大力加强应用性研究。两者相互借鉴,相互促进。说到底,实践是理论的源泉,又是检验理论的标准。无论是基础理论研究还是应用研究,都应该从我国的实际情况出发。面向我国的图书馆发展事业,解决实际中的问题。从宏观上,围绕我国图书馆事业的发展方向和发展战略等重大问题展开充分的探讨,为领导部门制订决策提供理论指导和依据。从微观上,理论研究应与图书馆的各项业务工作和管理工作紧密联系起来,针对实际工作中的问题,提出对策,促其解决。图书馆学研究者,只有深入到图书馆工作实践中去,才能不断发现新问题,总结新经验,为新的理论创造准备条件。如何利用现代技术保存图书资料,如何高效开展国内外学术资料信息交流,如何不断完善图书馆机构,使之更加合理,等等,任何在实践中碰到的具体问题都与理论问题有关。图书馆学大有用武之地。

1996 年,第六十二届国际图联大会将在我国召开。这既是我们向国际图书馆界学习和借鉴的一个机会,同时又是向世界展示我们的建设成就和研究成果的一个机会。为了迎接这次盛会,我们应加倍努力,争取做出更大的成绩,把我国的图书馆事业和图书馆学研究推向一个新的高度。

《中国历代图书著录文选》序 *

　　《中国历代图书著录文选》即将付印,受作者的嘱托,要我写几句话,我也借此机会表达我对该书出版的一点祝愿。

　　这部书是国家教委委托编写的教材之一。读者对象是我国高等院校文科和图书情报档案专业师生。作为教材,它选材繁简适中,不蔓不枝,钩稽隐括,甚得体要,适合当前教学需要,并有助于教学科研工作者研究参考。

　　面临世界文化广泛交流的新时代,中国传统文化不应仅仅看作中国人自己的财富,它的有价值部分,也是全人类的财富,向世界介绍中国历代图书著录名著,也是我们的责任,这部书虽说为中国高等院校编写的,它对外国有志于此学的学者们,也有参考价值,希望它产生更广泛的影响。

　　任何有价值的文化都有它的源和流,源流相续,不可割断。只有聪明,有远见,有高度文化素养的民族,才懂得批判地继承传统文化的重要性;只有伟大的工人阶级,才有气魄,有能力吸收过去一切有价值的文化遗产,为当前文化建设服务。

　　切盼这部书为文化建设起到它应有的作用。

---

　　*　据《中国历代图书著录文选》,北京大学出版社,1995 年版。

《世界各国图书馆资料汇编》序*

中国古代,图书与档案由史官管理,统称为图籍。据《史记》记载,春秋(公元前770—前475)时期,老子曾担任过周王朝"守藏室之史",这是有姓名可考的最早的国家图书馆馆长。当时图书馆主要职能是为国家保管档案资料,国家图书馆也对某些有特殊需要者开放,孔子修《春秋》曾"西观周室,论史记闻"。史书记载,孔子曾问礼于老子。中国古代,国家典章制度都叫作"礼"。这可能是中国图书馆史上关于业务咨询的最早记录。

秦汉统一直到清朝末年,历代的国家图书馆由政府任命专职人员从事图书资料的采集、整理、编目、分类及保管工作。秦汉以下,国家的图书主要为皇帝及政府服务,平民没有机会使用。

直到1898年(清光绪二十四年),清政府维新变法,开明知识界人士提出开启民智,开创现代的图书馆,并建议除收藏中国传统典籍(经、史、子、集)以外,兼收外国社会科学及近代科技书籍,国家图书馆应对一般群众开放。1909年,北京及地方二十余省先后建立图书馆;辛亥革命后,于1912年由北京政府接管,

---

* 据《任继愈学术文化随笔》。

1917 年确立为国家图书馆,并接受国内出版物的缴送本。1928
年改称"国立北平图书馆"。1949 年新中国建立,称北京图书馆,
它的外文名称 The National Library of China 不变。

　　古代社会发展节奏缓慢,作为国家图书馆,只要把资料、档
案、图书保管好,就算尽到图书馆的职能。现代社会发展的速度
加快了,近百年的进步比过去几千年的进步还大,特别是近三十
年来,新知识、新发明日新月异,传播知识的手段也大非昔比。
传播媒介除了纸张印刷外,还增加了声、光、电相结合的新技术,
知识更新的周期也越来越短,由十来年缩减到三五年,甚至一二
年,从此,世界已进行高速信息时期。作为国家图书馆,除了承
担图书馆传统业务外,还要增加信息传播和贮存的职能。

　　作为现代化的国家图书馆,面临着加速自动化的开发,广泛
利用信息资源,加强国际文化交流,为建设社会主义新文化尽
力。我们既要继承我国图书馆的好传统,也要加强吸收外国现
代化图书馆为社会服务的有益经验,更好地完成国家图书馆的
职能。

　　研究馆员邵文杰同志是我国图书馆界一位有特殊贡献的专
家,他曾对世界几个主要的国家图书馆进行研究和考察,以他丰
厚的图书馆学知识,编出这部书,及时而比较全面地提供有参考
价值的资料,对我国图书馆界无疑是一大贡献。相信这部资料
的出版,能为我国图书馆建设,为图书馆走向现代化,起着积极
作用。

在庆祝国家图书馆建馆
九十周年大会上的讲话*

各位领导、各位来宾、同志们、朋友们：

今天，我们迎来了国家图书馆九十周年庆典。我谨代表国家图书馆，向出席大会的各位领导、各位嘉宾，表示热烈的欢迎！

九十年前，清朝末年创建了京师图书馆，从此揭开了近代中国图书馆事业新的一页。建国后，特别是改革开放以来，在党和政府的关心和扶持下，在社会各界的大力支持和协助下，国家图书馆的规模迅速扩大，各项基础业务取得了长足的发展，读者服务水平不断提高，社会效益和经济效益日益增长；网络建设发展迅速，数据库建设有了较大进展，中国数字图书馆工程开始筹备；发挥国家图书馆的龙头作用，文献信息资源共建共享局面正在形成；深化改革，完善内部管理，加强队伍建设，增强了发展后劲。国家图书馆的职能得到充分而全面的履行，在促进国家经济、文化发展，提高人民素质和科学文化水平，推动两个精神文明建设方面，国家图书馆做出了应有的贡献。

国家图书馆一向受到党和政府的高度重视和国家领导人的

---

*　原载《北京图书馆馆刊》1999 年第 4 期。

亲切关怀。周恩来总理在病榻上批准了北京图书馆新馆建设方案,邓小平同志为新馆题写了馆名。1998 年 12 月 22 日,中共中央总书记、国家主席江泽民视察国家图书馆,在这里发出了"在全社会大兴勤奋学习之风"的号召,在社会上引起热烈反响,极大地鼓舞了国家图书馆以及全国的图书馆工作者。江总书记还为更名后的中国国家图书馆题写了馆名。李岚清副总理等其他党和国家领导人多次视察国图,就图书馆的未来发展方向、文献信息资源的共建共享等一系列重大问题做了重要指示。在党中央提出实施"科教兴国"战略的英明决策后,中央政府各有关部门更加大了对国家图书馆的扶持力度。财政部在百业待举、财政并不宽裕的情况下,给予国图的经费每年都有所增长。国家给予了免税和图书资料进出口权等特殊优惠政策。在国务院领导同志和中央有关部门及北京市的关心、支持下,国图员工住宅楼建设得以开工,稳定了员工队伍。国内外图书馆界同行、新闻界的朋友以及广大读者都对国图给予过不少有益的帮助。借此机会,谨向关心和支持过国家图书馆的各级政府部门和社会各界的朋友们,表示衷心的感谢!

国家图书馆在发展中还存在着不少不足之处,比如在员工素质、读者服务水平、文献资源数字化建设等方面与国家图书馆的地位和发展要求尚不适应,有待努力解决。21 世纪图书馆的存在和发展模式将有根本性的变化。对推动国家图书馆在下一世纪的可持续发展,我们要做出战略性、前瞻性的规划和部署。如何服务于实施"科教兴国"战略和国家知识创新体系,促进知识经济发展,发挥国图文献信息资源的巨大优势,是我们现在面临的重大课题。

展望未来,国家图书馆肩负着光荣而艰巨的任务。我们要进一步加强基础业务建设,拓展新的服务领域,提高读者服务水平,强化为重要决策部门服务的职能;要响应全国技术创新大会的号召,积极参与国家知识创新体系的建设,依托丰富的馆藏信息资源,提供多方位的服务,当前要重点做好为中关村高科技园区发展建设的服务工作;要全面推进自动化、网络化,加强数据库建设,加快文献信息资源数字化进程,积极推进中国数字图书馆工程的发展;在开展文献信息资源共建共享方面,要发挥龙头作用,多尽义务,多做工作,加强与国内外图书馆界的合作和交流,积极促成文献信息资源共建共享大协作局面的形成;要加强实施人才发展工程,努力提高员工队伍的整体素质,造就一支业务熟练、求实进取的知识经济时代的国家图书馆专业队伍;要结合数字图书馆工程,科学规划国图二期工程建设,解决库容紧张问题。

面向21世纪,党和政府、社会各界对国家图书馆的各项工作提出了更高的要求。我们有党和国家的关心和扶持,有社会各界对图书馆事业的日益重视和帮助,有国内各兄弟图书馆以及国外图书馆同行的协作互助,国图全体员工有充分的信心,进一步解放思想,深化改革,尽快推进国家图书馆的现代化建设,将事业推向新的高度,以全新的姿态,胜利迈入21世纪。

谢谢大家!

建设中国数字图书馆工程 *

中国的图书馆事业在我国两个文明建设中发挥着重要作用。现在的国家图书馆藏书位居亚洲首位，世界第五。随着信息技术和网络技术的发展，中国图书馆事业正逐步迈入数字图书馆的发展阶段。图书馆内的文献资源经过数字化加工，可以通过网络传输到世界各地，使图书馆发挥出前所未有的社会效益。

一　数字图书馆是一个国家进入信息时代的"快速通道"

近年来，世界各国竞相投入数字图书馆的研制，国内许多单位也开始了这方面的研究工作。国家图书馆从 1995 年开始进行跟踪调研，在大量吸收当代技术成果，结合我国实际，经过专家反复论证的基础上，于 1998 年 7 月正式向国家提出立项申请，实施"中国数字图书馆工程"。工程立项一经提出，引起了社会各界的瞩目和各级领导的高度重视。最近，由国图注册的中国数

---

* 原载《人民日报》2000 年 4 月 4 日。

字图书馆有限责任公司正式投入运营,它标志着中国数字图书馆工程已开始进入实质性操作阶段。

数字图书馆是采用现代高新技术的数字信息资源系统,是下一代因特网信息资源的管理模式,将从根本上改变目前因特网上信息分散不便使用的现状。通俗地说,数字图书馆是没有时空限制的、便于使用的、超大规模的知识中心。

我国数字图书馆的研发起步较晚,因此,建设数字图书馆更加具有必要性和紧迫性。其重要意义在于:

首先,数字图书馆将改变文化信息的存储、加工、管理、使用的传统方式,借助网络环境实现信息资源的有效利用和共享。它的建设不仅使我国拥有了迎接信息时代参与国际竞争的坚实文化保障系统,而且为21世纪技术创新体系的建立提供了充足的信息流通环境。

其次,中国数字图书馆的建设核心是中文信息资源库群,它的建成并投入使用将极大改变目前互联网上中文信息匮乏的状况,对于弘扬中华文化,抢占因特网上的中文信息资源基地具有重要意义。目前,在因特网上的信息中,百分之九十以上是英文,中文信息只占千分之几。这种状况与我们几千年文明古国的地位极不相称,我们有责任把我们优秀文化宝库打开,向全世界展示,为人类文明做出应有的贡献。

第三,以数字图书馆为核心的文化资源的开发和利用,将能比以往任何时候提高收集和使用知识效率,带动以大文化为基础的文化经济产业的快速发展,加快我国现代化事业的进程。

第四,数字图书馆收藏的丰富信息资源是科教兴国战略的源泉和动力,也是实现公民终身教育的大课堂。科技取得突破的关键在于信息的及时获取和有效利用,数字图书馆以其对信息资源的整理加工和有序组织,为科教兴国战略提供了最为便捷、有效的发展环境。同时，数字图书馆以其四通八达的网络支持，最大限度地突破时间、空间限制，营造出全民共享、共同进步的良好教育环境，对于我国国民素质教育将起到巨大的提升作用。

二　中国数字图书馆工程已进入实质性操作阶段

1998 年 10 月，国务院副总理李岚清考察国家图书馆时指出"未来图书馆的模式，就是数字图书馆"，同时提出国家图书馆"二期工程要结合数字图书馆去研究"。之后，国图与国家有关部委、科研院校、北京市有关单位大力合作，在网络、计算机、软件、数据加工等各个方面组织攻关，为研建中国数字图书馆工程做了大量的基础性工作。国家图书馆开通了千兆位馆域网，并与 CHINANET（中国公用计算机网）、CERNET（中国教育科研网）、CSTNET（中国科技网）、CNCNET（中国网通公用互联网）等四大骨干网络以及有线电视网实现互联，信息基础设施逐步完善。

在中国数字图书馆技术研建方面，国图先后与有关单位合作完成了"基于特征的多媒体信息检索系统的研究开发项目""SGML 的图书馆应用"，开发完成了"数字图书馆试验环境及演示系统"。正在进行着国家科技项目"中国试验型数字式图书馆"、国家 863 项目"知识网络——数字图书馆系统工程项目"等。此外，中科院、北大、清华、国家"863""S863"等相继开发的各种应用系统和检索软件可供选择引进。这些项目的研发，使国图在数字图书馆的总体结构、标准规范、技术路线等方面积累了一定经验。

与此同时，国家图书馆加快文献数字化进程，于 1999 年 3 月成立"国家图书馆文献数字化中心",年生产规模已达到 5000 万—6000 万页全文影像数据。目前,国家图书馆网络可为读者提供 1000G 存储量的网上信息服务,已初步成为网上信息资源的中心枢纽。

中国数字图书馆工程是跨部门、跨行业的宏大系统工程,应由多方合作、协调共进。目前,由国务院正式批准成立的中国数字图书馆有限责任公司已投入运营,该公司为国家投资的控股公司。它将依托于国家图书馆,开展文献资料的数字化加工、数字文献资源深层次开发、数字图书馆网上信息服务、数字图书馆技术研发、计算机网络系统集成、网上广告等工作。它坚持社会效益第一,公益性为主的原则,通过将网络经济与知识经济有机结合,从而获取最大的社会效益和经济效益,推动中国数字图书馆工程全面发展。

我们期望在社会各界的大力支持和积极配合下,早日实现中国数字图书馆工程的宏伟目标,整体推动我国信息化进程,使中华民族在 21 世纪真正自立于世界民族文化之林,为人类文明的进步做出应有的贡献。

继续勤奋工作，保护文化遗产*

——题赠全国图书馆文献抢救工作开展二十周年

在中央政府的大力支持下，利用缩微影像技术在全国图书馆范围内开展的文献抢救工作，自 1985 年开始到现在已经持续了整整二十年，取得了丰硕的成果。虽然二十年的时间并不短，但是面对中国数千年历史所保留下来的丰富的文化遗产，需要我们做的工作还有很多，大量弥足珍贵、极具价值的典籍、文献还有待我们进一步发掘和保护，我们的后人也将依赖今天我们所做的工作来认识、学习先人创造的优秀的文明成果。因此无论这项工作如何复杂和艰巨，我们都应该继续勤奋工作，发扬成绩，克服困难，保护好祖国文化遗产，以造福子孙后代。

＊　原载《数字与缩微影像》2005 年第 3 期。

走向世界的中国出版事业*

出版事业是文化事业的一部分,它也是一个国家综合国力的一面镜子。

新中国成立才五十多年,我们的出版事业已取得前所未有的成就。近五十年来出版的书籍超过中国五千年出版书籍的总和。

观察当前我国出版状况,既能看到过去的成就和不足,又应当从这些成就与不足中预测未来的趋向。

新中国建国五十二年,我们走过的路大致可以"文化大革命"为界,"文革"以前为前半段,"文革"以后为后半段。"文革"以前,全国上下主要精力在建立政权、巩固政权上,一切文化建设也是为了配合这一总任务。以"阶级斗争为纲"曾贯穿在各个领域。事后总结,这个提法过头了,把国内外敌对势力过分夸大了,造成不必要的内部过分紧张和本来可以避免的损失。昂贵的代价换来了深刻的认识。马克思主义哲学的认识论不同于过去的哲学,就在于它的群体性。正确的认识来自社会实践。这里指的是社会群体的实践,是千千万万人的实践,这种实践才能

---

* 原载《中国出版》2002 年第 8 期。

出真知。靠一两个聪明人大脑里构建出的认识也有它的价值，如未被群体所接受、认同，这种实践的价值是潜在的、可能的价值，而不是具体的、现实的。正如当年哥白尼的天文学、伽利略的物理学，第一个提出来未被多数人所接受，正确的认识反被不正当的认识所淹没，发明者还遭受迫害。

从一个封建意识浓厚、君主专制持续了几千年的古老国家的旧模式中解放出来，走出中世纪，进入近代社会，在西方大约用去三四百年。我们中国已经发现应走的路时，比西方社会晚了几百年。现实情况要求以更快的速度走完西方三四百年的路，亦不允许再给我们三四百年的时间补课。

从我们现实国情出发，我们的文化教育界、出版界要善于总结人类过去一切有价值的成果，为今天的新中国所用。今天世界上已不再有分割为小块的封闭地带。我们要总结全世界、全人类的成果，既包括古代的，也包括现代的；既包括中国的，也包括世界的。因此，我们出版工作者既要具有贯通古今、涵盖世界的胸怀，又要培养贯通古今、涵盖世界的能力。

鸦片战争后，一百多年来，几代人的宏伟志愿——改造旧中国，建设新中国，使中国由贫弱走向富强，继承汉唐余烈，发扬现代辉煌。领导中国的政党换了几茬，最后落到共产党人的肩上。

看清了形势，掂量一下自己的任务，才知道这副担子不轻。这几十年来我们史学、哲学、文学、考古、人类学各界已取得大量的成果。国内从古到今的情况已有初步轮廓。由于长期对外封闭，以及外国对新中国的封锁，我们对世界的古代及近现代的总情况还不十分熟悉。世界上一切有价值的成果，如古代文化、科学、哲学、史学等，我们不敢说精通。与当前世界先进的科学技术现在的某些差距正在缩小。为了建设现代新中国，这是不可回避的一道门槛，只能跨过去，不能绕过去。懂就是懂，不懂就是不懂,来不得半点虚伪。这是科学的态度,也是科学的方法。

提到日程上来的是人才的培养、发掘。因为今天比历史上任何一个时代都更认识到人才和知识的重要。国家的生存,首先不系于自然资源而在于人才。国家的强大不在于人口数量而系于人口的素质。自然资源丰富,如果人才落后,反倒引来灾难。正如《荀子·富国篇》说的,贫弱的国家本身就是罪过,"辟之,是犹使处女婴宝珠,佩宝玉,负载黄金而遇中山之盗也"。今天中东地区的百姓过不安生,不正是境内埋藏着丰富的石油,自己又无力保护,才招来无端的灾难吗?

只有人才资源、先进知识最值得珍视。拥有人才,占有知识的国家才有生存权。地下资源越开发越少,以至于枯竭;智力资源越开发越多,不会枯竭。

我们不应把出版事业仅仅看作是出版界的事。它的最终产品不仅是出版物(无论是印刷还是电子出版),而是为新中国推广科学知识,发扬爱国主义,为国育才。出版界有识之士如果能透过面前纷繁的事务,看到最终产品不是物而是人;我们不满足于高品质的"出版物",而在于培养高素质、全面发展的、合格的"人"。

出版事业的长远目标,不是一天早上所能完成的。只要认定方向,持续努力,必能见成效。这是从积极方面要去做的事;不必等待,不必花费资金,目前就能办到的好事,也不是没有。比如社会蔓延的假冒伪劣作品(出版物),屡禁不止。如果我们出版界稍加注意,就能制止于萌芽状态,使它不致出笼,就是对社会的贡献。要看到剽窃知识也是偷盗,大量的剽窃就是知识抢劫,多次盗窃就是屡犯。用偷盗来的知识出书赚钱,用剽窃知识出版的书捞到教授职称,忝为人师。小偷成了尊贵的导师,这无异于利用出版手段为毒枭洗钱,把肮脏不合法的赃物变成合法。上一世纪80年代有一个叫王同亿的人,著作等身,一个人编了十几本字典,若不是出版社失察(有的沆瀣一气),王同亿之流能得逞吗?若不是通过许多出版社与王合作,剽窃者能著作等身吗?尤有甚者,站在剽窃者一边共同对付被剽窃者,不可耻吗?

总之,我作为一个读书人,当过作者,当过编者,更多的情况下是一个读者,与出版事业结下了不解之缘。亲历新旧中国社会,看到它的兴旺发达,为之欢喜;看到它的蛀虫,为之忧愤;瞻望它的前景,为之振奋。前进中总要有些挫折,大方向是好的。祝愿出版事业前途光明,前途无量。

中华民族文化出版事业的一面镜子*

——写在商务印书馆创办一百一十年之际

一百一十年前商务印书馆创建时的创始人都是爱国的有志之士。当时广大知识界身感民族面临被列强瓜分的危险,但多数国人对世界的大势了解很少。开创初期,即注意立足中国,面向世界。当时出版的《华英初阶》及《进阶》,起到了打开国人眼界的作用。戊戌变法运动以后,商务出版了先进学者如严复、伍光建、夏曾佑等人的著作,百年后依然活泼跳跃,生命力不减。

商务一开始就抓紧教科书的建设。从小学开始,继而中学、大学。这些书,今天仍未失去其参考价值。从旧学制转向新学制既缺教材,又乏师资。商务除了为学生编辑教科书,还为了帮助小学教师备课,配有各科教材的"教授书",教者、学者均称便利。我在小学读书时,我的各科老师手头都有与课本相对应的"教授书"。中国地域辽阔,文化水平很不平衡,这一套"教授书"

---

* 原载《人民日报》2007 年 6 月 6 日。

对全国教育的普及、提高，功不可没。今天，边远地区与发达地区差别尚如此之大，上溯到百年前，这种措施造福于全国小学教育的贡献不言而喻。

教书与育人是一回事。小学一年级初入学时，即学"修身"课。第一册全用图画，二册以下开始用格言，五册以下引用典型性的故事，每课配有图画。小学修身教科书，采用历史中可以身体力行之故事，引起学生兴趣。如何做人，从小学入学起就放在重要地位。今天采用的政治课，不能代替修身课。这种经验，今天仍未过时。

学校教材建设外，又照顾到社会文化普及工作，商务的《万有文库》是当时一种普及本的百科全书。每一个县的图书馆基本可以有一部。条件较好的中、小学图书馆也有订购的。为了广大学者的自学方便，不惜投入大量人力物力，编纂了一部《辞源》，这是一部长销不衰的辞书，连穷乡僻壤的小学教师也自己掏钱置备一部，遇到古籍的疑难问题，可以查《辞源》。当时英语是我国学校教育中的第一外语，商务的《英汉模范字典》（扬州中学教师集体编写），当时中学生几乎人手一册。

汉字是单音方块字。不论笔画多少，都安放在一个四方块内。《康熙字典》是最有权威、收字最多（五万七千多字）的一部字典。此书采用部首检索法。这以前的东汉许慎的《说文解字》也用部首检索法，但《说文》的部首难记忆。《康熙字典》的部首中再按笔画多少顺序检索要查的字。为了使人便于记忆，《康熙字典》还编有部首歌诀："一二子中三丑寅，四卯辰巳五午寻。六在未申七在酉，八九戌部余亥存。"

为了把两步检索法部首检索变为一步到位的检索法，商务印书馆首创"四角号码"检字法。这是王云五先生的发明，又称"王云五四角号码检字法"。改用四角号码后，为小学生以及海外汉语学习者提供了极大的方便。因为它易学、易记、易用，自从 20 世纪 30 年代推出以后，受到海内外普遍欢迎。

系统介绍国外文、史、哲、经、法等重要著作，这又是商务的一大贡献。西方古典文学、小说、戏剧等介绍到中国来，其中绝大部分由商务印书馆出版。

商务以出版小学教科书起家，随着社会不断增长的文化需求，它从小学、中学到大学，与教育发展前进的步伐同步前进。商务的创立和发展也是中华民族文化出版事业的一面镜子。今天纪念商务印书馆创建一百一十年，我们回忆过去的光辉业绩，更在于着眼未来的新文化建设。

解放后的一段时间，忽略了发展生产力这个大方向，以阶级斗争为纲，走了不少弯路。上个世纪 60 年代到 70 年代，正是世界的科学技术在突飞猛进的十年，全国陷于"文化大革命"摧残文化的混战中，不但不重视文化，甚至把文化知识看成罪恶之源。社会上曾一度以无文化"大老粗"为荣，以多读书为罪过。在十年混乱的狂潮中，商务印书馆也在劫难逃。现在的任务是认真总结这一百多年走过的路，哪些走对了，要继续走向前，哪些是商务的优势，后来没有得到正常发展的夭折的，要继承发展下去。比如创建时，商务的目光从来没有离开过世界发展潮流，领导层十分注意积累资料，培养人才，创始人之一高梦旦先生以不懂外文为最大的憾事，他先找到胡适来主持工作，胡适在商务工作了几个月，认为自己的兴趣不甚适宜，胡适又推荐了王云五先生。王云五有毅力有见识。他曾通读过一遍《大英百科全书》，该不该通读一遍可以有不同的评价，但他的这种毅力实在难得。王云五还自己翻译过外文典籍为中文。这种好传统在"文革"中极"左"思潮下中断了好多年。学通中外，应当看作是作为商务的领导必要的条件。

商务除了编辑出版许多好书外,还注意发行环节。抗日战争时期,西南联大在昆明办学,商务为西南联大师生们提供服务十分周到。昆明分馆缺的书,商务从其他省市分馆设法调剂,西南联大的师生对商务的服务精神十分感动。

商务早期的高梦旦先生,原来是最高层领导之一,后来王云五主持全面工作,高梦旦先生退下来担任出版部工作,他不在乎名位高低,高高兴兴地在王云五领导下认真工作。是什么力量,什么思想境界使当时的领导成员如此团结合作?是他们对文化出版事业的历史使命感,把一些志同道合的知识分子团结在一起,奉献出自己的一生。

商务印刷装帧工艺,在当时也是全国一流的。30 年代出版的精装本,到现在还能保持原样,不翘不裂。商务二三十年代出版的书,印刷造成的错字极少,今天我们的出版界"无错不成书",很少达到当年商务编校水平。

更值得大书特书的是由张元济先生身体力行,培养出一支全国一流的编辑队伍。当年商务的编辑部的编辑聘请的都是当时第一流的专家,如茅盾、郑振铎、朱经农、郑贞文、周建人等,如开列名单,可以开列一长串。

值得提出的是这些编辑们都有自己写作专长,都是各学科的专家,既是当了编辑,他们把编辑工作放在第一位,甘心为读者服务,而不是忙于出版自己的著作。近十几年来我国出版界编辑人员为读者服务的奉献精神与当年商务的编辑队伍相比,明显有所减弱。

"多难兴邦",是中华民族总结历史经验得出的一条规律。今天是新中国经济建设连续 30 年高速增长的黄金时期,经济发展为今后的文化发展提供了保障。过去艰难的日子被克服了,正是总结经验,继续前进的大好时机。我从小学开始就深受商务印书馆出版的读物的启迪。从小学到大学,直到今天,对商务印书馆有一种亲切感,亲近感,我曾是商务印书馆的忠实读者,后来成为商务印书馆的作者之一。商务一百多年来,与国运同步,甘苦与共,休戚相关。祝愿商务做出更辉煌的成绩,以满足海内外学术界的殷切期望。

·念旧篇·

初小老师曹景黄[*]

　　我从识字到上正规小学，换过许多地方，最后一次上小学，读到毕业，是在山东济南贡院墙根，当时叫"省立第一模范小学"（现改称大明湖小学），专收男生。这所小学师资整齐，教学认真，当时在山东省很有名气。当时是级任制，由一位老师从低年级接收，一直跟到学生毕业，然后回头来再从低年级开始。我觉得这有好处，师生有感情，互相了解，对学生的学业、品德成长有利。如果老师业务水平高，师长足以为学生的表率，这个制度值得提倡。

　　我读小学时，分为高小、初小两部。级任老师是曹景黄先生，山东新泰县人。记得小学上《论语》课，讲到"臧文仲居蔡，山节藻棁"，曹老师说："蔡是乌龟，古人以龟为神物，近人以乌龟为贬义，骂人的话。我的村庄取名'蔡家庄'，是'乌龟庄'。"大家都笑了。因此，我不仅记得曹老师是新泰人，还记得他家乡的村庄的村名。上一辈读书人，除了名字还有"字"和"号"，当时忘了

<hr>

　　*　据《念旧企新》。

209

问问曹老师的字和号,真遗憾。

曹老师教习字课,用元书纸写毛笔字(音乐、体育、图画、生物有专科老师)。作文课当堂写作,下一周批改后发还。作文卷子按成绩顺序发还给学生,成绩好的放在前面,差的靠后。发作文卷子也是一次作文评讲。作文用文言写作,好的作文,老师指出好在哪里。常见的错字、用词不当,老师结合作文向全班讲解。作文课是写作练习,发作文的评讲则是语法修辞的练习。这一好传统,现在的小学教学好像已不再实行了。记得有一次作文题目是关于清明节植树。我的作文有"吾乡多树,每值夏日,浓荫匝地……以待行人憩焉"。曹老师指出,"这个'焉'字用得好,得到文言文的语感,就算学懂了"。

曹老师讲《岳阳楼记》,讲毕,还吟诵一遍,以加深作品印象。我们上一辈学者都会吟诵。现在老先生中,文怀沙先生吟诵古诗词,很有功力。这是中国古代帮助理解、欣赏文学作品的通行办法。记得王守仁的学生向王守仁请教《诗经》的一章,王守仁没讲话,只是吟诵了一遍,问学生:"懂了吗?"学生回答:"懂了。"满意而归。

曹老师讲课文,若涉及有关酗酒荒淫内容的文章,他也向学生讲一些性知识,结婚后性生活要有节制(当时男女分校,学校没有女生)。同学年龄参差不齐,小的十来岁,大的有十五六岁的。

曹老师讲他们年轻时,有武科考试,有的武科考生不注意身体锻炼,性生活不节制,拉弓射箭,一只肩膀被撕裂,脱离躯体,成为终身残废。

七十年前的小学老师对青春期少年传播一些性知识,应当说是相当开明的,是对下一代人的身心成长高度负责。今天有些中小学的老师,有的还没有达到这个水平。

　　讲《论语》"胁肩谄笑,病于夏畦"这一章,曹老师结合课文,举了一些社会上流行的巴结上司、拍有权有势人物马屁的可耻可笑举动的例子,印象深刻,有时引得哄堂大笑。在我幼小的心灵里,培养了鄙视趋炎附势的人生观。

　　我今年八十岁了,曹老师给我的教育的新鲜感从未衰减。

高小老师夏育轩*

　　到高小，我们的班主任是夏育轩老师。他在山东济南是位小有名气的话剧创作家。他曾说："关于话剧，不敢说专家，有这方面的专家，我愿意和他交谈交谈。"他写的剧本我没有看过，记得他写的多偏重于社会题材，他在班上对我们讲了一个剧情梗概，叫作《五千元的戒指》，写一个诈骗犯，图财害命，讹诈一家珠宝首饰店的故事。初小曹景黄老师讲《论语》，高小夏老师讲《孟子》。这种课程叫"读经"，为各年级的必修课。山东省地方军阀，当时称山东省督办张宗昌命令教育厅在全省推行。当时教育厅长叫王寿彭，是清朝慈禧太后六十寿辰那年开科，第一名状元要取个吉兆，王寿彭名字取得好，正好祝君王有彭祖之寿，把他的名次从后面提到前面，定为状元。

　　这位状元不大懂得近代科学，也不懂得数学。有一次视察学校，赶上数学老师在黑板上边演算边讲解代数，板书整齐。这位王寿彭厅长对校长夸奖说："这位英文教师讲得很好。"

　　有一次，在济南开华北运动会，优秀运动员奖品是《十三经》。有一位运动员叫王玉良的，得到两项冠军，奖给他两部《十

---

　　*　据《念旧企新》。

三经》,当时有"二十六经冠军"的称号。

夏育轩老师课讲得好,对学生要求严格,他还鼓动学生学习要有主动性,鼓励学生自觉地完成学习任务,倡议公布同学住家到学校的距离一览表,姓名栏下有"约×里"。住得远,如偶然到校迟到,提出正当理由,可以得到谅解。还让同学们自办小图书馆。占用教室一角,设两个书柜加一把锁,推举一位同学掌管,半年轮换一次。同学们共同出资,订阅几种杂志,有《小朋友》《儿童世界》(还有几种记不清了),还由同学捐助一些文艺小说,如《水浒传》《红楼梦》《镜花缘》《说岳全传》《三国演义》《老残游记》等,也有几十种之多。我当过一任图书馆负责人,我的前任是陈运畴同学,他把钥匙交给我。正赶上1928年日军炮轰济南,杀害我公使蔡公时,造成"五卅惨案"。学校停课,我们提前毕业,小图书馆也不复存在了。

夏育轩老师记得掌故多,社会经验多,给学生很多课堂以外的知识。西方心理学有一派,把人的性格分为四大类型,其中一种为多血质,性情开朗豁达,能哈哈纵声大笑,孟子应属多血质类型。

夏老师还讲"文如其人",什么人写什么文。他说,明太祖朱元璋在南京城外郊游,见人骑马路过,便出一七言对,上句为"风吹马尾千条线",长孙建文对云"雨打羊毛一片毡",四子燕王对"日照龙鳞万点金"(这则故事后来在明笔记中也看到了)。夏老师说,从这句对子中也可以看出建文这个人软弱无能。

还有一次,刚讲过《桃花源记》,他就让学生虚构一个理想乐园,写一篇《重游桃花源记》。

那时山东军阀割据,连年内战,山东省自行印制"军用券",不能兑现,强迫老百姓使用。教师们发薪水,一部分用银圆,搭配部分"军用券"。我们读孟子说的"民有饥色,野有饿莩",都能理解。老百姓对张宗昌恨之入骨。山东省流行民谣有：

> 也有葱,也有姜,锅里煮的张宗昌;
>
> 也有葱,也有蒜,锅里煮的张督办。

张宗昌的官职是"山东省督办"。

人们心目中的"桃花源"离现实太远,实在无法构成一个美好的理想国。我在作文中把桃花源中的"良田美池",老人儿童的乐园在现实中归于幻灭,我把重游所见写成良田荒芜,美池干涸,鸡犬无声,老少叹息的一片荒凉景象。夏老师看了说:文字写得好,命意也深刻,荒凉结局缺富贵气,可能与你的富泽有关,深深表示惋惜之意。

初中时期的老师 *

　　1928 年,山东济南被日本侵略军占领。我不能在济南升中学,便回到山东老家平原县中学读初中。县里只有初中,已办了两届,我是第三届入学的,称中三班,每年只招收一个班,约为四十人。

　　平原是个穷县,农产品有麦、棉、花生。有马颊河经县境流入渤海。因沿津浦铁路,风气尚不甚闭塞。

　　我三岁离开老家,十三岁再回来,故乡情状比较生疏。

　　学校设在县城东南角,与县文庙为邻。校门正对琵琶湾,一泓池水,终年不涸。

　　初中三年,印象深刻的有图画老师赵香波、张宁宇。教水彩及写生,使我知道画家齐白石、徐悲鸿,还有山东画家吴天墀这些名家。他们教我懂得透视学。我的水彩画有的被选入县文化馆陈列。1937 年抗日战争开始前,我暑假回山东还看见过。

　　另外有国文科的任幹忱、刘海亭老师。刘海亭,山东潍县人,原来在济南模范小学高小教书,也许由于"五卅惨案",还是其他原因,到平原县来教国文。刘老师到我们班上,点名时发现

---

　　*　据《念旧企新》。

了我,倍觉亲切。他教学认真,讲解生动活泼,改作文也认真,写得一手赵体字,大字更佳,学校重大活动,横标大字都由他执笔。

教了一年,快要放暑假,还差一个多月。刘老师因事去济南,学校托他为学校买下学期的教材,同学们也有人托他代买文具及其他日用品的。学校下下学年聘书,都在 5 月间,平原县中学教师的职位也成了角逐的目标。刘老师是个书生,有人谋求取代他教这一班国文课。有人说他买教材有贪污,到处张扬。刘老师无从申辩,自觉无颜见人,未再上课,悄然离开了学校。班上有一位同学赵某,也趁刘老师处境险恶,跑去找他,说代购的文具价钱比县城的贵了,向刘老师要回了五角钱,回到班上向别的同学夸耀。当时我是个小孩子,不懂得世道险恶,只觉得刘老师只会教书,不会办事,也觉得这位同学太没有情谊,即使代买东西贵了五角钱,也不应去要。后来升入大学,又见了当年的老同学,才知道有人为谋求他这一班的教学职位,不惜向他栽赃,使他蒙羞离去。多年来,我多么想再见到这位可敬的老师,一直没有打听到他的下落。刘老师带着遗恨,蒙受不白之辱,离开了平原县中! 真正应被责罚的是那些居心险恶的小人。

另一位数学老师秦文郁,教学有经验,只是选用的教材不大合用,用的是商务印书馆翻译外国的混合数学教科书,把几何、代数混编在一起,效果不及分科编写的教材好,只我们这一班使用过一次。这种编排方法,有利于启发学生的数学综合思维。我的数学基础是初中打下的。

任幹忱老师是北京大学中文系三年级的学生,平原人,家境贫寒,学费不够,休学一年,当教师,攒了钱,又回去读书。他讲课时顺便讲到北大教授的一些轶事。他说,黄季刚先生学问很好,很受北大的器重,只是脾气有些古怪。有一次,黄先生到北大上课,上课铃响了,学生坐满了教室,黄先生坐在教员休息室不动。教务处职员跑去请,说:"上课时间到了,该上课了。"黄先生两眼望天,冷冷地说:"时间到了,钱还没有到呢。"教务处赶快去代他取了薪水,他才去上课。

我认为黄先生的做法太不近人情,却佩服北京大学蔡元培带出了尊师重教的博大学风。为了留住人才,不惜打破行政惯例。北大教授中,像黄季刚先生也只此一家,如果每个教授都这样,北大也无法应付。

任幹忱在北大读书,接触到一些当时国内一流名家,他讲课深刻,广征博引,不像一般中学,讲明白字句,串讲一遍就算完成任务。他还讲作者的时代背景,作者的生平为人。讲司马迁《报任少卿书》,把汉武帝对待文人的态度及司马迁冤案的由来讲得很充分,司马迁的愤激不平之气就跃然而出。他讲《芜城赋》,结合南北朝政治形势,把文章风格讲活了。一年后,他离开了学校,回到北大继续读书。任幹忱是我们任氏家族人,按辈份和我祖父同辈。初中毕业后,我到北京升高中,任幹忱老师在北大未毕业,代为租房子,代买生活用具,指导应该注意事项。抗日战争时期,他在重庆青木关,在体育委员会当秘书。我在西南联大读研究生。他托我求刘文典写过一幅字,他视同拱璧。他四十多岁才结婚,中年得子,取名"兆明",还特意告诉我得子的喜讯。日本投降后,他可能随体委去了台湾,我回到北京,两人失去了联系。

英文老师涂××,山东菏泽人,教英文,刘海亭老师走后,他又兼教我们这一班国文课。他喜欢讲新文学,鲁迅、郁达夫、郭沫若的几篇古典戏剧、"卓文君""聂政"是他选出来讲的。涂老师多才多艺,有时也在班上朗读他自己写的短篇小说和散文,是一位才子型的老师。

唐××是黄埔军校的毕业生,山东高密人,教党义及军训、体育课,对学生蛮横、粗暴。有时用体罚,有一次,责罚一位同学,同学不服,他大叫:"拿绳子来,给我捆上!"他虽然讲过他参加东江战斗,多么勇敢,我却对他印象不佳,从此对国民党也存有戒心。

汤用彤先生和他的治学方法 *

　　《汉魏两晋南北朝佛教史》出版到现在快半个世纪，这部著作得到国内外专家学者的重视。汤先生除佛教史外，还有不少其他方面的著作多种，这里不想多说什么评赞的话，可由读者自己去判断。中外学者公认的汤先生的成就还是在中国佛教史这个领域。古人说"鸳鸯绣出凭君看，不把金针度与人"。相处多年的师友都知道，汤先生一辈子从事研究工作，留下了传世之作，但他生前从未讲过他研究佛教史用的是什么方法。现在试图通过汤先生的佛教史著作成果，谈一谈汤先生的治学方法。虽说和汤先生在一起，朝夕相处达三十年之久，先是跟他当学生，后来跟他当助手，对他的治学方法有一些初步感受，但个人的看法难免片面，未必符合实际。汤先生去世近二十年，墓木已拱，无所取正，现在写出来，供参考。

　　汤先生病逝于 1964 年，当时痛惜他死得早，不料两年后，即发生了"文化大革命"，以他多病的身体，在北大那个环境，怕也难渡过这一劫难。汤先生去世已十九年，这十九年中，我国经历

---

　　* 原载《中国史研究》1983 年第 2 期。题为《论汤用彤先生治学的态度和方法》。

了极大灾难,又从极大的灾难中得到重生,全国人民满怀信心地向前迈进,文化事业将有一个高潮。这一新时代,可惜汤先生不及见!

一 传略及著述

汤用彤先生,字锡予,湖北黄梅县人。1893 年农历六月二十三日(公元 1893 年 8 月 4 日),生于甘肃省渭南县。他的父亲曾在甘肃省任地方官多年,幼年随父亲读五经、四书、古代历史,受过比较严格的封建家庭教育。

1911 年春由北京顺天高等学堂考入清华学堂。顺天高等学堂是一个水平比较高的中学,该校在北京抗战前称为河北高中,地址在地安门东大街,即现在的北京市东城区教师进修学院。当年汤用彤先生在戊班,梁漱溟先生(当时名梁焕鼎)在丙班,张申府先生在丁班,李继侗与郑天挺先生在庚班,一个年级为一班。1916 年毕业于清华学校,同年考取留美官费。因患痧眼,留校工作,教国文,并治痧眼。在清华读书时,与吴宓先生交谊颇深。

1918 年赴美国留学,读大学课程,当时清华学校与美国的大学的课程基本衔接。1920 年入哈佛大学研究院。1922 年取得硕士学位,在哈佛期间,学梵文、巴利文。梵文课程一般要三四年方可卒业,汤先生勤奋过人,提前完成应学习的课程。于 1922 年回国。回国后于 1922 年到 1926 年在南京东南大学任哲学系教授、系主任,陈康先生是那时的学生。陈康后来在德国十余年,通晓古希腊文,成了我国有数的古希腊哲学专家。1926 年夏至 1927 年夏在天津南开大学哲学系任教授,郑昕先生是汤先生那时的学生,后来成为我国研究康德哲学的专家。1927 年夏至

1930年夏,在南京中央大学(当时称东南大学)任哲学系教授、系主任。1930年夏至1937年,在北京大学任教授,1935年起兼系主任。

抗战期间,任昆明西南联合大学哲学系教授兼系主任,并兼任北京大学文科研究所主任。

1946年到解放前,任北京大学哲学系教授、系主任,兼文学院院长。1947年夏到1948年,休假期间曾赴美国加利福尼亚大学讲学一年,1948年秋返国,仍任北大哲学系教授、系主任,文学院院长。

1949年北平解放到1951年,任北京大学校务委员会主席、文学院长。

1951年夏到1964年逝世,一直任北京大学副校长。

解放后,曾任中国科学院历史考古组专门委员、《哲学研究》编委、《历史研究》编委、中国科学院哲学社会科学学部委员。

1949年任全国人民政治协商会议委员。历任全国人民代表大会第一、二、三届代表,第三届全国政协常务委员。

著作有:《汉魏两晋南北朝佛教史》《魏晋玄学论稿》《印度哲学史略》《往日杂稿》《魏晋玄学中的社会政治思想》等。未完成的有《梁高僧传校注》。尚有关于佛教史、道教史的论文多篇分别发表于国内各杂志。

1954年冬,汤先生患脑溢血,先是几个月神志不清,以后逐渐恢复了记忆,在医生的多方抢救下,最后使失去活动的右半边肢体恢复了机能。医生告诉他每天只能上午工作一小时,下午工作一小时。这时汤先生双目患白内障,一只眼睛已失去视力,他还是艰难地找资料、翻书,有些重要的发现,就叫助手帮他记下来,有时自己也动手摘录,病中作了不少札记,其中有关于佛教史的,有关于印度哲学史的,还有一部分是翻阅《道藏》时摘录的。在病中《高僧传校注》工作还在进行。在床头为哲学系青年教师讲授"印度哲学"课程。每逢和研究生谈过一次话,当天下午甚至第二天,健康状况立刻下降,有时发低烧。汤用彤先生为青年教师讲课,帮助他们掌握基本知识,从不觉得疲倦。记得朱熹晚年"虽疾病支离,至诸生问辨则若沉疴之去体。一日不讲学则惕然常以为忧"。汤先生只要谈起学问来,什么医生的嘱咐、家人的劝告全都忘了。

二　汤用彤先生与北大哲学系

旧中国有哲学系的大学不多,北京(当时称北平)一个城市,倒有三个大学有哲学系。清华大学、北京大学和燕京大学。燕京大学归美国教会领导,自成体系,这里且不说。旧中国一切大学的哲学都讲唯心论,轻视唯物论。当时人们称清华哲学系是"逻辑实在论"学派。清华大学哲学系重视形式逻辑思维的风气,在于培养独立思考,构造体系的"哲学家"。有一位教授戏称,清华哲学系出来的学生是"成则为王,败则为寇"。意思是只要学成了,就是了不起的哲学家("为王"),为王的确实有不少。清华大学的哲学系,金岳霖先生任系主任多年,形成了清华大学哲学系的学风和学派。

北大哲学系不大注重逻辑学,甚至没有一个专职讲授逻辑学的教授。张申府、金岳霖诸先生都曾在北大兼任过逻辑学的课程。1934年起,由郑昕先生讲授一年级的形式逻辑。郑先生兴趣在康德哲学,逻辑学在北大一直鼓不起同学们的兴趣。北大强调哲学史和佛教思想的研究。哲学史又分为欧洲哲学史、中国哲学史和印度哲学史。研究佛教哲学在北大哲学系也沿袭成风。除汤用彤先生外,还有周叔迦、熊十力几位先生,马叙伦先生讲授庄子哲学也是用佛教法相唯识学说来解释庄子。旧北大的哲学系,其特点是重视佛教史的研究和哲学史的研究。汤用彤先生从 1935 年起,到全国解放(1949 年),一直主持北大哲学系,因而哲学系的教学及研究方向,受他的学术领导影响至深。

当时北大哲学系人数很少,不分专业。每年毕业不过四五人。那时同学中间,多半研究欧洲古典哲学,美国的实用主义在教育界影响颇大,但在北大哲学系没有市场。西方的现代哲学,像怀特海、罗素的哲学,北大哲学系很少引起注意。哲学系师生有兴趣的还是斯宾诺莎、笛卡尔、洛克、休谟、贝克莱、康德、黑格尔。有关佛教方面的有关课程开得比较多。有佛教选读,有因明,还有个别宗派的研究,如天台宗、华严宗、隋唐佛学、佛教概论、新唯识论等。中国哲学史也是着眼断代研究和专题或专著研究,如老庄哲学、周程哲学、王阳明哲学等。

抗日战争时期,北大、清华等校合并为西南联合大学,汤先生任西南联合大学哲学系主任,两校特点在哲学系尚各有一定的影响。

全国解放后,经过 1952 年的全国院系调整,全国只保留了北大一个哲学系。哲学系的主要课程是马列主义哲学课程,即辩证唯物主义与历史唯物主义,也还有一系列的马列主义专题和专著研究。北大哲学系从此进入了一个新的阶段,专业课程中,在历史唯物主义观点的指导下,重视中、外哲学史和佛教史的研究的风气还相当浓厚。

解放后到"文化大革命"前的十多年间,北大哲学系的毕业生,大都分配到各大专院校担任中、外哲学史课程的教师。一个有学术特色的大学,建立自己的学术重点很不容易,这种学术重点一旦形成学术传统,它发生的影响也是十分深远的。

　　全国解放后,北京大学的哲学系师生也和全国人民一道,沐浴在党的阳光下,汤先生肩负的行政领导工作比过去更重了。新任北大的校长是马寅初先生,副校长是江隆基同志和汤用彤先生。当时正处在教学改革,全面向苏联学习的时期。江隆基副校长主管教学改革及思想政治教育,汤用彤先生分管基建和财务。这方面的业务对汤先生这样一位老教授来说,不能说没有困难,只要是党的安排,汤先生愉快地承担了这一任务,还学会看施工蓝图,管理得很好。

　　时间和精力已不允许汤先生战斗在教学第一线,但他仍然是哲学系中国哲学史教研室的成员,有些学术讨论会,政治学习会,他也分在这个小组。院系调整对哲学系来说,是大事,全国所有大学的哲学系教授、副教授都集中到北大来。哲学系教授、副教授达二十八位之多,这种盛况在全世界也是仅有的。学术上互相讨论的空气十分活跃,汤先生也是其中的积极分子。北大哲学系在 1957 年以后,才变得沉寂起来,1959 年又有点小的活跃,也只限于讨论讨论曹操、老子等问题。在一年一度的"五四"科学讨论会上,汤先生也和大家一起提出论文,参加讨论。1954 年大病之后,已不能写长篇文章,他还挤时间一点一滴地集资料,对佛教、道教方面不断提出新的见解,在《北大学报》上发表的几篇文章,虽是时断时续病中之作,仍然保持他当年精密严谨的学风。这时期他的文章命名为《康复札记》,他自己说,不是为了纪念自己的健康恢复,而是要记住党和人民对他的健康的挽救。1963 年五一节的晚上,在天安门上看焰火,周总理见到汤用彤先生,关心地问起他身体恢复的情况,并把他领到毛泽东同志身边。毛主席对他说:你的病好了? 你的文章我都看了,身体不大好,就写那种短文吧! 那天回来汤先生十分兴奋,表示要更好地把他的知识贡献给人民。总是每天读书、学习、接待哲学系来问问题的青年师生,直到他逝世。

三 治学的基本功

　　从事社会科学研究,要有起码的基本训练,要求从幼年、少年就要打下基础。好像唱京剧,不论生旦净末丑哪一个行当,都要自幼喊嗓子、练腰腿工夫一样,有些工夫须要从小培养、锻炼。也好像一切单项的运动员都要求一定的田径运动训练为基础一样。我国上一代的文化人,差不多不自觉地承受了一种传统,文史哲三方面不要求过早地分科,几乎是综合训练的。老一代的学者如范文澜、郭沫若、王国维、陈寅恪等,都在少年时期经受了严格的训练。古文作为一种工具,运用得比较纯熟。涉猎的范围也比较广泛。在过去分科不细,"国学"一门,经、史、子、集无所不包,在前人未必自觉地认识到这种学习方法有其合理性,但从实践中培养了不少基础扎实的专家、人才。今天看来,老一辈学者的培养训练方法不免有它的浪费时间和精力的地方,但无可讳言,其中有它的合理的内核。他们不同于乾嘉学者。又超过了乾嘉学者.乾嘉学者如戴、段、钱、王诸人,缺少近代科学的训练,缺少外国语文的知识,接受的是纯经院式的训练,因而局限了自己的视野。汤先生自幼学习英语,后来又学习梵文、巴利文,还通晓法文、日文。他是我国第一代经过近代科学训练的学者,具有广泛世界文化历史知识,对古代圣贤经传不那末迷信,敢于推敲、怀疑。因此,具有超过前人的条件,对中国古典文献的自由阅读、正确理解,也不是很容易的事。前一代学者从家庭教育、社会上耳濡目染,无形中得到学习的机会,正如汤用彤先生在他的《汉魏两晋南北朝佛教史》绪言中自己说过的,"幼秉庭训,早览乙部",打下的基础。

今天的青年人已不可能具备那样的环境和条件,今天的青年人有更多的新知识、新工作要做,接触古典文献的机会比几十年前的人要少得多,应用文言文的机会更少。在今天如何克服时代给带来的不利条件,利用时代的有利条件,以最经济的手段,最节约的时间,把古典文献中必要的文史哲知识学到手,这是提到今天青年学者面前的一项新任务,这一点通过现代手段、科学方法并不是不可以学到,而且可以学得很好。像西欧某些卓有成绩的汉学家,如高本汉、伯希和等人,他们生长在异域,比中国现代青年更加缺少实践汉语的机会,但是他们通过科学方法,不但学得很好,而且还对汉学有所贡献。今天有了电子计算机,有了更完备的索引工具,检阅、查考可以免于记诵之劳,而且比记忆又快又准确,这都是有利的条件。但是我们必须承认对古文献资料要掌握它,消化它,还要触类旁通,这一关非打通不可。这样,我们的新一代必定能够胜过前一代,这不是大话,而是规律。

前人的经验,比如说,文史哲的基础知识都要具备,而不是过早地分专业,专业分得越细,越使人陷于断港绝河,视野受到限制,没有回旋的余地,当然更谈不上左右逢源了。

汤先生落脚在中国佛教史,他们写佛教史以前,他在东南大学、南开大学任教时几乎教过哲学系所有的课程,包括伦理学、逻辑学等,向达先生翻译过亚里士多德的《伦理学》一书,就是在汤先生的指导鼓励下完成的。他在北大哲学系,除了教他的佛教方面的课程外,还讲授《哲学概论》,这是为一年级学生打基础的入门课。解放前,旧中国各大学没有统一教材,而是根据教师的专长任意讲授。汤先生的《哲学概论》介绍西方当代主要流派,也讲授哲学界争论的若干主要问题。他讲授欧洲大陆理性主义,英国经验主义。他讲授佛教方面的课程并不限于佛教内部,也涉及古代印度哲学(佛教斥为外道的那些流派)。佛教课程中,既讲授过佛教的历史,也讲授早期佛教的一些主要经典原著。还开设过《魏晋玄学》,这是断代思想史,也是断代的中国哲学范畴研究。

佛教与道教,有密切关系,两家不断交互影响。社会上只知道汤先生致力于佛教史,而不大了解他对道教的研究功力甚深。《读太平经书所见》一文中已奠定了基础。抗战期间,他指导的研究生王明,论文题目为《太平经合校》。经过整理后的《太平经》,现已成为国际国内学术界公认的定本。

这些课程的开设和讲授都为汤先生的中国佛教史奠定了极为广泛的基础。有了中外文、史、哲广泛探索的基础,又具备丰富的背景材料,所以汤先生的佛教史的研究,讲的虽是一个方面,但读者从中得到的感受如饮醇醪,值得回味。

四 尊重史实的态度

汤先生的佛教史著作已足以说明他是一位史学家,佛教史也是历史的一部分。汤先生的史学成就受到同行的尊重,有人惊叹其渊博,有人心折其谨严,有人欣赏其考证精审,不论从哪一个方面的对汤先生著作感兴趣的人,有一个共同的印象,即认为他的著作使人信得过。好像和一个淳朴忠厚的人交朋友,使人感到他值得信赖,听了他的话不会使人上当。我接触到不少中外治中国佛教史的学者,这些学者来自不同的社会,有不同的国籍,不同的世界观,好像不约而同地对汤先生的著作有类似的感受和评价,这不是偶然的巧合。原因是汤先生的研究著作贯串着尊重历史事实的精神。

研究历史,首先要尊重历史,不能歪曲,不能恣意扯挦自己所需要的资料,故意忽略对自己观点不合的资料,更不能任作者的偏好,混淆客观是非。汤先生曾说过,研究历史不能没有自己的看法和想法(看法和想法包括作者对某些历史事件,历史现象的解释、说明、介绍等)。当历史事实与自己的看法和想法不一致的时候,要毫不顾惜地修正自己的看法和想法,而不能修正历史事实,因为历史事实客观地摆在那里是不能修正的。汤先生解放前没有接触过历史唯物主义,也没学过辩证唯物主义哲学,他在哲学体系上是个典型的唯心主义者。但他尊重历史,明确地提出史实与想法不一致时,则修正自己的想法,不修正史实。这一点却是科学的实事求是的态度。

研究历史要客观,不杂主观成见好恶,这是西方资产阶级学者一贯标榜的一条原则。甚至有一些西方学者用这一条攻击马克思主义者的治史方法,他们说要有了立场观点就是主观主义。这样的攻击,早已被许多研究者所驳斥,这里不再申述。现在要说的是同一件事实,确实有由于立场的不同才得出不同的价值判断,如农民起义,官方正史叫作叛乱,等等。现在只就佛教史范围内的一些具体事实来谈尊重历史事实的问题。比如说佛教传入中国的时间,历史上有种种传说。当佛教和道教互相争夺宗教界领导权时,佛教徒力图把佛教产生的时代以及传入中国的时间提前,为了把道教尊奉的神老子压下去,使他在释迦面前只能充当晚辈。汤用彤先生在他的佛教史中,就曾把佛教传入中国的诸说胪列出来,一一加以评论,客观地向读者介绍了佛教传入的时代。

关于佛教净土信仰,社会流传慧远结莲社的说法,汤先生指出,净土念佛一派出于北方,"中唐之世,尚无信徒唱弥陀而求往生西方者,如后代俗僧之所信也。"(《往日杂稿》)并指出,世所推崇之净土三大师昙鸾、善导、道绰均生长于淮水之北,行化亦

228

限于北方,道绰《安乐集》卷下,经叙此土大德,不言远公。

汤先生研究佛教而不信奉佛教,与当时名僧及佛教界名流素不交往,他认为信仰某宗教,必然对它有偏好,有偏好就很难客观地评论其得失。汤先生谨严地、客观地把中国古代佛教这一社会现象当作历史学的一个分支来探讨。

考据之学,到了清代发展得比较充分,方法多为搜集大量的资料,证其真伪,辨其异同。汤先生精通考据方法,他的学术论文充满着考据精神,精密而不烦琐,30年代,他指导的研究生王维澄完成了一篇《老子化胡考》。取材详备,论据周密,曾引起学术界的重视。这一考证的特点,不止考证了《老子化胡经》伪出(这是一般考据学一般应当做到的),而且进一步揭示此伪经出现的社会原因,从中看出佛道两教斗争的背景。又如佛教史上国际国内聚讼纷纭的《牟子理惑论》的真伪问题,汤先生也顺利地提出了令人信服的论据,以说明此书不伪。他的态度是尊重史实、让史实站出来作证。

汤先生的考据不同于传统的考据,还在于他不是传统的汉学家,他是受过现代科学训练的史学家和哲学史家,不只懂考据之学,还懂得义理之学。读者容易感到焦循的《孟子正义》和刘宝楠的《论语正义》有差别。前者胜过后者,就在于焦氏兼通义理之学,刘氏只局限于汉学。使考据为史学服务,所以能简要不烦。

五 功能学派或批判学派的文化社会观

旧社会的大学里,像北大这类学校里,通晓马列主义、历史唯物主义的教授极少。在旧社会,国民党办的学校中,马列主义不能公开讲授。只在"五四"前后,李大钊同志曾在北大开设过唯物史观这类课程,只是昙花一现,以后没有继续下去。

汤先生在解放后才开始和全校师生学习马列主义。汤先生的解放前著作一直用唯心史观,他在佛教研究工作中,比较注意文化与社会思潮的联系。在旧时代的学者中,他的见解值得重视。比如他讲授印度哲学史,讲到佛教早期分布时,没有忽略古天竺北方各地与南方各地的学风差别;讲到中国禅宗的兴起,菩提达摩的禅法与慧能禅宗的差异时,他也注意到北方禅法重坐禅修炼方法,与北方地论宗的关系;讲到慧能禅宗时,注意到五祖弘忍于黄梅东山寺以《金刚经》为主要教材的转变,指出《金刚经》与南方流行的"三论宗"传布地区的关系。这些见解有的已得到国内外学术界的承认。因为他看到了社会上文化思潮流行与佛教有某些联系的大量现象。他讲"隋唐佛教史"(仅在北大印有铅印本讲义,汤先生生前未公开出版,1982年,遗稿由中华书局出版,书名为《隋唐佛教史稿》),在归纳隋唐佛教的特点时,曾列举隋唐佛教有四个特点(这里指的特点是与汉魏南北朝相比较而言)。

第一,隋唐佛教的统一性。南方佛教与玄学理论相融会,重玄谈,思辨探索,佛教流行及发展偏重宗教理论方面。如梁武帝发动群臣批判范缜的《神灭论》,只表现为在文字围攻而没有行动上的人身迫害。北方宗教重实践、修行、坐禅、造像念佛,对理论的兴趣不大,北方信佛教与反佛教冲突,理论方面的辩论不多,行动上,往往表现为拆庙、杀和尚等活动。隋唐统一,南方北方的特点开始互相吸收,调和统一。政治上的统一也表现在文化上的统一。

第二,国际性。隋唐国势强盛,东西方经济商业来往较多,由长安通向西方的丝绸之路畅通,海上交通也发达。佛教僧侣来往频繁,中国僧人西到印度,东到朝鲜、日本,各国学人互相往来。隋唐时期的佛教也成了国际文化交流的媒介。

第三,自主性。佛教在隋唐时期,各宗派纷纷建立,自成体系,建立自己的传法世系,寺院庙产世袭,庙规僧规也有各宗派的传统,与印度佛教的差异越来越显著。

第四,系统性。各宗派建立了完整的判教体系,把外来各种佛教流派的理论,重新排列、安置,给以适当的位置。从历史事实归纳出来佛教的特点,从而得出外来文化与本土文化接触后产生什么后果问题。

西方有些社会学流派主张世界文化来源只有一个,中国有人也主张文化的出路在于全盘西化。汤先生在一次讲演中说,文化发展,将来的事,我们不是预言家,不相信预言,不过过去的事往往可以作为将来的借鉴。汤先生比较倾向于文化功能学派和批判学派的观点。从汤先生佛教史的著作中看,确曾运用这种方法作为他的研究工作的指导,他从佛教的传入后与中土文化的接触过程中,看出:外来文化与本土文化必发生影响,但必须适应本土文化环境,即为本土文化所接受;外来文化也要经常改变自己原来的某些方面,以适应本土文化环境,不能原封不动的移植过来。本土文化有它自己的特点,虽然接受外来文化,但不可能完全改变自己的特性,它的结果,将引起新的变化,外来文化变得适于本土文化环境,本土文化吸收外来文化后,自身也起了变化。他还举例来说明他的观点,如“地狱”和“灵魂”的观念,中国人也有,但佛教传入后,涵义发生了变化。中国人的理解,轮回是鬼(灵魂)在轮回,佛教主张轮回而不主张有鬼(灵魂),佛教的“念佛”本来是坐禅的一种方法,中国人理解为念佛即口唱佛名,与印度本来的意义不同。等到完全吸收后,外来文化即已变成中国文化的一部分,已不再是外来文化了。

汤先生当年不懂得历史唯物主义,也未接触过上层建筑与基础的相互关系。但他从大量历史事实、文化现象中发现外来文化与本土文化要相适应，不适应即不能生存。陈寅恪先生也看到玄奘的学问不适合中国人好简易的习惯。这些解释虽然还值得进一步讨论，他们从事实出发，看到这一文化生活中的现象，尽可能做出的科学解释，因而他们能做出有价值、有意义的学术贡献。他的文化功能学派的观点，其合理内核是看到并强调外来文化的传播要适应当地的文化土壤条件。这是他后来较快地接受马列主义的历史唯物观的一个外因。

六　历史的比较法

在没有学习马列主义以前，汤用彤先生的治学方法，我暂称为"历史的比较法"。从道理上讲，为提高鉴别能力，避免片面性，就要进行比较，古今的比较，中外的比较。我们近代几位有成就的历史学家，所以能够超越封建历史学家，如王国维、陈寅恪，他们成功地运用了历史的比较法，研究中国古代史，不局限于运用中国古代当时的文献资料，而要对比同时外国的文献资料；不但要从中国看中国，还要从外国看中国，尽量了解当时中国四邻的状况。有了对比，则便于鉴别。在马克思主义历史唯物主义未被认识以前，这是世界上资产阶级史学工作者通常采用的方法。有了历史唯物主义，这种方法也不能废弃，还不失为一种辅助方法，只是不作为第一位的方法罢了。

汤先生研究并讲授西方近代哲学史，讲授印度哲学、魏晋玄学，无形中充实了佛教史的研究。他讲授欧洲大陆理性主义，重点在斯宾诺莎、笛卡尔，讲授英国经验主义重点在洛克、休谟、贝克莱。这两门课程每年交替开设，他经常采取双方对比的方法。他讲授魏晋玄学课程，也经常采取以王弼与郭象的学说对比的方法。他讲授佛教课,经常采用与印度外道对比的方法,讲授中国佛教史,也经常采用与西方近代哲学的概念、范畴对比的方法。他还对我说过,越是研究中国哲学,越要了解欧洲的哲学和印度的哲学。这是说,他的佛教史撰写的背后,埋藏着人们没有看到的大量的工作和功力,他有深厚的知识积累,才能在他专业范围内驰骋自如,游刃有余。这种横剖面的比较研究,对哲学史的研究十分必要。因为范畴、概念,每一个民族都有它的特点,不能忽略了这些特点;同时作为认识论,人类的推理,认识外界,又有它一般性、共同性的因素。如果不是这样,我们中国人无法了解亚里士多德的逻辑学,印度的因明之学也传不进中国来。

更为重要的对比,在汤先生用作研究方法的还是古今对比,从历史现象的发展中找寻变化的线索。汤先生的魏晋玄学,未写成书,但有了一个基本体系框架。这也可以说汤先生在中国哲学史研究中一项重大贡献。因为魏晋南北朝正逢中国哲学思潮的变革时期,两汉经学神学目的论到魏晋时期已临绝境,这时佛教、道教在社会上也广泛流传。不研究魏晋玄学,佛教道教也难以深入。汤先生于1936年在北大开始讲授“魏晋玄学”课。这一哲学形式和内容与以前以后都有显著的差异。当时我国学术界人士也都感到这一特定阶段的哲学形态有它的特色,还没有形成一个固定的名称,有人称为“清谈之学”,也有人称为“思辨之学”,还有一些其他的名称。今天“魏晋玄学”这一名称已为多数哲学史家所采用。我记得用“魏晋玄学”概括这个时期哲学特点的是汤先生。他为了纪念这一年开始讲授“魏晋玄学”的课程,汤先生为他小儿子命名为“一玄”。昔年章太炎《五朝学》有云“俗士皆曰秦汉之政踔踔异晚周,六叔(魏、晋、宋、齐、梁、陈)之俗孑尔殊于汉之东都。其言虽有类似。魏晋者俗本之汉,陂陀从迹以至,非能骤溃”(《章氏丛书》文录卷一)。汤先生认为

233

历史变迁常具继续性。文化学术异代不同,然其因革推移,悉由渐进,研究历史,不能不弄清它的变迁之迹。他还说,研究时代学术的异同,虽当注意其变迁之迹,即客观现象,更应当注意变迁的理由。变迁的理由又有两个方面,一方面要注意时代思潮的影响,另方面要注意治学的眼光与方法。新学术的兴起,虽然受时代思潮的影响,如果没有新的眼光与方法,也不能产生组织完备的新时代哲学体系。

汤先生在他的《读人物志》一文中说:"汉魏之际,中国学术起甚大变化。"即在魏晋时期,细加分别,它变化也很大。如正始名士(老学较盛),元康名士(庄学较盛),东晋名士(佛学较盛),正始以前,魏初名士(刑名较盛)。占有广泛资料,把历史现象给以排比、归纳,分梳其前后时期的异同,才可以说明一个特定时期的思潮的精神面貌。汤先生从先后对比,提出从两汉到魏晋,在认识上是一大进步。汉代学者对天地万物的总体观,不出宇宙生成论(Cosmology),魏晋玄学则由宇宙生成论进而为探究天地万物之本体,哲学的重心不在于宇宙由何物构成,是元气还是什么,而在于本体论(Ontology)。不但揭示汉魏两个时期哲学形态不同,而且提出汉魏哲学的性质的不同,认识深度的不同。章太炎早年也看到了汉魏学术不同,对魏晋学术也很欣赏,评价颇高,但章氏没有从思想发展的内部指出从汉到魏晋何以不同,两者的不同意味着什么。从认识论的角度来进行探索,这是汤先生魏晋玄学的研究工作超过章太炎的地方。

在中国佛教史研究方面,汤先生把重点放在魏晋南北朝的断代研究方面,这是有原因的。因为汉末,佛教刚刚传入中国,魏晋南北朝时期,佛教蔚为大宗,道教也逐渐扩大它的影响,中国固有文化与这一陌生的外来文化接触后,动荡激摩,有抵牾,有融会,情况复杂,问题多,困难也大。把这一段搞清楚了,对以

234

后的佛教发展史的研究才可以顺利开展,收到振衣挈领的效果。又由于魏晋南北朝正逢中国哲学思潮的变革时期,两汉经学到魏晋时期已陷绝境。佛教、道教也广泛流传。魏晋玄学思潮是佛教、道教滋生的土壤。抓住这一大变革的环节,经过周密的历史的比较,佛教史的脉络比较容易被发现。又由于佛教是个外来的意识形态,又提出了中外比较的有利条件。这也给有功力、有才能的学者以充分施展专长的机会。

旧中国的哲学界就是旧中国的政治、经济状况的一面镜子。半殖民地半封建的社会症状一一表露在学术界。买办的、封建的货色充斥市场,也充斥学术界。当时中国哲学界几乎成了西方资产阶级哲学流派的分支机构。说分支机构也许夸大了,也许可以说是售货商亭或推销外国流派的小摊贩。胡适的实用主义,张东荪的柏格森主义,其他新学派,新体系,凡是外国时兴的,国内都有一点。汤先生对当时趋时髦、凑热闹的学术界十分看不惯,他曾说,第二等的天资,老老实实做第二等的工作(即从事历史资料考证等工作,而不挂上什么流派的牌号),可能产生第一等的成果;如果第二等的天资,做第一等的工作(建立体系),很可能第三等的成果也出不来。汤先生说,他有自知之明,甘愿做第二等的工作,给后人留下点有用的资料也好。学术研究本无所谓等级高下的差别,这分明是针对当时务虚名、不务实学的一种批评。

七　史学与史识

在旧中国,从事考据之学的,不少人喜欢引用一些别人看不到的材料借以抬高身价,沾沾自喜。汤先生和几位有成就的历史学者,如陈寅恪先生,陈垣先生却不是这样。他们主要依据是

《五经》《二十四史》《高僧传》《资治通鉴》《大藏经》等,都是摆在大路边上,人人易见的资料。他的立论也平易朴素,从不自诩有什么惊世骇俗的伟大发现。他的著作平实中见功力,经得起时间的考验。《汉魏两晋南北朝佛教史》出版到现在快半个世纪,仍然被学术界所重视。后来外国出版的同类著作,至目前为止,我所看到的,多半是在他原来的间架上有所增益,没有重大的突破,有的作者由于对古汉语的隔阂,还有不少知识性的缺陷。经得起时间考验的学术著作从来是为数不多的。经得起时间考验的主要原因,考订谨严,资料扎实,学术界信得过。汤先生自幼身体不大强壮,三十多岁即满头白发,患高血压,写字手颤,写文章也不像有些作家那样,下笔万言,一挥而就,而是反复斟酌,日积月累,逐渐完成的。内行人都佩服他的文章古朴、厚重、典雅、平实、寓高华于简古,深具汉魏风骨。

汤先生读书十分仔细,他治学谨严,对原始材料一字一句,一个标点也认真考虑,从不轻于放过。他早年写的几篇《大林书评》(收在《往日杂稿》)中对日本一些著名学者的著作提出评论。有根有据,平心静气地说道理,并严肃地指出他们对古代汉籍的断句、标点的错误,从而造成对古人原文意义的误解。作为一个有修养的中国学者,对中国文化遗产的整理,应当最有发言权,也应当善于运用我们的发言权,为国争光。这一点,汤先生表现出中华民族的学术骨气。旧中国有些文化人,生就一副奴颜媚骨,在洋人面前不敢争是非,这种恶劣影响今天还有待于肃清。

汤先生十分注意一个学者的史识,他经常说,做学问,除了广泛占有资料外,还要有科学的识见,他经常用 Insight 这个词。没有史识,光是资料的汇集,不能算作史学著作。有意识地运用历史比较法研究中国佛教史,开创者是汤先生。在汤著佛教史以前也有几本中国佛教史,基本上是封建主义的、资料摘录式的介绍,有成就,但他们的成就受到方法的局限,使问题钻研的深度受到一定的限制。汤用彤先生提出,史学者要有史识。他不同于封建史学者。他对西方现代资产阶级唯心主义哲学有较深的理解,具备现代资产阶级的一些思想方法,对佛教思想进行分析比较,比起那些只会用封建的含混不清的叙述,用佛经解释佛经的中世纪办法提高了一个历史阶段。又由于他能把佛教的传播与发展当作一种社会现象来对待,他解放前用的是唯心史观,但比起那些和尚居士们对佛教怀着迷信态度的膜拜,成就自然高得多,这是他能超出封建学者的原因。

解放以后,汤先生学习了马克思主义,接受了唯物史观,扩大了眼界,才进一步认识天外有天,感到过去的观点方法与唯物史观比较,又有霄壤之别。汤先生认为过去所强调的"史识"有了质的改变。他表示要下决心学好马列主义,对佛教史重新钻研,对自己过去的著作成绩也要自己重新估价。可惜他的健康一直没有完全恢复,这一深切愿望没有完全实现。解放后发表了不少短篇论文等著作,但汤先生对此并不满足。他一直想把中国佛教史重新写过。汤先生从 30 年代到北大以后,日本帝国主义侵华行动年年加剧,北京大学师生均有地处国家边陲之感。抗日战争时期,蒋管区政治黑暗,贿赂公行,安分守己的教育工作者更是衣食不周,过着半饥半饱的生活。抗战胜利后。国民党又发动内战,民不聊生。几十年的内忧外患,一大批知识分子、学者,目击国家多难,不愿与国民党同流合污,又不懂得哪是革命的出路,他们打算在学术中寻求安身立命的道路。他们皓首穷经,潜心研究,工作条件艰苦,心情沉重。虽说做出一些成果,这些成果对挽救国家灾难有什么用,他们自己也茫然。汤先生的佛教史著作,就是在这种阴暗低沉的气氛中写成的。

中国解放后,汤先生不止一次地说过,"若不是遇到全中国的解放,可算糊涂过了一生。"汤先生研究史学,把史识放在第一位,直到解放后,学习了马列主义,才真正找到最高明、最科学的指导历史研究原则——唯物史观。

和汤先生同辈的一些学者,解放后,都在自己的岗位上做出了不同的贡献。抗日前在北大哲学系教书时,朋友过从较密的有蒙文通、熊十力、钱穆,贺麟、郑昕、洪谦诸先生。汤先生早年在东南大学时学生有向达、陈康诸位,在南开大学时学生有郑昕等。抗战前在北大哲学系的老学生有熊伟、胡世华、王森、韩镜清、庞景仁、齐良骥、韩裕文、石峻等。这些老朋友和老学生中,有的飘泊海外,有的凋谢,有的成为光荣的共产党员,成了马克思主义者。汤先生若在世,按照他思想发展的逻辑,人们相信他会成为一个光荣的中国共产党党员和马克思主义者的。

《汤用彤全集》序[*]

欣值《汤用彤全集》出版之际,特向读者推荐这部书。

这部《全集》包括作者早年到老年的论著,写作时限跨度较大。汤先生几乎讲授过旧大学哲学系的大多数课程。1934 年,我考上北大,汤先生为一年级讲授《哲学概论》,这门课讲得生动深入。如果能把这类听课笔记整理出来,很有出版价值。据我所知,汤先生教学的讲义,学生听课的笔记,如果把其中一部分搜集起来,数量相当可观。

汤先生不大写信,但遇到学生请教有关学术问题,他也回信。我曾保存汤先生写的关于宋明理学的信。1939 年在昆明北大文科研究所读书时,汤先生看过我的日记,并在日记上写了多处批语,长短不一,长的一百多字,短的一两句话。这些手迹可惜毁于“文化大革命”。如果这类文字资料搜集全,这部《全集》的字数会不止这些。

《全集》中的《隋唐佛教史稿》是汤先生在北大的讲义。新中国建国后,中华书局曾请求将此讲义出版,以应社会急需。汤先

＊ 曾载《中国哲学史》2001 年第 2 期。《汤用彤全集》,河北人民出版社,2000 年 9 月。

生不允,说还要补充、修改。可惜先生逝世,此稿无从修订,只能照原稿出版。前辈学者对待学术著作标准很高,要求很严。这种学风,今已罕见。

汤先生生活的时代,正当新学、旧学并存的时代。他们这一辈学者,自幼受过严格的旧学训练。上一辈的文化人,如王国维、陈寅恪、范文澜、郭沫若等差不多都接受过严格的中国传统教育,文、史、哲三个领域没有过早的分科。古文,作为一种工具,运用得比较纯熟,对经、史、子、集有广泛的接触,又有古汉语的坚实基础。同时,他们又是现代人,广泛接触到近现代科学方法的训练,对世界历史文化知识有广泛的了解,专业领域外的知识和工具也运用自如,这些条件是清代乾嘉诸儒所欠缺的。汤先生自幼学习英语,后来又学习梵文、巴利文,还通晓法文、日文。他也是我国第一代经过近代科学方法训练的专业学者,对古代圣贤经传不那么迷信,敢于怀疑,善于推敲,他治学的条件比前代有优势。这新旧文化的结合点,在汤先生的学术著作中有很好的体现。这是他们这一辈学人特具的优势,因而他们治文史之学可左右逢源。

汤先生治学,落脚点在中国佛教史,对佛教史投入了大量精力。他并不局限于佛教史,他也精研魏晋玄学、印度哲学、道教思想。他对道教的关心不下于佛教,只是没有写成著作,他的功力鲜为人知。他写的《读太平经书所见》已透露了坚实的功力。抗战期间,他指导研究生王明,论文题目为《太平经合校》。《太平经》这部道教最古老的经典,经过整理,现已成为国际国内公认的定本。我当时看到这部《合校》是汤先生手把手带着王明做出的,如果说它是师生合著也不为过。

汤先生的治学,既广博又精专,细心的读者从中可以得到文章以外的收获。汤先生的学术著作,受到同行的尊重,有人惊叹其渊博,有人心折其谨严,有人欣赏其考订精审,不论从哪一方面接触汤先生的人,都有一个共同的印象,认为他的著作使人信得过,好像和一个纯朴忠厚的长者交朋友,使人对他信赖,听他的话不会使人上当。我接触过不少中外治中国佛教史的学者,他们来自不同的社会、不同的国家,有不同的世界观,竟不约而同地对汤先生的著作有类似的感受和评价,这不能认为是偶然的巧合。原因是汤先生的著作贯串着尊重历史、实事求是的科学精神。

20 世纪对中华民族来说是个多灾多难的时代,全国人民受尽外来侵略势力的凌辱、压迫,大多数人民群众挣扎在死亡线上。1900 年八国联军侵占中国的首都北京,中华民族带着耻辱跨进 20 世纪。

"多难兴邦"这句古训,在中国得到完全的应验。多灾多难的中国人从中受到刺激,从各个方面使中华儿女奋发图强,立志做一个无愧于时代的中国人。与 20 世纪先后同龄的有志人士,从各自的角度,迸发出激越的呼喊,焕发出智慧的光芒。这是个多灾多难的时代,又是一个人才辈出的时代。他们的成就,从不同的领域表现出中华民族的聪明智慧,显示了中华民族跻身于世界民族大国之林的气概。适应时代的要求,中国出现了军事家,与外来侵略者进行了长期的斗争,最终把外来侵略者赶走;中国出现了卓越的政治家,把积贫积弱的旧中国,改变成丰衣足食的新中国。有五千年文明史的中华民族,即使在历史上最繁荣、最富强的汉唐盛世,还有死于饥寒的百姓。解放后,到了世纪之末,中国已经解决了温饱问题,正向更高的生活水平迈进。

中华民族的内在精神,还在于它既有优良的文史传统,又有深厚的人文科学的积累。正是依靠这些文化遗产,给人们提供了精神动力、精神食粮。我们的文学家、史学家、哲学家善于究天人之际,通古今之变,成一家之言,使中华民族无愧于世界上任何优秀民族。他们建树的文化事业,流传于子孙后代。他们提供的精神食粮,不但有利于中华民族自身,也充实了世界精神文明的宝库。

办一所大学要有众多大师来支撑,一个伟大民族的振兴也离不开文化大师们的支撑。汤用彤先生就是我国学术界众多支撑文化大厦的梁柱之一。

《汤用彤全集》的出版,不仅是中国学术界的一桩盛事,也为世界文化宝库添加了新库藏。事实上,在几十年的中外文化交流史中,他的有些著作已成为该专业的必读的重要著作,经历了半个世纪,历久不衰。

汤先生治史,重视史料的甄别,又不限于繁琐考订,而是站在应有的高度来纵览所考订的对象。30年代他指导的研究生王维澄完成了《老子化胡考》,取材详备,论据周密,曾引起学术界的重视。他的考订方法不只是考订了《老子化胡经》为伪书,这是一般考据家应当做到的,而且进一步指出此伪经出现的社会原因,并从中清理出佛、道两教斗争的背景。如佛教史学者争论的《牟子理惑论》,汤先生顺利地提出了令人信服的论据,证明此书不伪,这个结论把多年来聚讼纷纭的问题画上了句号。

汤先生治学,总是从大处着眼,小处入手。由于他视野开阔,才不会局限于具体问题不能自拔,他所做出的结论,基本上经得起时间考验。注意从历史的前因后果,从发展的观点考察历史事件,同时又注意结合地理、社会环境来考察历史现象。这是史学研究者的基本要求,这也是汤先生大量著作常用的一种方法。读者可以从中得到文字以外的收获。

汤先生著作中还可以看到大家名家治学的风格。学术界从事历史学、考据学的学者往往以占有别人未见过的资料自炫,沾沾自喜。汤先生和一些有成就的治史学者,却不是这样。他们主要依据的是《五经》《二十四史》《高僧传》《资治通鉴》《大藏经》等摆在大路边上人人能得到的资料,而立论平实、朴素,不自诩有什么惊世骇俗的发现,却在平实朴素中见功力,经得起历史考验。以汤先生的《汉魏两晋南北朝佛教史》为例,虽已逾半个世纪,仍然被海内外学术界所重视。后来出版的有关这一方面的著述,有不少优秀作品,多半是在汤著原来的框架上有所增益,没有重大的突破。原因在于其考订谨严,资料扎实,为后来人提供了继续前进的基础。

汤先生自幼患高血压,写字手颤,写文章也不像有些作家那样,下笔万言,一挥而就,而是反复斟酌,日积月累,逐渐完成的。内行人都佩服他的文章古朴、厚重、寓高华于简古,深具魏晋风骨。

汤先生治学从早年到晚年,一贯细致严谨。他治学一字一句也不轻易放过。早年写的《大林书评》收到《往日杂稿》中,对日本某些著名学者的著作提出批评,平心静气地说道理,并严肃指出他们对古代汉籍断句标点的错误。汤先生老年在札记中指出中国佛教无十宗,否定了多年来中国学人照搬日本佛教宗派划分方法的谬误。汤先生作为一个功底深厚的中国学者,最有发言权,并善于利用我们的发言权,为国争光。反观我们学术界有些学人,生就一副奴颜媚骨,在洋人面前不敢争是非,这种恶劣影响今天还有待于肃清。

经历了两次世界大战的 20 世纪,人们对人生、对社会的认识,并没有从根本上有所提高。人们看到并感到现代科技的巨大作用,但人们却没有看到,由于人文科学的相对滞后,给人类社会带来了不幸,甚至灾难。

生活在 21 世纪的人们,都要根据新形势重新审视面对的社会和人生,这一任务只有依靠人文科学来承担。作为有五千年文明史的中华民族,既有丰富的历史经历,又有丰富的人文科学文化遗产。

指示人类前进的方向,勾画未来生活的蓝图的重任,只有靠人文科学担当。只有人文科学有资格根据人类社会过去、现在的经验,对未来社会提供参考性的设计。缺了人文科学,人类的知识是残缺不全的,必将陷于历史的"近视",将患"社会夜盲症"。

《汤用彤全集》反映了一代学人从一个专业学术领域总结历史经验的成果,鉴于前人兴衰发展的道路,为今后做参考。比如,从佛教史中中印文化交流的过程,预测今后中外文化交流的前景和措施;可以从历代废佛政令的失败,进一步认识宗教的社会性,并悟出行政命令并不能取消宗教信仰;从隋唐佛教文化的发展过程,瞻望未来新文化的创造特色,等等。

谨以殷切的希望、欣慰的心情看到《全集》的问世,看到了老一辈专家学者爱祖国、爱文化的成果将在构建新中国文化大厦中起到它应起的作用。

1999 年 10 月 25 日

贺麟先生[*]

1934 年,我考入北大哲学系。一年级听汤用彤先生讲授哲学概论,郑昕先生讲逻辑课,引发了钻研哲学的兴趣。第二年学习西方哲学史。三年级学黑格尔哲学及斯宾诺莎选修课。四年级毕业论文,贺先生指导,论文为《朱子哲学》。

北大哲学系的老师都主张自学,从不把着手教。如能主动读书,可以有较大收获;如混日子,也不难混下去。后考上研究生,导师是汤先生。北大文科研究所规定,导师外还要有一位副导师,我的副导师是贺麟先生。现在看来,这是个很好的制度,学生可以兼采导师的长处,中国哲学与西方哲学相结合,对以后成长有利。学生听课也自由,不限制听课时数,有充分时间读书、准备论文材料。

在抗战时期,国家多难,大家在流亡中,学生生活有困难,老师很愿意予以帮助,师生关系比在北平时显得更亲近了很多。

大学毕业时,面临就业选择,哲学系留一名助教,同学石峻留作助教。同班毕业的还有两人,我和韩裕文。韩去外县教中学,我也考虑去教中学。正值北大法学院周炳琳先生到重庆中

---

[*] 据《念旧企新》。

央政治学校任教务长,请贺先生教哲学概论课。贺先生约我去担任助教,帮他改改学生的读书报告。我觉得这可以有更多时间读书,就答应了。

中央政治学校是国民党培养干部的学校,当官的多,没有什么学术空气。贺先生教哲学概论课,给学生以新鲜感,很受欢迎。第二年,贺先生不再在中央政校教书,回到昆明。有好几个学生自动转学,改进西南联大哲学系,陈修斋、樊星南就是其中优秀的。

学校设在重庆南温泉。这一年,我看到许多国民党军政要员。校长是蒋介石。蒋介石去学校时,随行的文人有吴稚晖、陈立夫等人,军人有何应钦、陈诚等人。这一批文武大员,没有一个像有独立人格的人。蒋介石训话时,学员要保持立正姿势,学校职员也要站着听蒋训话。教员自由参加。贺先生受特别礼遇,他可以不参加这种训话。

这一年,贺先生给我开了一个书单子,读了不少西方伦理学及哲学史的书。寒假期间,听说北大恢复文科研究所,招收研究生(报考研究生要附上一篇论文),我也准备了一篇《王阳明哲学》的论文。这时,熊十力先生逃出北平沦陷区,也来到重庆南温泉附近——鹿角场,住在他学生周鹏初家。他们听他讲中国哲学的一些问题和读书中遇到的问题。写《王阳明哲学》这篇论文时,有些问题向他请教,采取闲谈的方式,不像上课那样正规。熊先生有时教书,有时也评论政治,回忆清末的一些掌故。每去一次,都有收获。

我在初中时,军训教官粗暴对待同学,使我对国民党没有好感。在中央政治学校,亲眼见到国民党上层官僚集团的腐败无能,更生了一层反感。这个学校有学生两百人,职员两百人,校内工人两百人,上下等级分明。有一位高级职员,在食堂饭桌上大讲某年某次,"委员长亲自骂过我,骂的什么话……"说者不以为耻,反引以为荣。更令人诧异的是,许多听者不以此举为可耻,反露出某种艳羡之色。"知耻近乎勇",不知耻可以无所不为,还有什么希望?

在研究哲学的道路上,对我帮助最大,甚至可以说有终生影响的老师中,贺先生是其中一位。

大学四年,有三年在北平,一年在长沙和昆明。此后十几年间,我和贺先生都未离开北大哲学系(贺先生离开北大哲学系在1956年,我们才分开,但都在北京,经常见面)。

贺先生治学,有现代人的特点。从听他的西方哲学史、斯宾诺莎、黑格尔哲学,到参加他主持的西洋哲学名著编译会,长期学术熏陶,受益最深的,是接受了他的中西哲学比较法。我们这个时代是个中外文化交流的时代(有时主动,有时被动)。中国人的衣食住行,语言词汇,无不带有中外交流的痕迹。贺先生从事翻译事业,也是从行动上贯彻了中外交流的思想。

贺先生受旧社会长期教养,又接受西方近代科学训练,他身上体现了中外道德观结合的痕迹。他在北大、在联大,并不是一帆风顺的。有的教授留学回国后,就担任教授。贺先生留学回来,是先从讲师做起,一步一步走过来的。我初进北大时,他还是讲师,后来升为副教授、教授。贺先生在清华大学与张荫麟是同学。和张荫麟两人一同去拜见梁启超。贺先生对我说,"梁启超对张说(用广东话):'你有作(jie)学者(xuejie)的资格呀。'他没说我有作学者的资格"。清华是贺先生的母校,从美国回来,他想回清华。金岳霖先生主持哲学系,认为贺先生治学,不重视逻辑,喜欢讲直观方法,不大符合清华哲学系的学风,没有请他到清华,贺先生接受了北大的聘书。

1947年,北平面临解放前夕,国民党骨干纷纷南下,担任训导长的陈雪屏逃往南京,陈的训导长职务交给贺先生。训导长当时的任务是监视学生,管理学生,不使学生有反对政府的行动。贺先生没有站在国民党立场监视学生,而是设法保护学生免于逮捕,被捕的设法保释。北大学生送给他一面锦旗(不是绸制的,是用红布写的),写着"青年的保姆"。贺先生主持"西洋哲学编译会",解放前夕共有成员四名,其中有三个地下党员。北京大学也有向贺先生告状的,贺先生置之不理。这四个编辑工作人员为汪子嵩、黄楠森、邓艾民、王太庆,后来成为新中国的哲学专家。

贺先生为人忠厚,即使别人对不起他,他也从不记仇,不报复。"文化大革命"期间,文化教育界是重灾区,贺先生又是学术界的重点人物,有些人乘势落井下石,批他的政治,还批他的学术,批他的翻译。政治错了,连翻译的黑格尔哲学也要打倒。事后贺先生对我说,"政治可以批判我走错了路;我翻译黑格尔的《小逻辑》,确实呕心沥血,字斟句酌,连我的翻译也说得一无是处,感到屈辱"。"四人帮"垮台后,那位学生登门道歉,申明当时迫于形势,言不由己,贺先生对此人并未介怀,不再计较。

北大哲学系的教师,学问虽有专长,但应付日常生活,对跟行政部门打交道,很不行。贺先生在北大燕东园分到的住房,不见阳光,他不去争,一直住到工作调动,才搬到城里干面胡同宿舍。

贺先生为人忠厚,没有架子,平等待人。几十年来,我没有见他发过脾气,即使遇到极不痛快的人和事,也不疾言厉色。他是西方哲学专家,但更具有东方文化熏陶下的涵养。在南温泉中央政治学校时,他说,从前曾国藩和他的老师倭仁交换日记看,借以互相促进。他知道我也有记日记的习惯,便也和我交换看日记。日记本来不是写给别人看的,对某人某事的不满,日记中可以自由发泄。贺先生在我的日记上,有时批注几句话,规劝我对人对事不宜过于严苛;为学读书不能过于峻急。他还说:办事能做到日后不要失悔是最好的结果。青年人为了一时快意,不顾后果,给人以伤害,到了自己懂得道理多时,会感到后悔。我也从贺先生的日记中看到他对待青年的爱护。他还善于发现青年的长处,青年身上容易犯的毛病也予以宽容。可惜我这本日记毁于"文化大革命",没有保存下来。

贺先生和我在昆明翠湖公园散步,谈起沈有鼎先生。贺先生说,沈为人聪明,善于思考,可惜他文人相轻的坏习气太深,难成大器。沈曾对贺先生说:"金龙荪(金岳霖字龙荪)那点学问只能骗骗冯芝生(冯友兰字芝生)罢了。"一句话骂了两位大师,太刻薄,连老师也骂,而且骂得没有道理,不可取。

在昆明时,经常听贺先生讲宗教对文化的重要性,他特别指基督教,也一再提到《圣经》值得研究。当年我年轻,翻开《圣经》,见到有些以水变酒、使跛子行走等神奇法术,认为没有什么看头,对宗教的社会作用很不理解。贺先生说:中国文化是礼乐;在西洋,他们的礼乐包容在宗教中。宗教与文化是一回事。光从哲学著作中还不足以认识西方文化的全部。我对文化、哲学摸索了多年,自己已进入老年,才深刻懂得贺先生这一见解的深刻、正确。宗教是人类知识的源头。人类知识起源于宗教这个母体,以后每前进一步,又必须摆脱它的限制。不了解一个民族的宗教,即无法认识一个民族的文化。

欧洲最大的宗教是基督教,中国的宗教是什么呢?最后我终于找到中国的宗教是儒教。西方的礼乐包含于基督教,中国的礼乐包含于儒教之中。

贺先生凭借他的学术感召力,赢得学术界的钦重。解放前,他是中国哲学会的成员兼秘书,主编中国哲学界唯一的刊物《哲学评论》。那时,中国哲学会不是专门研究中国哲学的学会,而是全中国的哲学界同仁的学会,是逻辑、西方哲学、中国哲学、伦理学共同发表研究成果的园地。现在台湾的中国哲学会仍沿袭当年在大陆的格局。

解放后,贺先生最大的贡献是推动了西方哲学名著翻译,培养了一代西方哲学和黑格尔研究的人才。黑格尔的几本主要著作都有了可供传世的汉译本,完全是贺先生主持、推动的功劳。近、现代中国翻译著作,影响最大的有两部书,一部是严复译的《天演论》,一部是贺麟译的黑格尔的《小逻辑》。《天演论》为近代中国革命敲响了警钟,完成了它的历史使命。《小逻辑》为今后若干年中国研究黑格尔哲学,建立了基本资料,这部书不曾风靡一时,却成为中国精神文化财富。

记得1948年,有一次在他家,他发现我身体瘦弱,有些病相。他告诫我:你三十岁刚过,不可过劳,这是中国学者很难度过的年龄,颜回三十二岁,僧肇三十一岁,你可得小心。物价贵,生活困难,是实情,也要把身体养好,心情要开朗。

熊十力先生的为人与治学[*]

30 年代初,我在北大哲学系当学生,后来又在北大教书,熊先生这三十年间,有短暂的时间不在北大,可以说基本上没有离开北大哲学系。这三十年间,国罹劫难,人遭苦厄,社会相、人心相呈现得更加分明,使人加深了对熊老师为人与为学的认识与怀念。

从课堂讲授到书院式的讲学

记得 1934 年考入北京大学时,听高年级的同学们介绍北大的老师们,其中有一位唯一在家里上课的老师,是熊先生。比我高两届的同学说,他们听熊先生讲课还在北大红楼。到了我们这届,1935 年始就不在教室上课了。因为他受不了上下课时间的拘束。熊先生认为听者得不到实际的益处,记得他写给选他课的同学们的一封信,有"师生蚁聚一堂,究竟有何受益"的话,这封信贴在哲学系办公室有很长时间。

熊先生冬天室内不生炉火。北京的冬天差不多有四个多

---

* 据《任继愈学术论著自选集》。

月,听课的学生全副冬装,坐着听讲。熊先生开的课是两个学分,也就是两节课。但熊先生讲起来如长江大河,一泻千里,每次讲课不下三四小时,而且中间不休息。他站在屋子中间,从不坐着讲。喜欢在听讲者面前指指划划,讲到高兴时,或者认为重要的地方,随手在听讲者的头上或肩上拍一巴掌,然后哈哈大笑,声震堂宇。有一次和张东荪谈哲学,张在熊先生面前,也成了学生,一巴掌拍在张的肩上,张东荪不得不眨眨眼,逡巡后退,以避其锋芒。抗战时,听郑昕先生说他在天津南开中学求学时,听熊先生讲课,他怕熊先生的棒喝,每次早一点到场,找一个离老师远一点的位子坐下。我才知道熊先生这种讲课方式由来已久。

听熊先生讲课,深感到他是教书又教人,讲"新唯识论""佛家名相通释"往往大骂蒋介石东北失陷,不抵抗,卖国投降。熊先生不止传授知识,他那种不媚俗,疾恶如仇的品格,感染了听讲的人。

颠沛流离中不废讲学

自从"九一八"以后,北平,昔日故都就成了边城。日本侵略势力逐年向华北延伸。华北之大,摆不下一张安静的书桌。熊先生平时深居斗室,不参与政治运动,但他对同学们的罢课、游行是支持的。同学们罢课,反对华北独立,熊先生的课也上不成,熊先生是同情学生的。对胡适强迫学生上课,也表示不满。"七七"事变后,北平为日军占领,熊先生冒险,化装成商人,乘运煤的货车逃出北平。随行的有刘锡嘏(公纯),也是北大的学生,一路照料,火车上正值大雨倾盆,衣履尽湿,生怕熊先生感受风寒,幸好未生病。熊先生辗转到了武汉,又到了四川璧山县。这时已是 1938 年的冬天。

熊先生从北平脱险后,住在壁山县中学里,中学校长钟芳铭欢迎熊先生住下。熊先生的学生钱学熙夫妇、刘公纯也随熊先生留在那里,熊先生没有闲着,写他的《中国历史讲话》。贺麟先生和我从重庆南温泉去壁山看望他。熊先生兴致勃勃地谈他的《中国历史讲话》的内容梗概,大意是讲"五族同源"说。在民族危急存亡关头,对中华民族的热爱,促使他不知疲倦地撰写他的这一著作。我们去时,熊先生很得意地讲述他如何解决了"回族"的起源问题。说,这个问题使他苦苦思考了很久,才解决的。这时,他已同时着手写他的《新唯识论》语体文本。由钱学熙译为英文,刘公纯代他抄写。

在四川八年,熊先生生活很不安定,物价飞涨,大后方民不聊生,熊先生只好投靠老朋友、老学生,艰难度日,和家属不在一起。但他没有一天不讲学,没有一天不修改他的《新唯识论》语体文本。他看到国民党横行霸道,胡作非为,还是指名道姓地骂蒋介石,却从不显得灰心丧气,给人的印象是勇猛精进,自强不息。

熊先生在 1939 年离开壁山中学,住到南温泉鹿角场学生周鹏初家,我当时也在南温泉,每星期天到熊先生处。后来,我回到昆明,他中间到过嘉定乌尤寺,和马一浮主持"复性书院"。不久,书院遭到日寇的轰炸,熊先生膝部中弹片受伤,他也离开了复性书院,和马一浮先生还发生过小的不愉快。熊先生回到壁山来凤驿,与梁漱溟先生住在一起,借住在一所古庙西寿寺。我和贺麟先生同去看过他。那天晚上,梁先生还讲述了他到延安,和毛泽东同志在一个大炕上,连续谈过八个通宵的事。熊先生这时还没有忘了讲学,韩裕文从复性书院退出,随同熊先生。熊先生对韩裕文也分外关心。按通常习惯,我们对熊先生自称学生,熊先生命韩裕文称"弟子"。"弟子",大概有及门或入室的意思吧。韩裕文是我在大学的同班同学,为人笃实,学问也朴实,对中国的理学、西方的古典哲学,有很深厚的基础。在熊先生那边,学了一两年,因为生活无法维持,不得不离开,到了昆明贺麟先生主持的"西方哲学名著编译会"当专职的翻译,每月有了固定收入,略相当于大学的讲师。1947年间,赴美留学,因肺癌不治,半年后病逝于美国。熊先生为此十分伤痛。如果天假以年,韩裕文在哲学上的成就必有可观。

梁漱溟先生在重庆北碚金刚碑创办了勉仁中学,熊先生被邀到勉仁中学去住,梁先生的几个学生,黄艮庸、云颂天、李渊庭等也成了熊先生的学生,这时熊先生也还是修订他的《新唯识论》语体文本。我在西南联大哲学系,利用暑期,到北碚勉仁中学熊先生处住一两个月。熊先生在北碚除了给勉仁中学讲讲哲学,还结识了郭沫若先生。郭沫若听说熊先生爱吃鸡,滑竿上捆了两只鸡去看熊先生,以后两人通信,讨论先秦诸子及中国传统文化问题,这时郭还向熊先生介绍周恩来同志,他的信上说"周恩来先生,忠厚长者",愿来看望先生。熊先生与郭沫若结下的友谊,到全国解放后,一直维持着。

在北碚时,牟宗三、徐佛观(后来改为复观)等都常来熊先生处,牟宗三也住在那里。

胸怀坦荡　古道热肠

熊先生的老朋友邓高镜先生,抗日战争期间,没有到大后方去,北平收复后,熊先生回到北京大学,又见到他。见他生活潦倒,很困难,熊先生自己还约集林宰平、汤用彤诸先生按月给他生活费,由我每月发工资后汇寄给他。这种资助一直到邓老先生逝世。

抗战时期南京的支那内学院迁到四川的江津,称支那内学院蜀院。欧阳竟无先生是内学院的创立者,有一大批弟子。熊先生、吕澂先生、汤用彤先生都从欧阳先生问学。吕先生是欧阳先生的事业的继承人。梁启超当年在南京也从欧阳先生学佛学。熊先生的哲学体系已突破佛教思想体系,融佛入儒,欧阳先生认为他背离佛教,背离师说,命人写《破新唯识论》以驳斥熊先生的学说。熊先生又著《破破新唯识论》。从此师生不相来往。我和熊先生相处三十年间,熊先生谈起欧阳先生,总是带有十分敬意,认为他是一代伟人,有造诣的学者,没有不满的言辞,只是在学术观点上不一致。欧阳先生在江津病危,熊先生听说后,还是到江津内学院探视,希望与老师最后见一面。当时内学院的同仁,认为欧阳先生垂危,怕见了熊先生情绪激动,受刺激,反而不好,没有让熊先生与欧阳先生见面。熊先生出于师生情谊,前往作最后的诀别。事后人们谈论起这件事,都认为熊先生做得对。

马一浮先生与熊先生多年来是学术上的知己,互相了解,也互相欣赏。熊先生的《新唯识论》出版时,马先生为此书作序。文中有"生肇敛手而咨嗟,奘基矫舌而不下"的话,认为此书的见解超过道生、僧肇、玄奘、窥基。抗战期间在复性书院有一段时期有点不愉快而分手,后来抗战胜利后,两人友好如初。我和熊先生通信,有些见解,熊先生认为有道理的,也把信转给马先生看,马先生的信,熊先生也有时转给我。熊先生的生日,马先生有诗相赠,有云"生辰常占一春先",因为熊先生的生日在农历正月初四。

全国解放后,熊先生在北京时,收了一个义女,命名"仲光",和他自己的女儿幼光、再光排行。仲光喜静,爱读佛书,帮助熊先生料理家务,抄写稿子,熊先生一生很少和师母在一起,子女也不学哲学,在北京及在四川,都是独立生活,晚年有一女儿作为弟子,又能听他讲学,十分满意,他说"伏女传经,班女受史,庞女传道",今得仲光,又多了一个可以传道的人。熊先生南下后,仲光留在北京未随去。

熊先生一生没有积蓄,有时靠亲友的资助,抗战时期有几年很困难。熊先生对他的学生凡是去看他的,他都留下,吃住和他在一起。学生给老师带点礼物,如带只鸡,送点药物,熊先生也不客气,慨然收下,相处如一家人。但是在学问上有错误(对古人的思想理解不对),熊先生也不客气地指出,从不说敷衍、客气话。有问必答,甚至问一答十。跟熊先生在一起,令人有虚而往,实而归的感觉。和熊先生相处,好像接近一盆火,灼热烤人,离开了,又使人思念难以忘怀。

昂首天外　挥斥八极

北京大学蔡元培当校长时,仿照西方大学的规章,教授要开三门课程。只担任一门课的,聘为专任讲师,外校教授在北大讲授一门课程的,聘为兼任讲师。当年鲁迅就是兼任讲师,我在北大时,清华大学的张申府、金岳霖先生都担任过北大的兼任讲师,林宰平、周叔迦先生也是兼任讲师。熊先生经蔡元培先生介绍到北大哲学系,是专任讲师,每月薪水一百二十元。那时蒋梦麟主持北大,熊先生的为人,不会与人俯仰,只是做自己的学问,他这个讲师的名义一直继续到"七七"事变,离开北京为止。他从不参加系里的开学、毕业、迎新送旧的活动。他这个讲师,在任何教授面前屹然而立。不论什么人来访问,他从不和人谈论天气,一谈起来,就是讲学问。除学生们前来请教的以外,在北平常和熊先生来往的,有汤用彤、林宰平、蒙文通、贺麟、张东荪诸先生。都是这些先生到熊先生家,熊先生从不回访。抗战时期在重庆,有不少国民党的达官显宦来访,居正是当年辛亥革命时的朋友,陈铭枢从欧阳竟无先生学过佛学,与熊先生也友好。熊先生住北碚时,陈铭枢请熊先生在一个背山面江风景优美的饭馆吃饭。熊先生朝江面看风景,陈铭枢面对熊先生,背对着江面。熊先生问陈,你为什么不看看风景,陈说,你就是很好的风景。熊先生哈哈大笑,声震堂宇。说:"我就是风景?"熊先生对他们也是讲他的"体用不二"的道理。不论什么人,只要常到熊先生处,听他讲学,不知不觉地就成了他的"学生"了。熊先生有一种气势,或者说有一种"境界"把来访的人慑服了。

我的老朋友韩裕文,曾对我说过,熊先生告诉他,做学问,不能甘居下游,要做学问就要立志,当第一流的学者,没有这个志向,就不要做学问。做学问,要像战场上拼杀一样,要义无反顾,富贵利禄不能动心,妻子儿女也不能兼顾。天才是个条件,但天才不能限制那些有志之士。他还告诫青年学者,要爱惜精力,他在勉仁中学写了一联赠一青年学者"凝神乃可晋学;固精所以养气"。他对韩裕文讲过像×××,人很聪明,可以成器,他就是爱嫖,这也成不了大器(据说此人现在台湾)。

全国解放后,董必武同志、郭沫若同志函电邀请他到北京来。熊先生路过武汉,当时林彪、李先念主持中南工作,设宴招待他,他还是讲他的唯心主义哲学。到北京后,对人讲,林彪心术不正,怕不得善终。老朋友们劝他不要随便乱说。到北京后,毛泽东同志给他送了几本书,还写了信。熊先生申明,他拥护共产党,爱新中国,一辈子学的是唯心论,无法改变自己的哲学主张。我们的党没勉强他,还出钱帮他出版了好几种唯心主义的著作。他的表里如一,爱国、热爱学术的精神,受到共产党的

257

尊重。

他住在上海,担任全国政协委员,到北京开会,他先说明,我保证"三到"(开幕、闭幕、照相),其余的大小会都不参加。会议期间他有机会去与多少年的老朋友叙叙旧,也很高兴。他与钟泰、张难先、吕秋逸过从。陈毅同志也前往拜访。鼓励他写他的书,帮他出版。解放后,熊先生的心情基本上是舒畅的。

以理想滋润生命　以生命护持理想

从熊先生和许多良师益友的身上,使我懂得了应当走的路和如何去走。教训深刻,而又使我铭记不忘的,使我首先想到的是熊先生。

熊先生这个人,以他的存在向人们展示了一种哲学的典型。一生坎坷,没有遗产留给儿孙,家庭关系处理得也不尽妥善。几十年来,没有见他穿过一件像样的考究的衣服。伙食注意营养,却不注意滋味,甚至可以说他吃了一辈子没有滋味的饭,人们认为值得流连的生活方式,对熊先生毫不沾边。熊先生博览群书,不讲究版本,手头藏书很少,可以说没有藏书。我认识的学者中,熊先生是唯一没有藏书的学者。别人也许觉得他贫困,他却显得充实而丰足。别人也许认为他不会安排生活,他却过得很幸福、坦然。他也像普通人一样,有时为了一点小事发脾气,过后,却深自谴责,好像雷阵雨过后,蓝天白云分外清新,他胸中不留纤毫芥蒂,真如古人所说的,如光风霁月。他具有只有他才具有的一种人格美。

我常想,是一种什么力量使他这样?这里面大有学问。我感到熊先生在生命深处埋藏着一个高远的理想,有了这个理想,使他百折不回,精进不已,勇往直前,义无反顾。在四川北碚时,熊先生说他在北平寓所有一副自写的对联:"道之将废也,文不在兹乎。"胡世华同学看了想要,熊先生送给了他。前不久遇见胡世华,问起这件事,他说确有此事,还补充说,熊先生取下这副对联,在上面写上"此联吾自悬于座,世华见而索之"。"文化大革命"劫火之后,不知此联是否尚在人间。这十个字,充分说明了熊先生的理想。他孜孜不倦,汲汲遑遑,从南到北,开门授徒,著书立说,无非是为了这个理想。熊先生讲学,不问对象(有学人,也有官僚政客、商人)是否值得讲,听讲者是否真正愿意听,他总是苦口婆心,锲而不舍地讲授,讲述的中心,无非要人们认识中华民族传统文化的价值。他中年以后,建造自己的哲学体系后,"舍佛归儒"。除了在他著作中写出来的,理论上发现的佛教哲学缺失外,还有一个埋藏在他内心深处的"第一因"——对中华民族传统文化的热爱。有了这种深挚的爱,虽长年病躯支离,却肩起振兴中华文化的责任。这种深挚而悲苦的责任感,是20世纪多灾多难的中国爱国的知识分子独有的。对中国传统文化了解得愈深刻,其深挚而悲苦的文化责任感也愈强烈。这就是熊先生理想的动力①。

熊先生抽象思维、辨析名相的功力为常人所不及,《因明大疏删注》即是明证。但熊先生的著作中反复申明的,倒不在于抽象思维的训练,而是教人端正学习的态度。他指出学问的精髓不在于言说文字,而在善于体认言说文字之外的中心恻怛的心怀(超乎小我的感情),他一再教人不要把学问当作知解看待,要学会体认心之本体。他在著作中反复叮咛:玄学不同于科学,中

---

① 有这种思想感情的,事实上不只熊先生一个人,而是一批这样的仁人志士,哲学家个人的具体遭际,以及对文化的认识、观点的差异,各人的表现也不尽相同。

国哲学不同于西方哲学。这里不存在抬高中国哲学，贬低西方哲学的意思。熊先生只是提供人们如何正确理解中国传统文化的一把钥匙。因为中国传统文化的核心部分，熊先生称为"玄学"（与西方玄学、形而上学意义不同），它既有思辨之学，又有道德价值观、美学观等更丰厚的内容，这些内容确实是近代西方意义的哲学所包容不进去的。

"道之将废也，文不在兹乎"，这说明进入 20 世纪，中西文化接触后，引起中国有识之士的广泛而深刻的反省。西方侵略国家挟其船坚炮利的余威，给中国的经济生活以破坏，连带引起社会生活、政治生活，以至家庭生活的变革。面临前所未有的大冲击、震荡，发展下去，必然引起知识分子深刻的世界观的动荡。春秋战国在中国历史上曾被认为是个大变革，它与"五四"以后的变革相比，简直微不足道。熊先生的哲学的核心问题，与其说它讲的哲学问题，不如说它讲的文化问题、传统文化的前途、出路问题。

熊先生"弃佛归儒"，正是由于儒家传统带有浓重的民族特色，而佛教（特别法相唯识之学）更多思辨特色。思辨精神与中华民族的生死存亡的关系不是那么直接。"为生民立命"，在西方近代哲学家看来，本不是哲学家的事，而中国知识分子则认为责无旁贷。熊先生与欧阳竟无先生的分歧在于：熊先生以佛为妄而舍佛归儒；欧阳竟无先生在抗战前后发表的关于《大学》《中庸》的论著，以及对孔孟的评价，也有"舍佛归儒"的倾向，只是欧阳先生认为儒家高明博大，佛亦不妄，佛儒交相融摄，更趋向于儒而已。

熊先生为了他的理想，生死以之。他很早就宣称他不能接受马列主义，不能相信唯物论。像他这样一位爱国的知识分子，这是可以理解的。

260

我和熊先生相处多年,相知甚深。我过去一直是儒家的信奉者。新旧中国相比较,逐渐对儒家的格、致、诚、正之学,修、齐、治、平之道,发生了怀疑。对马列主义的认识,逐渐明确。在1956年,我与熊先生写信说明,我已放弃儒学,相信马列主义学说是真理,"所信虽有不同,师生之谊长在","今后我将一如既往,愿为老师尽力"。熊先生回了一封信,说我"诚信不欺,有古人风"。以后,书信往来,就不再探讨学问了。熊先生历年给我的信很多,可惜毁于十年劫灰中!

学马列主义,也不能在言语文字上打转,也要身体力行,这方法和态度还是从熊先生的教诲中得来的。熊先生是我永不能忘的老师。

赘　语

海外不少学者和同行们,出于对熊先生的关怀,流传着不少传闻和推测。有人认为新中国对待旧社会的老专家实行压迫,他们失去了讲学的自由,受到不公正的待遇,解放后,一直受折磨,饮恨而终。我对此不得不做一些必要的说明。

先说解放前熊先生在北大所受的待遇。熊先生在旧北大一直当讲师。"七七"事变后,教授可以到西南联大报到,仍能教书,不致失业,而熊先生不是教授,迁到大后方,拒绝收容他,任他漂泊西南天地间达八年之久。全国解放后,董必武等政府领导人请他来北京。北京解放不久,教授的待遇按小米折价,刚从美国回来的华罗庚和熊先生的工资都按最高标准定为八百斤小米。

抗战胜利后至解放前,熊先生住在沙滩北大孑民堂后院的两间改造过的集体宿舍里,面积约二十平方米。解放后,国务院在交道口附近给他租了一处住房,北房五间,并为他购置了必要的家具。他和义女仲光来京后,即住在这里。两三个月以后,熊先生嫌这个院子嘈杂,又搬了一次家,搬到西城宝禅寺街,住在最后一进院子,是个独院。在这里未住多久,国务院又给熊先生在北海鸦儿胡同购买了一所小四合院,出门不远就是什刹海后海。住在这里不到一年,熊先生感到年老,不耐北方严寒,打算到上海依儿子世菩,这是他唯一的儿子,当时世菩在上海招商局任工程师。熊先生的客人学生来往的人多,世菩向招商局申请,扩大他的住房面积,以便安置年老的父亲。格于制度,没有办到。最后由国务院指示上海市委,在愚园路给他安排住房,这个地方比较安静、宽敞。熊先生的工资仍按月由北大汇寄,后来熊先生嫌每月汇寄麻烦,工资由上海市委统战部支付。

旧中国不曾限制唯心论,只限制唯物论,但熊先生的著作出版,遭到种种挫折,有的书是熊先生自己出钱印的。解放后,他的书由国家出钱,出版了七八种,公开发行。说到这里,也附带说一说陈寅恪先生。陈先生抗战期间,为英国庸医所误,双目失明,仅有光感。解放后,中山大学在他的楼前特别用白色涂刷了一条小径,以便于他借助白色反光饭后散步。陈先生用的药品,国内买不到的,由香港购进,二十四小时有护士三人轮流护理。还请他到北京担任历史所所长。陈先生的朋友学生多在北京,他也有意北来。由于敦请陈先生的那位学生说话不慎,惹得陈先生不高兴,他拒绝北来。

熊、陈这两位老先生备受政府礼遇,这些事实都说明共产党是尊重学有专长的专家学者的。到了"文化大革命",是非颠倒,国家遭难。外人只看到知识界、文化界人士在"文化大革命"中所遭受的折磨,误认为是共产党政府搞的。"四人帮"是共产党的敌人,共产党的开国元勋,上至主席、元帅、将军,包括周恩来总理在内,下至一般干部、一般群众,遭难而死的,何止成千上万?这些罪恶行径,应与共产党政府无关,这是不得不说明的。

有关蔡元培校长几则轶事*

1934 年我考进北京大学哲学系,蔡元培校长已离开北大多年,我只间接地感受到了他的影响。现在零星地追记几件事。

抗战时期,在昆明西南联大,听罗膺中(庸)教授讲起北大首次招收女生的事。罗庸先生与冯沅君教授都在北大中文系读书,是同学。当年封建思想浓厚,冯沅君报考北大时北大第一次遇到女生报考,教务部门不敢做主,建议蔡校长向教育部写个报告,请示一下,免得日后受批评。教务处的负责人并不是无知,因为女生报考只招男生的大学。不但北大无此先例,全国也无此先例。

蔡先生回答说,教育男女平等为时代潮流,北大招生章程报名条件中没有说女生不能报名。只要符合报考条件,即可报名。考试后,只要符合录取标准即可录取。这是北大职责范围内的事,用不着请示教育部。

从此,北大开始招收女生,也是中国大学接纳女生之始。今天人们司空见惯,认为平平常常,在七八十年前,这可是引起学

* 原载《北京大学学报》(哲学社会科学版)1998 年第 2 期。收入《竹影集》。

界轰动的新闻。听说冯沅君开始上课时，教室内外，观者甚众。

1919 年五四运动已载入史册，北京大学游行过天安门的照片已存入档案馆。大事早已有各种详细记载，这里不说。我在北大读书时，曾听得当年在校长办公室的工人老李说过一件小事。当年校长办公室在沙滩景山东街，时称马神庙（北京有几个马神庙，这是其中之一）北大二院内。现在是人民教育出版社的地址，是原乾隆皇帝的四公主府旧址。有荷花池，有松竹点缀。校长办公室院内有一丛竹子，当年北京天气比现在冷得多，竹子不易成活，皇家园林偶然见到，很珍贵。游行队伍出发前，蔡先生不同意，担心与军警冲突时，学生手无寸铁，要吃亏。学生执意要去，蔡先生也不再阻拦。游行白布横标大书"国立北京大学"。临时找不到合适的竹竿，挂蚊帐的竹竿比较短小，支撑不起。蔡先生说你们到校长办公室院里斫罢。这竹竿支撑的北大横幅大标语，也有蔡元培先生的一份心意。

游行队伍火烧赵家楼曹汝霖住宅，痛打章宗祥。北京军警赶到现场制止，捕去的学生中有杨晦、许德珩等。周炳琳穿一件纺绸长衫，当时大批同学已陆续散去，军警见他从容不迫，像是过路的，没抓他（据周炳琳回忆）。

蔡先生主持北大时，知道爱因斯坦休假将去日本讲学，打算在爱因斯坦日本讲学后，过北京，留他讲学一个月，但需筹措经费两千元银圆。北大没有这笔钱，蔡先生到处筹集（《蔡元培集》有筹办这件事的记载），后来未能实现。蔡先生也知道爱氏学问很专门，未必有多少人听懂，但为了开拓学生视野，接触最新科学前沿，体现了一个教育家的识度。如果当年爱因斯坦能来华讲学，在学术界罗素、杜威以外，又多一件国际学术交流的盛事。蔡先生主持北大，极力主张开拓学生视野，提倡美育活动，北大学生会下有"摄影学会"，我在北大读书时，这个学会还活动。

　　后来听贺麟先生说,他在柏林留学时,倾慕爱因斯坦的大名,想看看这位大学者的风采,花十马克买票去听讲演。演讲内容是相对论,贺听不懂,随便问了问邻座的听众,他们也是慕名而来,也说听不懂。尽管听不懂,还是感到满意,得到另外一种满足。爱因斯坦弟子甚多,前后护拥,很神气。

　　第二次世界大战期间,爱因斯坦遭纳粹之祸,背井离乡,受聘于美国普林斯顿大学。他不像在德国时那样矜持。早上在校园散步,遇到人老远就打招呼(大喊 How do you do),抢先握手。一位中国学者向另一位中国学者谈到爱因斯坦如何对他尊重,有得意之色。后来看到爱因斯坦遇到任何人都热情招呼,遇到附近农场送牛奶工人,赶着大车经过,爱氏也跑过去打招呼,才知道爱因斯坦在异国他乡有他的难处(听数学家闵嗣鹤、颜道岸口述)。

　　蔡元培先生主持北大,不拘一格延揽人才,只看学术,不重学历。梁漱溟只读过中学(他在顺天高等学堂读书,据我所知,当年梁的同学有张申府、汤用彤、李继侗、郑天挺等)。他写了一篇《究元决疑论》,蔡先生看过很欣赏,决定请他到北大教书。学生们也是看重他的学问,听者甚众,在第二院大教室讲,总是座无虚席。他与胡适、陈独秀等同时讲学,他们都受到同学们的欢迎。只要言之成理,持之有故,一律受到欢迎。梁漱溟先生离开北大,推荐熊十力先生自代。熊先生幼年当过兵,经过商,三十五岁以后才专事读书,论学历只当过中学教师。蔡先生把他请到北大。今天人们都知道熊十力是中国现代有卓见的少数几位哲学家之一。

　　蔡先生离开北大多年,他树立的重实学不重虚名的学风仍保持着。30 年代,北大中文系"目录学"缺人讲授。系主任马裕藻(幼渔)听说北京有一位湖南籍的老先生在一绅士人家教家馆,学问渊博,便约钱玄同先生两人共同访问这位老先生。交谈了一个下午,意犹未尽,相约第二天继续晤谈。两天后,北大中文系决定聘他到北大教书。这位老先生就是后来蜚声学林、著有《四库提要辨证》的学者余嘉锡先生。他在北大教授《目录学》,治学严谨,言必有据。一次南方某大学一位教授来访,虚心请教有关目录学问题,借阅他的目录学讲义。当时他认为还不完善,有待补充,未公开发表。不料这份讲义被那位教授改名换姓,抢先出版。余先生为此事很伤心,上课时,对班上的学生说:"你们都是见证人,是他抄我的讲义,不是我抄他的书啊!"现在余先生和那位抢出书的教授均已作古。当年班上听过余嘉锡先生讲课的学生王玉哲教授(现在南开大学历史系)还健在。本来与蔡先生轶事无关,只是有鉴于当前假冒伪劣、市侩习气甚炽,假烟假酒外,学术界假主编、假教授、假博导所在多有,故连类及之。

侯外庐先生与他的学派*

　　我对侯外庐先生的学术思想很敬佩,他是我学习马克思主义哲学最早的启蒙老师之一。他的学问比较广博,历史学、经济学均有很深的造诣,而且又是教育家。在这里我仅从中国哲学史研究上来谈一点感受。

　　我觉得马克思主义在学术界能够站得住,并不是靠宣传、靠喊口号,主要是靠用马克思主义作为一个工具或武器来解剖历史上学术上的问题,拿成果给人们看,你们看这个武器行不行?是不是真正解决问题?像郭沫若先生的《奴隶制时代》就是这样,像侯外庐先生的几本书也是这样。这是示范作用,它比空喊口号要有力量得多,这样才能站得住。侯外庐先生的影响之大,也是靠他实际工作的成果、科研的成果来显示历史唯物主义的优越性的。因为他长期的充实自己,学习努力,在学术界起带头作用,这就形成了侯外庐学派。我们哲学史界称侯派。这个学派的成立,不是自封的,也不是愿意成立就能够成立的。这与政

　　* 此篇系北京图书馆馆长任继愈同志 1988 年 11 月 29 日在纪念侯外庐同志学术讨论会上的讲话,标题是编者加的。

　　原载《纪念侯外庐文集》,陕西人民出版社,1991 年 3 月版。

治上拉帮结派是两回事。学派的成立要得到同行的公认,不是那么简单的事情,要拿出真东西来,叫内行人说行。侯外庐先生的著作在那里摆着,我们看他与同伴们合编的《中国思想通史》,这是解放以后系统地讲思想史的一部书。从头到尾,就只有这唯一的一部书,以前还没有过。这部书影响是很大的。侯外庐先生文风有一些特别,读起来要是不习惯的话,不那么顺畅,但看惯了以后会发现好多闪光的东西,很有价值的东西。人们看了很有收获。

从侯外庐先生集体编书中带出一批人才,当年(50年代)的"诸青",是一些青年小伙子,现在都成了骨干、顶梁柱,有的成了学科的带头人。编书有言传身教的作用。他们写东西反复地改,参加者从中受到教育。这不是空话的教育,而是通过实践来起指导作用。言传身教,从政治上、行动上、道德上要这样,做学问也要这样,才能有效地带出一批人来。这点侯外庐先生是成功的。

还有一点印象很深,侯先生说:"搞学问和干革命一样,要经常保持批判的精神。"一直到最后那部书《宋明理学史》,那时他已经卧病在床了,不能从头到尾参与修改。但这部书总的路数还是沿袭侯外庐先生的。比如这部书对宋明理学优点的地方大胆肯定,而且说得很具体,有细致的分析;对材料的运用比较重视,也有精细的考证。这一点体现了"文化大革命"后新时代的面貌。因为"文化大革命"把空论、怪论推到了极点,空话连篇。而这部书有根有据,更加强调了史料,把论据摆出来,体现了时代的特色。这是"文化大革命"以后的产物。但是,批判的精神一直是保持着的。比如说,对宋明理学,在肯定了它的优点和成就之后,又认为它在政治上是个"浊流"。这是侯外庐先生一贯的思想,说得很精彩、很正确。这个"浊流",一直到今天还妨害着我们"四化"建设的进步。

我没有准备,即席讲这些。谢谢大家。

（孙开泰根据录音整理）

马一浮先生[*]

马一浮先生是我素日尊敬的前辈学者,抗战期间曾有机会听过马先生的言论,读过他在四川复性书院时期刻印的全部书籍,有马先生的讲义、诗集、信札等,可惜印数有限,社会上流通的不多,现在有了马先生的集子问世,是海内外学术界共同关心的盛事。

马先生的遗文得到学术界的广泛重视,主要原因是他的著作体现了中华民族传统文化的优秀部分。马先生学术造诣深广,世人鲜能望其涯涘。他治学广大而又精深,能会通佛儒,兼容文史,是一位难得的通儒。

近代大学分科过细,为了教学方便,分科讲授,事实上各门学科之间并不能划分得一清二楚,是各自独立发展的。因为文化是一个有机的整体,生硬分割,必致戕害它的生机。马一浮先生的《六艺论》,是他对中国文化的整体观,也可以说是他的学术思想体系。马先生生前没有来得及充分发挥,阐述的责任留待后来学人。

中华文化近一百五十年来,发展的总方向是走向现代化。

---

[*]　据《念旧企新》。

无数仁人志士、专家学者都在为中华民族的生存和发展殚心竭力。有的从政治方面,有的从经济方面,有的从文化教育方面,大家共同的目的在于探索继往开来,促成中华民族的现代化。其推动的内在动力是爱国主义。回顾马一浮先生的一生活动,都是在爱国主义这个总原则下开展的。

中国传统文化有许多特点和优点,概括说来,约有以下几点:

第一,体系的兼容性。中国传统文化的三大支柱是儒、佛、道三家。这三家各自有两千余年的历史,越到后来,三家越倾向于融合,使人无法分辨哪是儒,哪是佛、道。这一点马先生的著作体现得最深刻。

第二,表现形式的多样性。一个文化通人,要能遨游于文学、史学、哲学,以及兵学、医学、艺术等诸多领域。黄宗羲是历史大家,又是哲学家、政治思想家;顾炎武是音韵、文字学家,又是政治思想家和地理学家;戴震长于考据学,又是哲学家;王夫之是哲学家,又是史论家。王安石说过,不通群经即不能通一经,深刻地指出博与约的辩证统一的关系。马先生的著作充分体现了这一特点。

第三,心系民间疾苦,关心天下兴亡的社会性。文化人虽身坐书斋,家居陋巷,他的心胸却不受生活小天地的限制。杜甫被奉为"诗圣",杜诗得到古今广大人民的传诵,就在于他的作品不限于个人的悲伤衰老,不被理解,而是关心天下人的疾苦。李商隐的诗,可算第一流的精品,深刻华美,古今独步,但他更多注意个人的不遇,眼界比较狭小,虽精美而欠闳大。马先生避寇川中,诗歌不乏忧世伤时之作,而气舒神凝,毫不萧索,关心世道人心胜于关心个人。

第四,摆脱目前个人得失的超脱性。超脱性是中国文化的又一特征,关心天下兴亡,知其不可为而为之,是儒家的传统;超脱、自由,涵养自性中的完美境界,则是佛道两家的传统。社会从来是不完善的,在不完善的社会环境中,能保持完善的人生境界,这是中国传统文化的又一特点。周敦颐的《爱莲说》所谓"出淤泥而不染",千百年受到文人的欣赏,就在于他体现了中国传统文化的中国学者既关心社会而又能超脱的境界。

第五,述而不作,以述为作,述中见作。中国学者治学,每一时代都有创见,其创见足以代表他们时代的特征,但所用的概念、名词,都是前人用过的,只是把旧概念赋予时代的新内容,古而不老,旧中有新。马先生文章、诗词、书法都从传统规矩中来,又不囿于传统规矩。马先生不着意为文,其文章自然典丽,层次分明,语臻妙善,禅趣天成。马先生书法超逸,游刃于古人规矩之内而迥出古人藩篱,神采内敛,秀劲深涵,方之古人,近似朱熹书法。世间书法家只因缺少学问根底,只靠临池功夫,则难臻一流。

近世学术传播,不出三条途径:一是讲学授徒,二是著作问世,三是学侣交游。马先生学问人品为世人所景慕,也是通过这三条渠道。其中讲学授徒是主要途径。讲学可以直接交流思想,当面问答,互相切磋,教学相长。青年人思想活跃,见解虽不成熟,但善于发现问题。我国最早的第一代教师孔子就是靠讲学授徒,形成学派,流传后世的。他也受到过青年学生的启发,"启予者商也",子夏从孔子互相讨论中也受到益处。儒教以外,佛教、道教的大师讲学也多以寺院、宫观为基地,由学派发展为宗派,不断扩大他们学派的影响。

马先生交游多属海内英彦,马先生的著作均已传世。马先生与近代几位国学大师比较,唯一欠缺的是他讲学授徒的时间太短,在他一生数十年学术活动中,讲学授徒时间仅仅四五年,而且在抗战时期,国民党营谋私利,物价飞涨,民不聊生,学生读书,经济来源艰难,书院后期,师生有人离去,这对马先生是一种损失。现在总结过去,令人遗憾地感到私淑景慕者多,及门亲炙者少,遂使宏大丰富的学术体系后继乏人。

抗战结束后,山河光复,时世太平,马先生重返杭州,先生已年届暮年,身边缺追随多年的直接传人。且不说孔子的及门传人,如二程门下有游(酢)、杨(时)、尹(焞)、谢(良佐),朱熹门下有黄(榦)、蔡(忱),王守仁门下有王畿、王艮、邹守益、徐爱诸弟子的护持。这是马先生的不幸,也是学术界的一大损失。

纵览古今,不难发现世界本来不是完美无缺地按照人们的愿望发展的。儒教谓之"命",佛教谓之"缘",时人谓之"机会"。说到底,个人命运不能不受时代、社会大环境的制约。只要中华民族共同建立的社会主义祖国日趋富强,国家的文化、学术也会繁荣起来,马先生孜孜以求、终生关怀的继承发扬中华民族传统优秀文化的夙愿将会实现,我们后继者会按着去做,把它做好。前景无限,事在人为。

1935 年,我在北京大学哲学系读书,选修了熊十力先生的课——"佛家名词简释",后来公开出版,定名为《佛家名相通释》。选课听讲,同时阅读熊先生著《新唯识论》。《新唯识论》开头第一页有马一浮先生的《序》。这是我第一次知道马一浮这位学者的名字,老同学告诉我,蔡元培主持北大时,多方延揽海内专家,马叙伦、黄侃、陈独秀、李大钊、胡适、梁漱溟、鲁迅,都在北大任课。蔡先生发出聘书,邀聘马先生来北大任教。马一浮先生回电报:"礼闻来学,不闻往教。"把聘书退回了。

汉儒传经,守家法,重师承,学生求学都要投奔老师门下,这是事实。古代国家设立太学,太学有祭酒、助教,为太学生解答问题,传授知识。太学设在京师(首都),太学生到太学求学也是

"来学"。当年北京大学的前身是京师大学堂,民国时期,北京大学等于国家的"太学"。大儒到太学讲学授徒,无违于古礼。当年程伊川曾在太学当过助教。马先生不肯到北大教书,因而学术界不大熟悉马浮(字一浮)这个人。

马一浮先生写过不少序跋,序跋涉及范围至广。专门为同辈学者的著作写的序文,以《新唯识论序》最有代表性。因为这篇序既讲到《新唯识论》这部专著的学术价值,又讲了作序者对哲学的看法。序文中说:"夫玄悟莫盛于知化,微言莫难于语变。穷变化之道者,其唯尽性之功乎? 圣证所齐,极于一性,尽己则尽物,己外无物也;知性则知天,性外无天地也……运乎无始,故不可息;周乎无方,故不可离。"序文用意在于介绍《新唯识论》的内容和学术价值,衡量熊十力先生的著作要有一个标准。马先生开头讲明哲学的范围、对象及研究哲学的目的和方法。开宗明义,揭出儒家以宋明理学为哲学正宗,学问目的在于发挥儒家理学宗旨。

《新唯识论》是从传统法相唯识宗分化出来的新学派,借用佛教唯识学派的框架,充实以儒家理学的新内容,不是跟着玄奘、窥基的脚步走,而是另辟蹊径,建立自己的新体系。马一浮称赞《新唯识论》的学术造诣远远超过中国佛教史上理论成就极高的几位高僧:道生、僧肇、玄奘和窥基["(道)生(僧)肇敛手而咨嗟,(玄)奘(窥)基矫舌不下"]。

1938 年冬,马一浮先生筹建复性书院,经重庆去乐山。我在重庆第一次与马先生见面。他举止雍容,白髯垂胸,语音洪亮,出口成文,用词典雅,给我留下深刻印象。马先生在重庆时,蒋介石约他见面,谈过一次话。我问马先生,见蒋时谈得如何? 马先生说,他劝蒋"虚以接人,诚以成务,以国家复兴为怀,以生民忧乐为念……"像这样文词典丽的骈偶句有一二十句,当时我也记不全。我又问马先生对蒋介石这个人的印象如何？在他身上看得出一些中兴气象？马先生沉思了一两分钟，说："此人英武过人，而器宇偏狭，乏博大气象。举止庄重，杂有矫揉，乃偏霸之才，偏安有余，中兴不足。方之古人，属刘裕、陈霸先一流人物。""偏霸之才"四个字连说了两遍，故印象颇深。在座的熊十力先生接着说，此人心术不正。马先生笑笑，没有和熊十力先生争辩。事后我问贺麟先生，马先生对蒋介石的评论，您以为如何？贺先生说，这是马先生的看法，他有他的依据。贺先生又说，马先生学者气太重，对蒋说的那些话，一则蒋听不懂（文言词句），二则听不进，讲"虚"，讲"诚"，怕是格格不入。

马先生对儒学的继承和发展有极精辟的见解。他说孔子的儿孙不在孔府，曲阜只有孔子的奉祀人，没有孔学的继承人。孔子的嫡传儿孙是程、朱、陆、王，他们都不姓孔。马先生用禅宗语言把学术继承的道理表达得深透确切。此等议论，不见于文章、著述，弥足珍贵，恐成绝响，附记在这里。

《马一浮集》序[*]

　　1992年香山古籍规划会议期间,萧欣桥同志说,马一浮先生的文集将要由浙江古籍出版社出版,希望我能为此书写一篇序。马一浮先生是我尊敬的前辈学者,抗战期间曾有机会听过马先生的言论,读过他在四川复性书院时期刻印的全部书籍,其中有马先生的讲义、诗集、信札。可惜印数有限,社会上流通的不多,现在有马先生集子问世,是海内外学术界共同关心的盛事。

　　马先生的遗文得到学术界的广泛重视,主要原因是他的著作体现了中华民族传统文化的优秀部分。马先生学术造诣深广,世人鲜能望其涯涘。他治学广大而又精深,能会通儒佛,兼容文史,是一位难得的通儒。

　　近代大学为了教学方便,分科讲授,普遍表现为分科过细,事实上各门学科之间并非各自独立,很难划分得一清二楚。因为文化是有机的整体,生硬分割必致断送它的生机。马一浮的"六艺论"是他对中国文化的整体观,也是他的学术思想体系。马先生生前没有来得及充分发挥,阐述的责任留待后来学人。

　　中华民族近一百五十年来,发展的总方向是走向现代化,无

＊　《马一浮集》,浙江古籍出版社,1996年12月版。

数仁人志士、专家学者都在为中华民族的生存和发展殚心竭力。有的从政治上,有的从经济上,有的从文化教育上,大家共同的目的在于探索如何继往开来,使中华民族的文化得以生存并发展。其推动的内在动力是爱国主义。回顾马一浮先生的一生活动,都是在爱国主义这个总原则下开展的。

中国传统文化有许多特点和优点,概括起来,约有以下几点:

第一,体系的兼容性。中国传统文化的三大支柱,即儒、佛、道三家。这三家各有两千年的历史,越到后来,三家的关系越倾向于融合,使人无法分别哪是儒,哪是佛、道。这一点在马先生的著作中体现最深刻。

第二,表现形式的多样性。一个文化人,不应是一曲之士,他能遨游于文学、史学、哲学,以至兵学、医学、艺术等诸多领域。黄宗羲,是史学大家,又是哲学家、政治思想家。戴东原长于考据学,又是哲学家。王夫之是哲学家,又是史论家。王安石说过,不通群经,则不能通一经。他深刻地指出了博与约的辩证统一的关系,是治学的经验之谈。马先生的著作中充分体现了这一特点。

第三,心系民间疾苦,关心天下兴亡的社会性。文化人虽身处书斋,家居陋巷,他的心胸却不受生活小天地的限制。杜甫被奉为"诗圣",杜诗为古今广大人民所传诵,就在于他的诗篇不限于个人的悲时叹老,为个人的遭遇发牢骚,而是关心天下人的疾苦。李商隐的诗深刻华美,但眼界比较狭小,虽多精品,毕竟欠阔大。马先生避寇川中,诗歌不乏忧世伤时之作,而毫无萧索气象,关心世道胜于关心个人。

第四,摆脱目前个人得失的超越性。超越性,是中国文化的又一特征。关心天下兴亡,知其不可为而为之,是儒家的好传统;超脱,自由,涵养自性中的完美境界,主要得自佛、道传统。社会从来是不完善的。在不完善的社会环境中,而能保持完善的人生境界,这也是中国传统文化的又一特点。周敦颐《爱莲说》的"出淤泥而不染",千百年来受到文人的欣赏,就在于它体现了中国传统文化的超脱境界。马先生著作也体现了这种超脱性。

第五,述而不作,以述为作,述中见作。中国学者治学,每一时代都有创见,都可代表他们时代的特征。但所用的概念、名词,都是前人用过的,却随时赋予各个不同时代的新内容,古而不老,旧中寓新。马先生文章、诗词、书法,都从传统规矩中来,又不囿于传统规矩。马先生不着意为文,其文章自然典丽,层次分明,语臻妙善,禅趣天成。马先生书法超逸,游刃于古人规矩之内而迥出于古人藩篱,神采内敛,秀劲深涵。世间法书家多缺乏学问根底,只有临池工夫,最多能达到第二流。方之古人,马先生书法可以远绍朱熹。

近代学术传播,不出三条途径:一是讲学授徒,二是著作问世,三是学侣交游。马先生的学术传播,也是通过这三条渠道。其中讲学授徒是主要途径,通过讲学,借直接交流思想的机会,有当面问答,互相切磋,教学得以相长。青年人思想活跃,见解虽不成熟,但善于发现问题。我国最早的第一代教师孔子就是靠教学授徒,形成学派,流传后世的。孔子也受到过青年学生的启发,"启予者商也"。孔子在与子夏相互讨论中也得到益处。儒教以外,佛教、道教的大师讲学也都以寺院、宫观为基地,自学派发展为宗派,不断扩大他们学派的影响。

马先生交游多属海内英彦,马先生的著作都为传世之作,与近代几位国学大师比较,唯一的遗憾是他讲学授徒的时间太短。而且在抗战时期,物价飞涨,民不聊生,学生读书,经济来源艰难,复性书院难以维持。现在总结过去,令人遗憾地感到,私淑景慕者多,亲炙心传者少,遂使宏大丰富的学术体系没有来得及亲手完成。

抗战结束后,山河光复,先生重返杭州,得览湖光山色之胜,可惜先生已届暮年,门下缺少如程门之有游(酢)、杨(时)、尹(焞)、谢(良佐),如王门之有浙中、江右诸大弟子的弘扬、护持。这是马先生的不幸,也是学术界的一大损失。

纵览古今,世界本来不是完美无缺的,并不按照人们的意愿发展。一切事业的成就,儒教谓之"命",佛教谓之"缘",时人不深究,谓之"机会"。说到底,个人命运不得不受时代、社会大环境的制约。只要社会主义祖国日趋富强,中华民族的文化学术也会繁荣起来,当年马先生孜孜以求、终生关怀的继承、发扬中华民族优秀传统文化的夙愿将会实现,我们后继者会接着去做,把它做好。

前景无限,事在人为。

1995 年元月,北京

《冯友兰学记》序 *

1995 年是一代学人冯友兰先生百岁冥寿,也是他逝世五周年的日子。他的"两史""六书"仍然受到学术界的关注,逝者与生者相隔并不遥远。这个集子,便是学者们对冯友兰学术思想研究的成果。

冯先生的著作长留在天壤间,足供后来者研寻。冯先生治学的心情,他自己很少谈到。治学研史,贵"知人论世",这里试从学术边沿谈一谈自己的印象。

中国走向现代化,上溯到鸦片战争,已有一百五十年。开始是被迫走现代化的路,实际上是被迫殖民地化。为了摆脱殖民化的厄运,爱国志士主动寻求现代化应当走的道路。现代化是近百多年来的时代思潮,也是中华民族的历史使命。积贫积弱的旧中国,历史包袱沉重,走向现代化,真是举步维艰。经过几代人持续百多年的奋斗,中国人民站起来了。广大爱国知识分子和亿万人民从心底感到欢欣鼓舞,产生强烈的自豪感、翻身感。

新中国建立四十多年,我国在文学、史学、应用科技及基础

---

* 据《念旧企新》。《冯友兰学记》,三联书店,1995 年 11 月版。

理论方面涌现了许多人才,唯独哲学理论界人才不多。原因是多方面的,直接妨害人才涌现的原因是理论界一度被假冒伪劣的理论家窃据了领导岗位,真正的理论人才难得施展。冯先生在北大哲学系任教多年,哲学系解放后,一度以极"左"著称,"文化大革命"的"第一张马列主义大字报"就出产在哲学系,哲学系成为遭受极"左"思潮危害的重灾区。

在极"左"思潮笼罩下,"革命派"要"打倒一切",粗暴地割断历史。冯先生凭他一生治学研史的经验,他看到这样下去,不但危害祖国的文化建设,还将祸及后世。一个有深厚根基的伟大民族,必有与此相应的文化根基。他对中国文化最热爱、最熟悉,他反对割断历史的立场也最坚定。他以卞和献璞的精神把学术献给国家,留给后人。

"天下兴亡,匹夫有责",是中国爱国知识分子的好传统。从事文化思想的知识分子,其职责是关心文化兴亡。出于高度的历史使命感,他在垂暮之年,用全力捍卫中国文化,继承既往,铸造未来。他振奋精神,战胜年老多病的折磨,克服连遭亲人伤逝的悲痛,承受疾风骤雨的冲刷,写他的哲学史。九十岁以后,目近失明,耳近失聪,耗尽最后心力来完成他的哲学史。如果没有一种特殊的使命感作为精神支柱,换上另外一个人,早已支撑不住了。

走进三松堂,但见庭院深深,浓阴匝地,显得十分肃穆宁静。事实上,书房是不闻金鼓声的战场。冯先生正像沙场老将,为抢救祖国文化而战斗,全力以赴,义无反顾。海外学人多欣赏《贞元六书》,而不大理解《中国哲学史新编》。冯先生的学术实践表明他更倾注于《中国哲学史新编》。《中国哲学史新编》不但凝聚着他的学术成果,也寄托着他对中国文化开拓的希望。晚年的冯先生更加坚信唯物主义,思想也更加成熟,他不观气象,不随风向,尊重历史,尊重事实,以学术实践对历史负责。他希望这部《中国哲学史新编》可能成为一部以中国哲学为中心而对中国文化也有所阐述的历史著作。冯先生曾说过,"真正的中国人已造成过去的伟大的中国,这些中国人将要造成一个新中国,在任何方面,比世界上任何一国都有过之而无不及"(《冯友兰学术论著自选集》自传,1987年版)。冯先生的爱国主义成为他治学、为人的最终推动力。他自撰楹联的上联是"阐旧邦以辅新命"。他爱的就是鸦片战争后,几代仁人志士为之奋斗而建成的新中国。

冯先生的成就,一半靠天赋,一半靠勤奋和毅力。1937年,北大、清华等三校迁到湖南,文学院借住衡山脚下的一所学院。冯先生讲授"朱子哲学",这门课程的讲稿出版时改称《新理学》。他随讲随写,每天按时写作,从不间断。和他同住一室的郑昕先生说:"冯先生写起书来,简直就像一部开动的机器。"

冯先生主持中国哲学史教研室工作十几年,同事们没有见他发过脾气,遇到不顺心的事,也没见他闹过情绪。他受到过不公平的批判,他从不垂头丧气,也未影响他的生活节奏。日常生活中体现着他的哲学境界。

冯先生的学术著作,文风简重,不事雕琢,条理清晰,逻辑严密,文章没有多余的字句。晚年目力不济,写文章全凭口授,由助手记录。冯先生在记录稿上略作改动,核对引文,即成定稿。古代也有些下笔成文、出口成章的作家,多属于短篇吟咏,或即席应酬之作。口授百十万言学术巨著的,很不多见。

除学术理论著作外,冯先生还有很出色的文学诗学修养,善抒情,为文似不经意,而洒脱自然,超越古人藩篱。他撰写的西南联大纪念碑文,遣词典丽,文采丰腴,情感激越,命意深沉。碑文初稿曾分送文史有关专家征求意见,西南联大饱学能文的教授很多,对这篇文章提不出什么修改意见,照原稿刻在碑上。

北大中国哲学史教研室教师经常开会,开会前后,冯先生常常谈论一些中外古今以至乡土掌故。娓娓而谈,启人心智,听者忘倦。

抗日战争时期,在昆明,汤用彤先生有一次和我谈到我国南北人才的差异,汤先生说:"南方人聪慧,北方人朴重,南方人才多于北方,北方人才不出则已,出一个就不平常,像冯芝生,南方少见。"

冯先生的文才、诗才,出自天赋,不能强学;冯先生的勤奋和毅力,应努力去学;冯先生的爱国主义精神,则必须学。

哲人长住,哲理常存。

日来月往,悠悠此心。

《冯友兰先生纪念论文集》序 *

一代学人冯友兰先生逝世了。他的"两史""六书"仍然受到学术界的关注,逝者与生者相隔并不遥远。

冯先生的著作长留在天壤间,足供后来者研寻。冯先生治学的心情,他自己很少谈到。治学研史,贵"知人论世",这里试从学术边沿谈一谈自己的印象。

中国走向现代化,上溯到鸦片战争,已有一百五十年。开始是被迫走现代化的路,也就是被迫殖民地化。为了摆脱殖民化的厄运,爱国志士主动寻求现代化应当走的道路。现代化是近百多年来的时代思潮,也是中华民族的历史使命。积贫积弱的旧中国,历史包袱沉重,走向现代化,真是举步维艰。经过几代人持续百多年的奋斗,中国人民站起来了。广大爱国知识分子和亿万人民从心底感到欢欣鼓舞,产生强烈的自豪感、翻身感。

建国四十多年,我国在文学、史学、应用科技及基础理论方面涌现了许多人才,唯独哲学理论界人才不多。原因是多方面的,直接妨害人才涌现的原因是理论界一度被假冒伪劣的理论

---

* 据《任继愈学术文化随笔》。《冯友兰先生纪念论文集》,北京大学出版社,1993 年 10 月版。

家窃据了领导岗位，真正的理论人才难得施展。冯先生在北大哲学系任教多年。哲学系解放后，一度以极"左"著称，"文化大革命"的"第一张马列主义大字报"就出产在哲学系，哲学系成为遭受极"左"思潮危害的重灾区。

在极左思潮笼罩下，革命派要"打倒一切"，粗暴地割断历史。冯先生凭他一生治学研史的经验，他看到这样下去，不但危害祖国的文化建设，还将祸及后世。一个有深厚根基的伟大民族，必有与此相应的文化根基。他对中国文化最热爱，最熟悉，他反对割断历史的立场也最坚定。他以卞和献璞的精神把学术献给国家，留给后人。

"天下兴亡，匹夫有责"，是中国爱国知识分子的好传统。从事文化思想的知识分子，其职责是关心文化兴亡。出于高度的历史使命感，他在垂暮之年，用全力捍卫中国文化，继承既往，铸造未来。他振奋精神，战胜年老多病的折磨，克服连遭亲人伤逝的悲痛，承受疾风骤雨的冲刷，写他的哲学史。九十岁以后，目近失明，耳近失聪，耗尽最后心力来完成他的哲学史。如果没有一种特殊的使命感作为精神支柱，换上另外一个人，早已支撑不住了。

走进三松堂，但见庭院深深，浓阴匝地，显得十分肃穆宁静。事实上，书房是不闻金鼓声的战场。冯先生正像沙场老将，为抢救祖国文化而战斗，全力以赴，义无反顾。

海外学人多欣赏《贞元六书》，而不大理解《中国哲学史新编》，冯先生的学术实践表明他更倾注于《哲学史新编》。《新编》不但凝聚着他的学术成果，也寄托着他对中国文化开拓的希望。晚年的冯先生更加坚信唯物主义，思想也更加成熟。他不观气象，不随风向，尊重历史，尊重事实，以学术实践对历史负责。他希望这部《新编》可能成为一部以中国哲学为中心而又对中国文化也有所阐述的历史著作。冯先生曾说过,"真正的中国人已造成过去的伟大的中国,这些中国人将要造成一个新中国,在任何方面,比世界上任何一国都有过之而无不及"(《冯友兰学术论著自选集》自传,1987 年版)。冯先生的爱国主义成为他治学、为人的最终推动力。他自撰楹联上联是"阐旧邦以辅新命"。他爱的就是鸦片战争后,几代仁人志士为之奋斗而建成的新中国。

冯先生的成就,一半靠天赋,一半靠勤奋和毅力。1937 年,北大、清华等三校迁到湖南,文学院借住衡山脚下的一所学院。冯先生讲授"朱子哲学",这门课程的讲稿出版时改称《新理学》。他随讲随写,每天按时写作,从不间断。和他同住一室的郑昕先生说,"冯先生写起书来,简直就像一部开动的机器"。

冯先生主持中国哲学史教研室十几年,同事们没有见他发过脾气,遇到不顺心的事,也没见他闹过情绪。他受到过不公平的批判,从不垂头丧气,也未影响他的生活节奏,日常生活中体现着他的哲学境界。

冯先生的学术著作,文风简重,不事雕琢,条理清晰,逻辑严密,文章没有多余的字句。晚年目力不济,写文章全凭口授,由助手记录。冯先生在记录稿上略作改动,核对引文,即成定稿。古代也有些下笔成文、出口成章的作家,多属于短篇吟咏,或即席应酬之作。口授百十万言的学术巨著的,很不多见。

除学术理论著作外,冯先生还有很出色的文学诗学修养,善抒情,为文似不经意,而洒脱自然,超越古人藩篱。他撰写的西南联大纪念碑文,遣词典丽,文采丰腴,情感激越,命意深沉。碑文初稿曾分送文史有关专家征求意见,西南联大饱学能文的教授很多,对这篇文章提不出什么修改意见,照原稿刻在碑上。

北大中国哲学史教研室教师经常开会,开会前后,冯先生常常谈论一些中外古今以至乡土掌故。娓娓而谈,启人心智,听者忘倦。

抗日战争时期,在昆明汤用彤先生有一次和我谈到我国南北人才的差异。汤先生说,"南方人聪慧,北方人朴重,南方人才多于北方,北方人才不出则已,出一个就不平常,像冯芝生,南方少见"。

冯先生的文才、诗才,出自天赋,不能强学;冯先生的勤奋和毅力,应努力去学;冯先生的爱国主义精神,则必须学。

哲人长住,哲理常存。

日来月往,悠悠此心。

1994 年 11 月

总结往史　留待后人[*]

——纪念冯友兰先生百年诞辰

一代学人冯友兰先生逝世已经五年了。他的"两史","六书"仍然受到学术界的关注,逝者与生者相隔并不遥远。

冯先生的著作长留在天壤间,足供后来者研寻。冯先生治学的心情,他自己很少谈到。治学研史,贵"知人论世",这里试从学术边沿谈一谈自己的印象。

中华民族,既古老又年轻,这一特色在世界上很突出。中华民族的文化与历史前进步伐相协调,既有传统的继承,又随时赋予新的创造。春秋、战国时代已有哲学家自觉地承接了各自的历史使命,在自己的岗位尽他认为应尽的历史责任。这一优良传统,从孔子开始,以弘扬文化为己任;后来,汉代有司马迁,唐代有韩愈,宋代有二程、张载、王安石、范仲淹、朱熹、陆九渊,明代有王守仁,清代有王夫之、顾炎武、黄宗羲、戴东原,两千多年,

---

[*]　原载《追忆冯友兰》,社会科学文献出版社,2002年1月版。

未曾中断。

鸦片战争后，中华民族遭受空前灾难，国家受欺侮，民众被残杀、遭凌辱。"九一八"到抗战期间，广大知识分子不但亲身受到饥寒困苦，也加入了难民的行列。敌机狂轰滥炸，1938 年夏，西南联大校园墙外留下的断壁残垣、尸体横陈的惨状，这些都是冯友兰先生所亲身经历的。冯友兰先生和西南联大一大批知识分子在十分艰苦的物质条件下，完成他们的学术著作，其动力就是爱国主义。冯友兰先生的《贞元六书》，写作动机是爱国热情。解放后，广大学者在困难条件下，甚至在不被理解的情况下，仍然从事自己的讲学、著述，其动力还是爱国主义。广大知识分子和几亿人民分享一个积贫积弱的大国独立后的尊严。新中国广大知识分子的心情，只有历尽灾难，饱受列强欺凌的中国人，才有刻骨铭心的"翻身感"，经过百年的奋斗，几代人的努力，中国人民终于站起来了。这种感受是后来新中国成长起来的青年们无法体会得到的，他们认为中国本来就是这样的。

建国四十多年，我国在文学、史学、应用科技及基础理论方面涌现了许多人才，唯独哲学理论界人才不多。原因是多方面的，直接妨害人才涌现的原因是理论界一度被假冒伪劣的理论家窃据了领导岗位，真正的理论人才难得施展。冯先生在北大哲学系任教多年，哲学系解放后，一度以极"左"著称，"文化大革命"的"第一张马列主义大字报"就出产在哲学系，哲学系成为遭受极"左"思潮危害的重灾区。

在极"左"思潮笼罩下，"革命派"要"打倒一切"，粗暴地割断历史。冯先生凭他一生治学研史的经验，他看到这样下去，不但危害祖国的文化建设，还将祸及后世。一个有深厚根基的伟大民族，必有与此相应的文化根基。他对中国文化最热爱，最熟悉，他反对割断历史的立场也最坚定。他以卞和献璞的精神把学术献给国家,留给后人。

"天下兴亡,匹夫有责",是中国爱国知识分子的好传统。从事文化思想的知识分子,其职责是关心文化兴亡。出于高度的历史使命感,他在垂暮之年,用全力捍卫中国文化,继承既往,铸造未来。他振奋精神,战胜年老多病的折磨,克服连遭亲人伤逝的悲痛,承受疾风骤雨的冲刷,写他的哲学史。90岁以后,目近失明,耳近失聪,耗尽最后心力来完成他的哲学史。如果没有一种特殊的使命感作为精神支柱,换上另外一个人,早已支撑不住了。

走进三松堂,但见庭院深深,浓阴匝地,显得十分肃穆宁静。事实上,书房是不闻金鼓声的战场。冯先生正像沙场老将,为抢救祖国文化而战斗,全力以赴,义无反顾。

海外学人多欣赏《贞元六书》,而不大理解《中国哲学史新编》。冯先生的学术实践表明他更倾注于《哲学史新编》。《哲学史新编》不但凝聚着他的学术成果,也寄托着他对中国文化开拓的希望。晚年的冯先生更加坚信唯物主义,思想也更加成熟,他不观气象,不随风向,尊重历史,尊重事实,以学术实践对历史负责。他希望这部《哲学史新编》可能成为一部以中国哲学为中心而又对中国文化也有所阐述的历史著作。冯先生曾说过,"真正的中国人已造成过去的伟大的中国,这些中国人将要造成一个新中国,在任何方面,比世界上任何一国都有过之而无不及"。(《冯友兰学术论著自选集》1987年版)冯先生的爱国主义成为他治学、为人的最终推动力。他自撰楹联上联是"阐旧邦以辅新命"。他爱的就是鸦片战争后,几代仁人志士为之奋斗而建成的新中国。

冯先生的成就,一半靠天赋,一半靠勤奋和毅力。1937年,北大、清华等三校迁到湖南,文学院借住衡山脚下的一所学院。

冯先生讲授"朱子哲学",这门课程的讲稿出版时改称《新理学》。他随讲随写,每天按时写作,从不间断。和他同住一室的郑昕先生说,"冯先生写起书来,简直就像一部开动的机器"。

冯先生主持中国哲学史教研室十几年,同事们没有见他发过脾气,遇到不顺心的事,也没见他闹过情绪。他受到过不公平的批判,他从不垂头丧气,也未影响他的生活节奏。日常生活中体现着他的哲学境界。

冯先生的学术著作,文风简重,不事雕琢,条理清晰,逻辑严密,文章没有多余的字句。晚年目力不济,写文章全凭口授,由助手记录。冯先生在记录稿上略作改动,核对引文,即成定稿。古代也有些下笔成文,出口成章的作家,多属于短篇吟咏,或即席应酬之作。口授百十万言的学术巨著的,很不多见。

人生不过百年,古代人生逢太平年月,百年如一日,变化不大。鸦片战争后,中华民族处在惊涛骇浪中,这一百多年,变化剧烈,前所未遇。几千年的旧秩序不复存在,新秩序刚刚建立,来不及就绪,又被更新的秩序取代。中国人要按照自己设计的蓝图构造未来(包括文化的、政治的、经济的)。冯友兰先生所经历的忧乐休戚,不啻为中国爱国知识分子的一面镜子。他的结论和观点,学术界见仁见智,尽可留待后人评说。冯先生热爱民族文化,忧国忧民的胸怀,坚定的民族气节,他的爱国主义精神将屹立在中原大地,永驻常新。

《陈寅恪先生史学述略稿》序[*]

中国既是多民族的，又是高度统一的大国。这是中国秦汉统一以后的国情。不承认这一点，就无法确切认识中国的历史。维护这个多民族的统一大国，既要有政治组织的保证，也要有文化思想的支持。回顾秦汉以来两千多年间，统一不能维持，多民族融合遭到破坏，国家就衰败，人民就受难。一部二十四史已经反复证明这个事实。

多民族和谐相处，国家政治稳定，社会秩序得到维护，两千多年来的指导原则是纲常名教。国家的法律无不以纲常名教为准绳。说到底就是用君臣大义治国，以孝悌治家。治国曰忠，治家曰孝。这两者不可偏废。司马氏"以孝治天下"，没有将"忠君"放在应有地位，巩固了家族地位，而国家全局不得安定。晋及南北朝，篡乱不断，有教养的门阀士族即使做到"笃孝义之行，严家讳之禁"，还是不能使社会长治久安，多民族的统一的大国，不得不陷于长期分裂。历史上无数圣贤哲人费尽心力，最后终于找到一条适合中国古代国情的道路，最终建成儒教体系。从个人的身心修养到治国平天下的大政方针，都纳入这个系统体

＊　王永兴著《陈寅恪先生史学述略稿》，北京大学出版社，1998 年版。

系中,每一个成员都得到他适合的位置,从而加强了社会的长期稳定性,历史证明儒教符合中国国情的需要。从汉朝统一、独尊儒术,到宋代儒教的形成,中间经历了千余年的探索、补充、完善,终于构建了具有中国特色的古代政治、哲学、宗教、学术一系列完整的体系。中国史学的发展也在于它能够适应中国多民族统一大国的需要。

陈寅恪先生十分推重宋代史学,学术界多着眼于他融会中西、对比详审方面,社会早有定评,兹不具论。他推重宋学,推重宋人史学的深层次的问题,似乎还有未发之覆在。

王永兴同志这部书稿,既讲到陈先生的史学方法,又讲到别人忽略了的忠义家风的影响,他提出的见解是深刻的。陈先生的史学值得后代学人追踪探索的很多,最主要的一点是应当看到陈氏史学是中国现代学人对古代传统史学的总结,从陈氏起,也宣告了中国传统史学的终结。

陈先生说:

> ……苏子瞻之史论,北宋之政论也;胡致堂之史论,南宋之政论也;王船山之史论,明末之政论也。

我们可以按陈先生的论点补充一句:"陈寅恪之史论,近代中国之政论也。"揆诸中国国情,中国的史论与政论本不可分。史观指导政论,政论又体现史观。司马光以来,此传统一贯相承,未曾终绝。

陈先生盛赞宋人史学,是他的深刻处,很多学者多从史学论史学,没有像陈先生感受这样深刻。陈先生的学术,发为诗歌,语多悲凉,形诸笔楮,常现抑郁;因为他对中国传统文化知之甚深,非同肤泛;目睹中国传统文化在"五四"以后的狂飙迅猛冲击下,方向不明,深感忧苦,他在悼念王国维先生的文章中已说得很明白。他对旧中国的政治已完全绝望,对旧中国的学术已感到它日渐沉沦。因而寄希望新中国,暮年首丘之感,情见乎词。

新中国在百年积贫积弱、灾难深重的旧中国废墟中重建,百废待兴。还未能把一切关系理顺,又由于某些措施失误,多种矛盾纠结交错,纷然杂陈。"文化大革命"时期,朱紫淆乱,妖狐现形,陈先生抑郁含恨终其身,可惜未能看到"四人帮"覆灭后的中国。今天觉醒了的广大群众和知识分子再也不能容许"文革"的重演。反理性主义的宗教狂热再也不能横行。千百万人正在告别贫困,向文明、富足的现代化中国前进。新中国的史学将在前贤的基础上继续前进。

治史者熟知,文化繁荣总在政治、经济就绪之后,而不能提前。汉初所用的刑律还是秦律,过了四分之三个世纪才把董仲舒的儒术定于一尊。宋兴百年,才有北宋五子,到了南宋才形成儒教的完整的体系。

至于新中国学术新体系的建成,既要继承过去的一切优良传统(当然包括宋人史学精华,也包括陈先生的传世之作),也要汲取当今全人类的文化成果(当然包括马克思主义的唯物史观),铸成全新的适合社会主义中国的新体系。文化建设不同于一般物质建设,这是一个漫长的过程,即使我们这一代看不到成果,但已经看到在建设文化大厦中,学术界有志之士正在搬砖运材,做构建大厦的准备。

我祝愿王永兴同志的这部书为建设社会主义新文化增添砖瓦。

回忆金岳霖先生*

"七七"事变后,北大、清华、南开三校合并,成立西南联合大学。我在北大毕业后,在西南联大哲学系①教书,有机会旁听金岳霖先生开设的"知识论"课。

金先生讲课,不带书本,不带讲稿,走进课堂只带一支粉笔。这支粉笔,并不使用,经常一堂课黑板上一个字也不写。他夏天穿西装,不系领带;冬天穿棉长袍(昆明冬季相当冷,刘文典、陈寅恪身体弱,都穿皮袍子)。金先生眼睛怕强光,不论冬夏都要戴一顶打网球的运动员戴的遮阳帽。冬天穿棉长袍,戴着遮阳帽,显得很特殊。金先生冬天戴遮阳帽与朱自清先生冬天身穿西装,外披一件昆明赶马的驮夫披的毡斗篷,成为西南联大教授中引人注目的景观。

金先生讲授"知识论"。这门课中国哲学界通常称为"认识论"。金先生说,这门课不应叫作"认识论",只能叫作"知识论",人们具有某一个东西一些知识,却不一定认识它。因为认识一个事物要受众多条件的干扰或制约,有主观的,也有客

---

* 据《任继愈学术文化随笔》。
① 当时称"哲学心理系"。

观的。

比如说,事物之间的比例(proportion)就是影响认识的一个因素。假使这个世界所有的东西一夜之间都按比例地缩小了一半(房子、门窗、桌椅、度量器具、人……),这个变化不能说不大,可是人们对这个已发生巨大变化的世界并不怀疑,认为与平常一样。

金先生又说,"我平时好大(却不喜功)",常摆几个大苹果(或西红柿)在桌上。刚摆出时,它们大小差不多,几天后,有的苹果缩小了,苹果$_A$、苹果$_B$、苹果$_C$……之间的差别逐渐明显。因为它们之间的比例拉大了。如果这些苹果同时同步缩小,我们会认为他们没有缩小。可见"比例"在认识中的作用不能不考虑。比例不过是众多关系中的一种。

再比如天气冷热,可用温度计测量其绝对数值。但人们对冷热的感受与温度计所表示的并不一致,有时甚至相反。甲说今天冷,乙说今天热,丙说不冷不热。人们判断天气冷热,只能按多数人的感受为准,好像大家有一个共同认可的冷热标准。如果对冷热感受者人数比例刚好一半对一半,究竟以哪一半为准?

认识的对象是死的东西,如桌椅、木、石,哲学家可以说它不过是众多感觉的复合体,不真实,好像言之成理。如果认识的对象不是呆板的死物,而是一个大活人。上述的分析和判断就遇到麻烦。讲课时,金先生指着坐在他对面听讲的同学陈龙章①,并代替陈龙章回答:"你不承认我的存在,我就坐在你面前,你把我怎么办?"一讲到"你把我怎么办"这句话时,金先生把头一摆,胸一挺,脖子一梗,做出不服气的样子。听课的同学都会心地

---

① 陈龙章是南开大学哲学系的同学,听说此人现在西北某省工作。

笑了。

金先生又说,人们嗅到某种花香的气味,有人觉得沁人心脾,有人为之头晕脑涨。花香的感受因人而异。香和不香的界限显得不那么清楚。形成气味的还是那个分子,结构,认识不尽相同。

金先生又说,人们用概念、判断等方法来表达事物的性质的特点,是人的知识,知识可以通过各种媒介、工具表达清楚,传达给另外的人。不论这种过程是复杂还是简单,总归可以讲清楚,我们叫它为知识论。但不能说我们对于面前这个"所与"(given)已经认识了。不同的观察者对同一事物的认识很不一致,且无法取得一致。金先生说,所谓 Thing,实际上是人们对 Thing 的加工,"Thingize"。Thingize 我这里译为"物物"①,它是人加给物的物性。

金先生为人平易近人,通情达理,但对哲学问题却严肃认真,一点也不迁就。金先生说,30 年代初,中国哲学会在南京开年会,金先生带着刚到清华大学教书的沈有鼎去参加。金先生深知这个学生一向自由散漫,性情古怪,生怕他在会上乱发言,有意安排他坐在自己的旁边,主要是让沈有鼎听听别人的发言。沈有鼎实在憋不住了,趁金先生不注意,猛然站了起来,金先生一把没拉住,沈滔滔不绝地讲了一通感想,大意说,未来的新哲学将是博大的三民主义唯心论大体系。金先生被这位性情乖张的逻辑学天才搞得啼笑皆非。事过多年,沈有鼎这次讲的什么,自己也忘了。

1950 年,金先生有一次主持艾思奇同志的报告会。艾思奇

---

① 东晋僧肇说:"夫言色者,当色即色,岂待色色而后为色哉。"(《不真空论》)这里的"色色"英译应为 Thingize。

说,我们讲辩证法,反对形式逻辑,因为形式逻辑是形而上学;我们要与形式逻辑作坚决斗争。讲演结束,金先生以会议主持者的身份总结这次报告。他说,听说艾思奇同志来做报告,我本想和艾思奇同志斗一斗,争一争。听了艾思奇同志的报告,整篇报告我完全赞同,他的话句句符合形式逻辑,我就用不着斗,也用不着争了。

忆金岳霖先生的一堂教学
和两则轶事*

一

七七事变后,北大、清华、南开三校合并,成立西南联合大学。我在北大毕业后,在西南联合大学哲学系教书,有机会旁听金先生开设的"知识论"课。

金先生讲课,不带书本,不带讲稿,走进课堂只带一支粉笔,这支粉笔并不使用,经常一堂课讲下来一个字也不写。他夏天穿西装,不系领带,冬天穿棉袍。昆明号称"四季如春",实际冬天相当冷,陈寅恪、刘文典两位先生都穿皮袍。金先生眼睛怕强光,不论冬夏,都戴一顶网球运动员戴的遮阳帽。冬天戴着遮阳帽,显得很特殊。金先生冬天戴遮阳帽与朱自清先生冬天穿西装外披一件昆明赶马的驮夫披的白色斗篷,成为西南联大教授中引人注目的景观。

金先生讲授知识论课程,有的学校称为"认识论"。金先生

---

* 据《念旧企新》。

说,这门课只能叫"知识论",不应叫"认识论"。人们对某种事物可以有一定的知识,却不一定认识它,因为认识一个事物要受众多条件的影响和制约,有主观方面的,也有客观方面的。

比如说,事物之间的比例(proportion)就是影响认识的一个因素。假使世界上所有的东西一夜之间都按比例缩小了一半(房子、门窗、桌、椅、人……),这个变化不能说不大,可是人们对已发生变化的这个世界并未察觉,认为和平常一样,认为没有变化。

金先生又说,"我平时好大,却不喜功",常摆几个大的苹果在桌上。刚摆出时,它们大小差不多,几天后,有的苹果缩小了,苹果$_A$、苹果$_B$、苹果$_C$……之间差别逐渐显出来,因为它们之间的比例拉大了。如果这些苹果同时同步缩小,我会认为它没有缩小。可见"比例"在人类认识中的作用不能不考虑。比例不过是众多关系中的一种。

再比如天气的冷热,可以用温度计测出其绝对值,但人们对冷热的感受与温度计显示的数值并不一致,有时甚至相反,甲说今天冷,乙说今天热,丙说不冷不热。人们叙述天气的冷热,只能按多数人的感受为准。好像大家有一个共同认同的冷热标准。如果对冷热感受者人数比例刚好一半对一半,究竟以哪一半为准?

金先生又说,人们嗅到某种花香的气味,有人觉得沁人心脾,有人为之头晕脑涨,感受因人而异。形成气味的还是那个化学分子结构,香和不香的感受因人而异,认识不尽相同。

金先生又说,对于桌、椅、木、石等死的东西,哲学家可以通过分析,论证其不真实,认为不过是众多感觉的复合体,好像言之成理。如果认识的对象不是呆板的死物(桌、椅、木、石等)而是一个大活人,哲学家做出上述的分析和判断就会遇到麻烦。

讲到这里,金先生指着坐在他对面听课的同学陈龙章①,并代替陈龙章回答:"你不承认我的存在,我就坐在你的面前,你把我怎么办?"讲到"你把我怎么办"这句话时,金先生把头一摆,胸一挺,脖子一梗,做出不服气的样子,听课的同学们会心地笑了。

金先生总结说,人们用概念、判断等方式表达事物性质的特点,构成人们的知识,知识可以通过各种媒介、工具表达清楚,传达给另外的人。不论这种过程是复杂还是简单,总归可以讲清楚,我们可以说对某事物有知识,关于这种过程的学问叫作"知识论"。但我们只能说有关于某事物的知识,却不能说有关于某事物的认识,因为这个"所与"(given)对不同观察者的认识很不一致,也无法取得一致。金先生说,所谓"thing",实际上是人们对它(thing)的加工,"thingize"是人加给物的②。

金先生晚年接受马克思主义哲学,并非偶然,有其哲学理论的结合点。

二

金先生为人通情达理,平易近人。对个人利害得失,从不放在心上;对学术问题却严肃认真,半点也不迁就。听金先生讲过,30年代初,中国哲学会在南京举行一次年会。有学术报告,也有讨论。金先生带着年轻的沈有鼎去开会。金先生深知沈有鼎这个学生自由散漫,性情古怪,生怕他在会上乱发言,有意安

---

① 陈龙章是南开大学哲学系的同学,听说毕业后在西北某省工作,想已退休。

② 东晋僧肇的《不真空论》说,"夫言色者,当色即色,岂待色色而后为色哉",僧肇讲的"色色",可英译为 thingize。

排他坐在自己旁边。沈有鼎有好几次想站起来发言,被金先生按他坐下,制止了。沈有鼎实在憋不住了,趁金先生不注意,猛然站起来,金先生一把没拉住,沈有鼎滔滔不绝地讲了一通,沈没有讲他熟悉的逻辑,而是讲未来的新哲学将是博大的三民主义唯心论大体系。金先生被这位性情乖僻的天才学生的突然袭击,弄得措手不及。事隔多年,抗日战争时期沈有鼎也在西南联大教书,别人问起这件事,沈有鼎早已忘记,金先生却总未忘记当时的尴尬局面。

50 年代初,北京解放不久,清华大学哲学系请艾思奇作报告。报告会由金先生主持,当时艾思奇同志说,我们讲辩证法,必须反对形式逻辑,形式逻辑是形而上学,我们要与形式逻辑作坚决斗争。

艾思奇讲的中心是讲学习辩证法的重要,形而上学必须反对。报告会结束后,金先生以主持会议者的身份总结这次报告,他说:"听说艾思奇同志坚决反对形式逻辑,要与形式逻辑作坚决斗争,听他讲演以前,我本想和艾思奇同志斗一斗,争一争。听艾思奇同志讲演以后,我完全赞同他的讲话,他讲的话句句符合形式逻辑,我就用不着斗,用不着争了,谢谢艾思奇同志。"

刘文典先生[*]

刘文典,字叔雅,安徽人。清华大学教授,早年加入同盟会,在日本东京与孙中山相识,又是章太炎的学生,他的治学路数与章太炎不同,没有走文学训诂的道路。我最先读他的书是《淮南鸿烈集解》和《庄子补正》。陈寅恪为此书作序,说不但可以补前人注解的缺失,还可以恢复《庄子》旧貌。我读过刘先生的书,觉得陈先生的称赞未免过头了。

抗日战争时期,大后方物价飞涨,民不聊生。工薪收入者日子过得十分拮据。闻一多靠治印(刻图章),联大教授在中学教书,借以贴补家用的,大有人在。刘先生的文名早为滇人熟知,在昆明期间,滇省富绅多以请他撰写碑铭、墓志为荣。润笔丰厚,远过教中学,对经济困难的刘先生不失为一种经济生活的重要补充。

我旁听过刘先生讲《庄子》《文选》。刘先生上课时,香烟一支接一支,手指熏成黄褐色,衔着香烟说话很难听得清楚。先生有一爱子约五六岁,上课时跟他同来同去。有时正讲到精彩处,小孩子跑到教室外面捉蝴蝶,刘先生一眼瞥见,不免喊一声"快

---

[*] 据《念旧企新》。

回来"。如果把刘先生的课一字不漏地记下来,凭空插入这三个字,就无法理解,因为出现得太突兀。

刘先生不修边幅,头发散乱,一件长衫总是皱皱巴巴。他为人直率、纯真,具有庄子的洒脱。有一次雨中,刘先生一个人打着伞慢慢走着,长衫后襟湿透,鞋子沾满泥水。同学黄钺指点说,刘先生像庄子"曳尾于涂中"。

昆明气候温和,号称"四季无寒暑,一雨变成秋"。虽说四季如春,冬季还是比较冷。一般健康人有一件毛衣或一件皮夹克,即可应付一年。刘文典、陈寅恪两位,冬天要穿皮长袍。陈先生和我们研究生同住一所小楼,冬天怕风,窗户缝隙用纸糊得严严的,不准透风。一天,刘先生访问陈,两人互争谁的身体更差,相持不下。刘先生说,我穿了两件皮袍子,可见我的身体更差,自得之色溢于眉宇间。陈寅恪不再争,服输了。

刘先生欣赏称赞南北朝时已提出的关于"诗"的定义,他在黑板上写了"诗缘情而绮靡",认为超过后人的任何定义。他还讲,文学作品贵在以正写反,以实衬虚,用华丽的辞藻写荒凉,以欢快的辞藻写悲哀。杜甫《秋兴》八首中就用了这种方法,十分成功。讲晚唐温李诗时,咏牡丹,不用那些常用的香艳纷华字样,把牡丹的神态写活了,非一等手笔办不到。

他还讲,中国古典文学经常利用汉字象形的特点,引发读者的想象,从而增强了读者的想像力。《海赋》中用"髣髴"二字(而不用"仿佛"),好像海怪蓬头乱发在水中出没,可以增加大海的神秘气势。

刘先生平时对学生、对同事,礼貌待人,彬彬有礼。他看到他不喜欢的人,也真当面给人家下不了台。抗日战争初期,中国空军力量小,日本军用飞机经常到昆明轰炸、骚扰。联大北墙外是大片荒山、坟地,听到警报声,师生到校外后山隐蔽。有一次,刘先生躲警报,在后山遇到他平时很不喜欢的一位先生,他当面指责他:"我躲飞机是为了保存中国文化,你怎么也来躲飞机?"那一位先生很有涵养,对刘先生也很尊重,没有和他争辩,换了一个地方,离得他远远的。魏晋时,阮籍用青白眼对待不同的客人,刘先生在这一点上有点近似。

刘文典先生经常讲文学造诣与人格修养不可分,为人与为文是一回事。他驳斥周作人的主张。周作人说,读者读作家的作品,并不必了解作者是什么人。比如吃包子,只要包子做得好吃,不管制作包子的厨师是否强奸过他嫂子。(周作人的这段话,我不详其出处,刘文典确是对同学这样讲的。)刘先生接着说,"文学作品是高级精神产品,不同于制作包子。一个强奸过他嫂子的人能做出'采菊东篱下,悠然见南山'的诗来吗?"

刘先生魏晋风度太多了,太任性了,联大结束迁回北京的那一年(1946),他应云南绅士的邀请,去滇西一个县里为人撰写墓志,对方盛情挽留,请他游山玩水以助文思,一住四个星期。学校对他不按规定上课,长期请假缺课,提出了批评。三校迁回北平时,他没有随同大家北返,留在云南,应聘为云南大学教授。云南大学能请到刘先生,喜出望外,求之不得。从此,我再未见到刘先生。

刘先生精考订,哲学、文学修养也很高。他曾赴云南西部滇缅战线慰劳前线将士。刘先生回来,在课堂上说起在宋希濂军部,即席赋诗祝捷。他吟诵其中的二首。他习惯于叼着香烟讲话,有些字句听不清,有句云:

春风绝塞吹芳草,
落日荒城照大旗。
海外忽传收澳北,
天兵已报过泸西。

　　刘先生讲,杜甫有"落日照大旗"句,这里古典今用,写出了军营气势。他得意地念了两遍,所以记住了。

钱穆先生*

钱穆先生,字宾四,江苏无锡人。我大学一年级时听他讲中国通史,这是文科、法科的共同必修课,听讲者甚众,在二院大礼堂上课,座无虚席,初听时,不大适应他的无锡口音,听了几次,习惯了,很感兴趣。

钱先生讲课生气活泼,感情充沛,声音洪亮,听者忘倦。

他善于利用地下考古材料,结合文献,开头讲上古殷商史,利用王国维甲骨文研究成果,内容显得十分充实而有说服力。

钱先生还开过"近三百年学术史"课,是历史系高年级选修课。清代学术界汉学、文字考据学占主流,钱先生讲清代思想,虽涉及汉学,并未纠缠于当时的考订、训诂。他讲顾炎武,很推重他的《天下郡国利病书》;讲颜习斋,肯定颜氏的重实行、反空谈精神,却又指出颜氏太重狭隘实践而轻视理论,也有弊病,与胡适一味推重颜习斋的观点不同。

钱先生在北大历史系教授中,他是唯一没有出国留学的教授,在当时崇洋的情况下,也遇到一些小的不愉快。有一年,系主任陈受颐休假,有人提议系主任是否由钱先生接替。胡适(当

---

* 据《念旧企新》。

时任文学院长)说:"钱先生刚来北大时是副教授,现在已是教授了。"没有往下说。这个建议就搁浅了。这是历史系高年级同学传闻之说,可能有据。

钱先生在西南联大时,讲课喜欢讲中西文化的异同,对中国文化情有独钟。当时,姚从吾先生对他说:"讲中西文化的异同,最好听听莱茵河畔教堂的钟声,这里有西方文化的精神。"钱先生没有听过莱茵河畔教堂的钟声,所以似乎没有资格奢谈东西文化比较。姚从吾的话是我亲耳听到的。

钱先生治学勤奋,搜集资料十分认真。30 年代没有影印设备,只能用手抄录。钱先生家里用了三个毛笔字写得好的书手,给他抄写。钱先生有天赋,但又勤奋好学,令人钦佩。

钱先生通史学年出题目也新颖。有一道题只有六个字,拟旨,"批红""判事""封驳",意在考查学生对唐的政治制度及其机制的掌握情况。考试下来,同学张锡纶(现已离休)对我说:"试题出得真棒。"

七七事变后,钱先生与同学们一齐到了湖南长沙,又转到南岳衡山脚下。前方抗战,同学们难以安下心来读书,都要到前方参加第一线工作。记得有一次欢送离校到前方的同学会上,有一位同学讲:"我渺渺茫茫地来到学校,我又渺渺茫茫地离开了学校。"钱穆先生针对这位要离开的同学的发言说:"我们这个时代非同寻常,每一位关心国家兴亡的人士,都要有清楚明确的目的,万万不可渺渺茫茫。前面有艰难的前程等待大家开拓……"

学校迁到云南,文法学院设在云南蒙自县,租用了一个快倒闭的法商洋行(哥鲁士洋行),又租了蒙自海关的一部分房子,安顿下来。钱穆先生继续整理他的"中国通史讲义",后来在商务印书馆出版,书名为《国史大纲》,扉页上写着"谨以此书献给前线百万将士",钱先生爱国主义精神跃然纸上。

钱先生在蒙自与哲学系的沈有鼎同住一室。沈有鼎为人古怪。抗战时期，国民党靠大量发行纸币维持行政及一切开支。每月发工资，都是新印的纸币。沈有鼎每月把工资码放整齐，放在一个旧皮箱内，上课、散步从不离手，每天晚上数一遍，以此自娱。有一天检点钞票，发现少了一摞，他怀疑钱先生拿了他的钱，就问钱先生。钱先生平时待人和气，彬彬有礼，对沈有鼎的无礼质问，不禁大怒，要打沈有鼎的耳光。这件趣事在蒙自流传颇广。贺麟先生向我转告这件事时，我觉得沈有鼎真是个怪人。

联大文学院迁回昆明，因一时没有教授宿舍，一部分教师住在昆明以南一百多里的宜良县，汤用彤先生、钱穆先生都租住宜良岩泉寺，下寺是和尚主持，上寺为道士主持。他们先住在下寺，和尚吃素，承包房客伙食，房客可以吃荤。有时，钱先生买一只鸡煨汤，办伙食的和尚不吃肉，却喜欢偷喝鸡汤。后来从下寺搬到上寺，跟道士搭伙。道士不吃素，好吸鸦片，有一定的文化素养，相处融洽，直到在昆明市找到住房，他们才离开宜良岩泉寺。

1946 年，西南联大结束，三校各自回到原来校址。我将回北大。从重庆经成都转西安，回家探望老父。汤先生嘱托，过成都时看望他的两位老朋友，一位是吴宓先生，一位是钱穆先生。吴先生在齐鲁大学，钱先生在华西大学。钱先生住的地方比吴先生的好得多。钱先生知道我未到过成都，告诉我可以游游青城山、灌口，峨眉山、乐山比较远，且不是一个方向，如急于回西安就来不及了。还指点我每处花多少时间，途中费用也大致说了说。

我虽然多年听钱先生的课，过去有过接触，也多属于问问学问，这次见面只谈了生活方面的琐事，娓娓而谈，亲切如家人，对钱先生的为人更增加了一层理解，如坐春风中。

张颐先生 *

　　1934 年,我考入北大哲学系,系主任是张颐(字真如)先生,四川人,早年同情革命,曾参加制造炸弹的计划,以响应四川反抗清朝的革命派。后来,武昌起义成功,四川地方当局响应革命,炸弹计划没有得到实行的机会。因他筹划革命有功,四川省派他到欧洲及美国留学。辛亥革命以后,四川连年军阀内战,地方官员经常变换,四川省教育厅长经常换人,当年派出的留学生没有经常考核,只是每年按时给他资助,不问他学什么,学得怎样,张先生得以在德国、美国、英国住了十多年。贺麟先生和我谈起张颐先生早年留学的经过,这样对我说的。

　　张颐先生在德国时,正值朱德将军也出国考察,他俩都是四川同乡,还有过交往。他在北大哲学系讲西方哲学史及黑格尔哲学。熊伟、胡世华都是张先生教过的学生。我没有赶得上他的课,一年级新生选课,选课单上要经系主任签字后,才可以取得注册登记资格。

　　张先生于 1935 年离开北大到四川大学,任鸿隽当四川大学校长时请他去的。日本投降后,北京大学从昆明迁回北平,张先

---

　　* 　据《念旧企新》。

生又被聘回北大。1948年,北平快解放时,他离开了北大,回到四川。贺麟先生一次对我说,北大教授们有一天游颐和园,大家玩得很高兴,张先生指着排云殿和长廊说:"这么好的园林,共产党为什么非要烧掉它不可?"言下不胜慨叹。可能张先生受到一些不正确的宣传,认为共产党专门破坏文物,不要文化。当时像张先生这样对共产党误解的知识分子可能不少。

张先生是我国第一代介绍黑格尔哲学的专家,对学生要求严格,提倡认真读原著的风气。他讲西方哲学史,用梯利的哲学史作教材,一句句讲。同学们要求不必照书上念,讲讲他的见解,张先生说:"我考虑过,你们现在的程度,这个方式对你们更有利,不要好高骛远。精读过一部教科书,再由此引申,可以触类旁通,自己读别的书就容易了。"

张先生是西方哲学史的专家,我们也看到过他撰写的博士论文,确实给人以朴实无华的治学印象,治西学,而有中国汉学家的学风。

贺麟先生、郑昕先生(一位是研究黑格尔哲学,一位是研究康德哲学)都是张颐先生当年主持北大哲学系时延揽来的青年专家。这两位学者当时名气不大,后来都各自有了新的发展,蔚然成为学派重镇。北大哲学系后来的师生们都佩服张先生有知人之明。

沈兼士、魏建功先生 *

北大中文系继承清代朴学传统,又加以西方近现代的整理方法,在当时国内语言、文字研究方面有领先地位。四川大学与南京中央大学国学根柢也厚,他们更多继承清代朴学,受西方方法影响较少,与北大中文系有区别。

沈兼士先生在北大讲授"文字学",用的教材是王筠的《文字蒙求》,主要参考书是朱骏声的《说文通训定声》。他讲课,海阔天空,漫无边际,他讲课的笔记不好记,头绪乱。听课前如充分自学,读了一些有关参考书,有一定的基础,再来听他讲课,收获较大。他们受传统方法影响多,西方近代科学方法吸收不够。沈先生学生魏建功先生教"音韵学",讲课比沈先生条理清楚。沈先生有一次考试在黑板上只写出"国立北京大学"六个字,由学生把学到的文字学知识对应这六个字的来历、意义、属性尽量写出来。少数用功的学生从甲骨文说起,通过说文到后来的演变,每一个字几乎都写成一篇短文。

沈先生讲课还讲到,研究古文字,看拓片,也要见实物才可靠。他曾举清末发现了甲骨文,在学术界引起轰动一事,说金石

---

* 据《念旧企新》。

学家潘祖荫也出重价搜求,当时琉璃厂书商利用烘烤烧饼背面拓成拓片,和真的甲骨拓片混在一起卖给他。他的藏品中,有真品,也有从烧饼背面拓下来的赝品。苏州潘家是书香门第,北大教授潘家洵先生是潘祖荫的嫡孙。

沈先生学期考试前,不知哪一位同学在黑板上写"能给60分足矣"。沈先生看后,笑了,说:"魏建功在我班上考100分,你们的要求太低了。"魏建功先生讲音韵学,讲古今音韵变化的基础知识。魏先生第一课,举《庄子》"北溟有鱼,其名为鲲"。"溟"字古注为海。冥、每、梅、霉、敏,声母与 m 有关,与海有关的如晦、悔,又与"海"有关。这种现象是音韵学研究的任务。有的古字是记音为主,如完全用字形去推敲,会走向死胡同,难免穿凿附会。形与音的联系考察,才能减少读古书的失误。

魏先生注意到方言调查有助于古今音韵的综合对比。

魏建功先生又是中国地方民歌的搜集、研究者。他长期与刘半农先生主持北大歌谣研究会,在国内首开风气,功不可没。

闻一多、顾随先生[*]

　　闻一多先生在北大任兼任讲师。当时规定，教授是专职的，要担任三门课。只讲一两门课的外校教师，不论是什么职称，一律为"兼任讲师"。当时在北大兼任讲师的如林宰平、周叔迦、张申府都是"兼任讲师"。本校由助教晋升一级，称"专任讲师"。

　　闻一多先生在北大中文系讲《诗经》，我偶然去听过几次课。闻先生口才好，又是诗人，有创作经验，诗人讲《诗经》，与训诂学家一字一句讲法不一样。他讲《葛覃》，下课了，闻先生收拾提包要离开，同学们拥到讲台边，问了许多问题，闻先生一一解答。当同学们问古人注释中两说均可通，哪一种说法更符合《葛覃》原义时，闻先生说，诗有诗的特点，不能谨守《毛诗》的说教，"后妃之本"。后一说，写出了葛覃在风中摇曳的姿态，似更可取。提问者满意而去。

　　1938 年春，长沙临时大学搬迁，组织部分北大、清华、南开三校师生，从湖南长沙步行到昆明。同学有三百余人，教师闻一多先生、李季侗先生也加入这个旅行团。李季侗先生是生物学家，闻先生沿途用铅笔写生多幅，还指导有兴趣的同学沿途采集民

---

　　[*]　据《念旧企新》。

间歌谣。后来由南开大学同学刘兆吉整理成册,书名《采风录》。这个集子,既是地方民俗记录,也带有抗战时期的时代特点。闻先生告诉同学们,不要小看民歌,《诗经》就是当年的民歌,收集、保存下来就是文学瑰宝。刘兆吉后来任重庆西南师大教授,还怀念闻一多先生当年的关怀和指导,深悔当年收集得少了,有遗漏。时代在变化,湘、黔、滇三省的乡村情况也在变。事隔多年,再补充已不可能了。

经过长途旅行,亲身经历了中国农村少数民族地区,通过采风,懂得"礼失而求诸野"的名言,闻先生后来关于上古民俗、礼制的考据文章,关于古代神话的研究,取得新的突破,与他的湘、黔、滇步行考察大有关系。

顾随先生在北大讲词曲。他说,诗词不同,词在于抒情,而诗可以叙事、抒情,还可以发议论。商务印书馆出版《词选》,附有英文,译为"Lyrical Poem",译得好,把词的特点说出来了。晏殊词"落花人独立,微雨燕双飞",是词的抒情语,用作诗句即软弱。顾先生也是一位戏曲家。他说,诗从古诗到律诗,格律越来越严,正因为严,才更见作者的本事。好比打网球,中间用网子隔开,场内划上界线,不出界又打得好,才有看头。什么限制都不要,打起来没有意思,也不会引起人们欣赏的兴趣。曲子格律比诗词更严,除平仄要求外,还要有四声的要求,还要用得自然,不能使读者读了觉得是硬凑数。京剧用词,许多不通,为了合辙押韵,硬凑成韵脚,如"马能行""地埃尘",文学意味太少。他举出《西厢记·酬柬》中有"休使俺红娘再来请",这一句末尾三个字要押"去平上"三声,"再来请"恰是去、平、上三声,可谓天造地设,王实甫天才不可及。顾随先生很喜欢京戏,对京剧名演员,称谭鑫培为"叫天",杨小楼为"小楼",说到他们的长处如数家珍,有时离开讲课内容十万八千里,重点在于称赞中国京剧音乐、舞蹈、歌唱的有机结合,是世界的瑰宝。

顾随先生欣赏旧诗词,但不提倡写旧诗词,认为旧诗词词汇与现代新事物相去太远,用来写现代生活很不协调,不伦不类,硬写上有时显得很可笑。他在美国纽约,夜间梦见回家,醒来,冒出两句:"梦醒人何处,开眼电灯明。"前一句还像旧诗,后一句纳入旧诗,很不自然,但确是实情,改成别的说法,失去当时的真情实感。现代人接触到地名有中国有外国的,洛阳、长安以外,还有巴黎、伦敦,这些入诗还可以,如遇到"斯德哥尔摩""布伊诺斯艾利斯"等,押韵都困难。旧诗词有它的寿命,不是永久不变的。

吴宓先生 *

　　早在读中学时,看过吴宓先生在《学衡》杂志上的文章,没有见过面。抗战开始,北大、清华、南开三校合并,成立西南联合大学。文学院由湖南衡山搬到云南省的蒙自县,在南湖边租用了一所倒闭的法国商行,单身教授和男生宿舍都在这所楼上。记得吴宓先生和叶公超同住一处,有时看见他在南湖边与叶公超教授散步。蒙自县城内有一家卖甜粥的小店,店主人是四川人,有一定的文化修养。吴先生曾为这家小店写过一副对联:"无名安市隐,有业利群生。"这副对联为这家小店增色不少。半年后,联大迁回昆明,几十年没有回过蒙自,却时常想起这家小店和吴先生的对联。

　　1939年起,北京大学文科研究所招收研究生,我的导师是汤用彤先生和贺麟先生。汤先生是吴宓先生多年好友,贺先生也和吴先生很熟。毕业后留在西南联大教书,我有机会与吴宓先生相识。从汤、贺两位先生处得知吴先生的为人,用一个字概括,就是一个"真"字。他对人、对事、治学,不矫饰、不敷衍,他的言与行天然一致。

---

　　* 据《念旧企新》。

　　吴先生处事不大会考虑个人得失,也可以说他不善于为个人的利益打小算盘。这种不善于为个人利益打小算盘的师长中,使我难忘的有两位,一位是金岳霖先生,另一位是吴宓先生。在昆明时,正值他五十岁生日,他在《五十生日诗》中有一句是"为人谋何巧,谋己一何拙"。他的信念是:学推孔柏先,教宗佛耶正。学术上推崇孔子和柏拉图,宗教观上他服膺佛教与基督教。他的哲学观和文化观与贺麟先生很接近。学术界多认为贺先生是研究黑格尔的专家,实际上贺先生对伦理学、价值论、中国的宋明理学都有精到的造诣。研究西方伦理学离不开基督教。吴宓先生信奉的西方人文主义也与基督教有不可分的关系。在昆明时,吴、贺两位与当时流亡到昆明的燕京神学院赵紫宸教授经常来往。有一段时间,赵紫宸教授家定期约集几位对人文科学有兴趣的学者举行茶会,大约每两周(也许是一个月)聚会一次。赵紫宸先生除专研基督神学外,也是一位诗人,写旧体诗、填词,也写新体诗,曾把他的诗集《玻璃声》分赠给大家。这样的聚会吴先生倡议取名"心社"(Mind Society),只有四五个人。这个谈心、论学的集体,大约举行过七八次,后来赵紫宸先生离开昆明,就解散了。在这个会上,贺先生讲过"知行合一的相互关系"(后来发展为《知行合一新论》,收入论文集);赵紫宸先生讲过基督教神学;吴宓先生讲过一次"红楼梦的文学造诣"。吴先生说,《红楼梦》内容且不说,只就章回小说的回目标题而论,其对仗之工,文字之美,任何章回小说都难比得上,还随手举出第三十五回"白玉钏亲尝莲叶羹,黄金莺巧结梅花络"为例。

　　也是在这一次聚会上,谈及柏拉图对话集中的《酒谈会》,由此又引申到西方流行弗洛伊德学说的影响。吴先生说,男女间的交往属于一种交叉关系,男人与男人、女人与女人的交往属于平行关系,确有不同。吴先生说,男人和男人的友谊、交往可以

319

长期保持,甚至持续几十年不变,不远也不近。女人和女人之间的交往、友谊也是这样,都能以平行线的形式,持续下去。如画个坐标图,可以用一纵向、一横向来表示。唯有男人与女人之间的交往与友谊,纵横两线相交会处,即构成家庭或相爱,有一个结合点;如两线交会而未构成家庭或发生爱情,没有产生结合点,这两条线引申下去,越离越远,再无相交的可能。吴先生举出这种现象,给人以深刻的印象。当时没有黑板,吴先生用手比画着说明两条纵横线条的平行发展和交会于一点的情况。何以有此种现象,可惜吴先生未曾深论。

吴先生长期过着单身生活,不与家人住一起,住单身教员宿舍。记得在昆明时,他有一段时间与叶公超教授同住在文林街一所宿舍。每天早晨叶公超到菜市买菜。叶虽为教授,在抗战时期,生活困难,买菜好斤斤计较,价钱讲妥,叶还要从摊贩菜堆里再抓一把放在自己菜篮里。叶公超毕竟是教书先生,手脚不灵便,十之八九被菜贩把菜夺回去。对这类事,吴先生很看不惯,警告叶说,你这种爱占小便宜的习惯不改,我不再陪你逛菜场了。后来吴先生搬到北门街另一所单身教员宿舍,直到他离开昆明。

与吴先生直接打交道的还有一位系主任 C 君,C 君英语讲得好,善于交际,人缘也好。他对西方传统文化和东方传统文化所知不多,中文修养也差。吴先生学贯中西,对这位缺少文化修养的系主任很看不上。C 君对吴先生想必也没有好印象,对他的照顾很不够。吴先生在北门街宿舍住在一间阁楼上,光线只能从书桌下的空隙中反射上来。室内光线非常昏暗。吴先生有意离开西南联大,到贵州湄潭浙江大学教书。有一天,贺麟先生和冯友兰先生商谈关于西方哲学名著翻译的事(他俩都是西方哲学名著编译会的常委,另一位常委是汤用彤先生)。谈话间隙,贺先生忽然问了一句:"吴雨僧现在去贵阳,不知走了没有?"冯友兰先生听了大吃一惊,作为文学院长,还不知道吴先生要离开联大。两人赶到长途汽车站,幸好汽车还未开出。冯、贺两位把吴先生劝了回来,留下不走,又回到他那间光线来自桌子下方的单身阁楼。这一次贵州未去成,但吴先生去意已决,后来还是没有等到西南联大结束,转到四川成都教书,西南联大结束前他就离开了昆明。

1946 年,西南联大解散,三校各回原处,大部分教员从重庆飞回北平,也有从海路或其他途径回去的。当时我的家在西安,我要由重庆经成都去西安,顺路看望钱穆先生和吴先生,在吴先生处住了一晚。吴先生住齐鲁大学的职工宿舍,房间简单、朴素。窗外下着细雨,在昏暗的灯光下(好像是煤油灯),我向吴先生讲了个人的读书及生活中的困惑,大部分时间听吴先生谈论中国儒家文化精神、为人之道,当然也讲到白璧德。第二天要上路,向吴先生告别,感谢他长辈关怀后学的深情。吴先生说,论年龄,我算长辈,我不喜欢人家把我当长辈看待,愿你把我当作朋友,以朋友的地位,无拘无束,推心置腹地交谈,这样很好。

清华大学迁回清华园旧址,吴先生与清华大学的关系非同寻常,清华是他的母校,只要他表示肯回去,清华大学求之不得。只是由于他和 C 君合不来,没有回到清华,他由成都转到了重庆,此后的经过,师友所共知,不再赘述。如果当年回到清华,情况可能另是一样。1948 年,清华面临解放,C 君仓皇逃走,吴先生和他的多年好友如陈寅恪、汤用彤、贺麟、冯友兰、金岳霖,都在各自的岗位上留下来,迎接了新中国。不论走了多么曲折的路,中国人民站起来了,几代爱国人士的梦想成为真实,"求仁而得仁",他们无所尤悔。

贺先生常和我说:"吴宓先生讲授英国浪漫主义诗人的诗,

他本人就是雪莱、拜伦,他这个人的生活就是一首浪漫长诗。"

吴先生生长在陕西,关中有高山大川,水深土厚,文化传统可以上溯到周秦。吴先生具有关河人物的凝重、刚健之质。古人常说关西出将,关东出相,吴先生生于关西,出身于军官家庭,他禀赋武将的性格,却走着诗人学者的道路。这种奇特结合,铸成吴先生特有的风格。

吴先生是重践履的浪漫主义诗人学者。浪漫主义使人趋向高洁,免于庸俗,但高标傲世,往往不见容于庸鄙。吴先生深受儒教熏陶,与西方传统的浪漫主义不尽相同,因而带有吴宓印记。

以浪漫主义为生活基调的诗人、学者,不论生于治世或乱世,概难免于遭际坎坷,见讥于流俗。浪漫主义气质过重的人,以之治身,多误身;以之治国,多误国。中外史乘,屡见不鲜。

吴先生从事教育事业,一生为国家培养了大批有用之才。人们多知道他是西方文学的教授,培养了外国语言、文学人才,而不知道他对国学也做过杰出贡献,闻名中外的清华大学国学研究所,吴先生就是创建人之一。陈寅恪先生当年一无外国博士头衔,二无成本著作问世,吴先生把他招来与王国维、梁启超几位大师同聘为导师,足见吴先生学识过于常人。冯友兰先生曾把《庄子》(内篇)译成英文,冯友兰先生深知吴精通庄学,出版前请吴先生润饰英文译稿。

处于"文化大革命"时期,吴先生偏偏被安排在最轻视知识的环境中。赶上视人才如草芥的年月,令人遗恨千古。

在当前改革开放的新形势下,要使国家富强,立于不败之地,首先要培养人才。人才是开发不尽的宝贵资源。天然资源如煤、矿山、石油固然是可贵的资源,但没有可用之才,即使自然资源丰富,也只能供强国来掠夺;人口众多,如果教育落后,国民

322

无知,民族素质不高,就只能沦为殖民地,只能被奴役,供强国驱使。只有发挥人才的优势才是真正的优势。人才是取之不尽,愈开发愈多的资源。开发人才资源离不开教育。而我国的教育仍需进一步给予应有的重视。

现在经济扶贫已引起人们的注意,而文化扶贫,似乎还未过于重视。全国还有两亿文盲,拖住了现代化的后腿。

吴先生一生的遭遇,从一个侧面反映着广大知识分子,特别是高等知识分子的遭遇。说它小,可以看作个人的沉浮、荣枯;说它大,吴先生的一生遭遇,可以关系到民族、国家的兴废存亡。这种劫难性的历史希望永被埋葬。吴先生墓木已拱,后来者长途漫漫,任重而道远。

回忆郑毅生先生几件事 *

一 我们尊敬的"山长"

"山长"从来是我国书院的负责人的称号。

1939 年,北京大学在昆明招收文科研究生。北大、清华、南开三校成立西南联合大学,成立的时候,三校各有自己的分开以后的打算。北大恢复研究所的招生,先后共招收两届,共不到 20 人。办学的条件十分艰苦。西南联大的校舍是土坯作墙,稻草作顶,有门窗而无玻璃。有时学生去迟了,或者学生人数多,教室内容纳不下,索性站在门外或窗外听,因为离讲台近,比在教室内坐在后排听得还清楚,只是没有扶手椅,记笔记不大方便,人们还是尽量争取坐在教室里去。文科研究所招收大学毕业生,入校后,基本不上课,外语在入学考试时必须通过。当时多用英文为第一外语,没有什么专业课,仍然保持北大过去那种极端自由松散的风气。作息时间也不作任何规定。由于山河破碎,国难当前,心情沉重,大家都有一种学术上的责任感,学风也

---

* 原载《南开史学》1983 年第 1 期。

沉潜笃实。同学们没有人混日子、不钻研的,也没有追求个人物质生活的。郑毅生先生负责我们研究所的全部教务和总务工作。师生们在云南大学附近青云街靛花巷三号租了一所楼房,共三层十八间。食堂、图书室都在一起。郑先生当时没有带研究生,而十几个研究生的生活、学习各方面的大小事,都由郑先生操心经管。郑先生是西南联大历史系教授,同时兼西南联大的总务长。总管后勤,既管财务计划,也管教务。工作比较忙,无论怎么忙,他一直坚持研究和教学。老师们当中,天天在十二点钟以后才熄灯的只有两位,一位是汤用彤先生,一位是郑毅生先生。老师们窗口的灯光,也激励着学生们的勤奋不息的干劲。

云南昆明和全国后方的城乡一样,物价飞涨,靠固定工资为生的人,生活越来越困难。有不少西南联大的师生在校外兼几门课,以资贴补。靛花巷住的几位老师,郑毅生先生和汤用彤、罗常培、陈寅恪、向达、姚从吾几位先生都以全力从事教学和研究,未在校外兼职。这种风气也给学生们树立了榜样,研究生们也都专心从事学习,心不旁骛。北大文科研究所不大像现代化的大学的研究院,有点像中国的书院,书院的总负责人称山长。罗常培先生戏称郑先生为山长,郑先生是当之无愧的山长。

二　数十年持身清廉

中国旧社会与总务打交道的人,多半受到一些不同程度的感染。郑先生在西南联大主持总务工作九年(抗战八年,日本投降后又过了一年才回到北平),郑先生一尘不染。他一年到头穿一件旧蓝布长衫,自己洗衣服,打扫房间,中年丧偶,未曾续弦。他不但自己以清俭自励,他也从未利用他的职权为自己的亲故友好谋私利。北京大学迁回北京后,他仍然以历史系主任兼任秘书长(即总务长),仍然保持他几十年一贯的情操。国民党面临彻底崩溃的前夜,发行金圆券,物价一天涨几次,郑先生清贫自守如故。他家住西城毛家湾,有不少人到他家谈工作问学业,有时正赶上他吃饭,全家啃窝头。解放后不久,全国举行"三反""五反",凡是管总务的都曾作为重点审查对象。北大总务部门也打了不少"老虎",后来发现"查无实据"的也有不少人。郑先生的朋友都相信他没有问题,却也很关心他,认为总免不了受些牵累。而群众对总揽北大财权多年的郑先生没有提过什么怀疑。这是他几十年清白自持、廉洁奉公博得的信任。

三 由人民的教师到马克思主义者

北平解放前夕,胡适先逃往南京,并不断在南京安排飞机,迎接北平的一些有影响的教授,希望他们乘飞机南逃。当时北京大学一度作为联络中心,胡适临行前还曾委托北京大学原负责安排南逃的教授们的飞机票。但是郑先生接受我中共的指示精神,坚守岗位,安心迎接解放,北大的绝大多数教授在党的影响下没有南逃。当时的一些高级知识分子,虽说不上对共产党有多少了解,但对国民党几十年来的日暮途穷,倒行逆施,毫无希望,是十分清楚的。有一次有事到办公室,正遇上有位清华大学教授和他通电话,问他走不走。郑先生用安详稳定的口气,慢条斯理地说:"不——走。"胡适在南京天天盼北平来的飞机,离开北平最后一架飞机,胡亲自去飞机场迎接。只接到北大一位历史系的教授毛子水。这个人与国民党特务头子戴笠是好朋友,他心虚,仓惶逃走了。

郑先生把北京大学的物资、档案,完整地移交到人民手中。旧北大从此结束,新北大从此开始。郑先生响应了党的号召,从他自己的岗位上尽到了他的责任。

郑先生继承了中国知识分子的优良传统,重实行,不尚空谈,洁身自好,有所不为,继承了中国乾嘉以来朴学实是求是的治学传统,使他有可能比较稳固地接受科学的历史唯物主义治学方法,终于成为一个优秀的马克思主义者。

全国解放后,郑先生努力学习马列主义、毛泽东思想,并力图运用历史唯物主义观点解释历史。半辈子从事旧史学的教授,改弦更张,不言而喻,要比年青人付出更大的辛劳,但是郑先生一步一步地、坚实地也是艰难地走过来了。不但学到了马列主义,而且运用得很好,做出了优异的成绩。他成了一些旧史学者转变为新史学者的光辉榜样。他留传下来的《清史探微》,既有清代朴学者的谨严,又有历史唯物主义的科学见解,有识者都相信这一部书是一本值得流传的学术论著。

郑天挺先生少年时期曾在北京顺天高等学堂读书。这是一所历史悠久、水平较高的中学(该校抗战前称为河北高中,现改为北京东城区教师进修学院,地址在地安门东大街),国内知名之士,据先生回忆,当年梁漱溟先生在丙班,张申府先生在丁班,汤用彤先生在戊班,郑先生与李继侗先生(生物学家)在庚班。这一些零碎史料是郑先生告诉我的,社会上知道的人不多,附记这里,以备参考。

西南联大时期的郑天挺先生*

　　郑天挺,字毅生,是明清史专家,他有治学的专长,又有办事的才干。西南联大八年间,他处理那些极琐碎、极不起眼的总务工作,从容不迫,办事公道,博得师生们的信任和称赞。他除了主管西南联大的总务工作外,还兼管北京大学文科研究所的总务工作,他也是文科研究所师生共同尊奉的"山长"(旧式书院的负责人)。

　　郑先生工作忙,但从未放弃教学工作,他讲授校勘学、明清史,经常在夜间看书、写作。当时靛花巷这所集体宿舍里,熄灯最迟的有两位,一是汤用彤先生,一是郑天挺先生。据我所知,当时大学里有几位学有专长的教授,管了事务,脱离了教学,以后就脱离了学术界。郑天挺先生早年得明清史专家孟森(心史)的真传,由于不断努力,继续攀登,他的国际声望甚至超过孟森先生,在南开大学创建了明清史的中心。

　　总务工作十分繁杂、琐碎,经常有些无原则的纠纷,三校联合,人员的成分也复杂,郑先生处之以镇定、公平,不动声色地把事情办了。1945年,日本投降,西南联大决定结束,三校各自搬

---

　　*　据《念旧企新》。

回原址。郑先生奉派发回北平筹备恢复北京大学。他临行前，委托我和韩裕文（已故）两人清理他房间的书籍、绘画、文件，该留的留下，该销毁的销毁。我们两人用了好几天的时间，清理他八年来的函件、文件时，才知道他默默无闻地做了大量工作：为学校延揽人才，给同事们平息争端，消除了一些派系之间处于萌芽状态的对立。西南联大的领导层，他们不会把学校领上邪路，特别像梅贻琦先生以办教育为终身事业的学者，光有上层团结，如果教务、总务等职能部门不协调，天天闹人事纠纷，学校也难办好，当时确有搞派系、闹不团结的一些人。如果那些想闹事的人告密、攻讦，闹到重庆教育部，国民党巴不得找个借口，"整顿"联大，派一批学阀党棍来插手，西南联大就要遭殃，民主堡垒也将受到伤害。郑天挺先生善于处理纠纷，协调同事之间的关系，对不利于三校团结的言行不支持、不扩散，使它消弭于无形。这些功劳，郑先生生前从来不曾对人表白过，若不是偶然的机会帮郑先生清理文件，我也无从知道，我尊重郑先生的意志，从未对外讲，但是郑先生的贡献，郑先生的胸怀，值得敬佩。郑先生已作古，若不说一说，也许这些看不见的功绩将永远湮没。

还有几件小事也想提一提。

郑天挺先生与罗常培先生同住在青云街靛花巷3号，北大文科研究所集体宿舍，和研究生住在一起，在一个食堂吃饭。他两人同年、同月、同日生，按生辰八字，有六个字相同，罗常培先生开玩笑说："我和郑先生的八字差了两个字，我降生的时辰不好，所以当不了总务长。"当时章廷谦先生每年都宣传郑、罗两人的生日，强迫他俩请客，庆"双寿"。当时大家很穷，日子不好过，花钱请客，出于被迫，每年两人请有关老朋友吃一顿，罗先生对章廷谦先生的起哄颇有烦言，我没有听到郑先生对此发过牢骚。

西南联大学年考试，都由助教事先准备考卷，印制考题，临场监考。有一次助教何鹏毓睡觉睡过了头,醒后,发现时间已过,挟起考卷和试题向教室跑去。何住在文林街宿舍,到新校舍至少要十五分钟,何鹏毓生得胖,走得急了些,加上心情紧张,刚跨进教室,就晕了过去。郑先生和班上的同学们把他扶起来,七手八脚抢救,喷凉水、按摩,十来分钟,何苏醒过来。郑先生这才发卷子,开始考试。事后郑先生没有埋怨过何鹏毓。那天我到学校,正碰见这件事的发生。

北大文科研究所第一届研究生周法高原为中央大学中文系毕业,在文科研究所跟罗常培先生研究古音韵学,成绩优异,他后来随"中央研究院"历史语言研究所去了台湾,前些年被选为院士。他读研究生期间,患小肠疝气,需动手术,要住院,请名医外科专家范秉哲给开刀。抗战时期,物价高昂,住院费用和手术费用都比较贵,旧社会没有公费医疗,医疗费用都由个人负担。住院前如不能先交足费用,则需有人担保。郑天挺先生是研究生的"山长",做了周法高的担保人。手术很顺利,范大夫医道也高明。周法高生怕住院时间长了,花费太多,他没有等到拆线,私自跑出了医院,自己忍着痛把缝合线拆掉了。病人失踪,医院到处找。这时周法高大约还欠医院一点钱,如果不算拆线的费用,再减去提前出院省下的住院费,欠款也有限。郑天挺知道了这件事,一面批评周法高不应该不守医院规矩,不辞而别,一面也向范秉哲大夫作了解释,了结了这场小小纠葛。范秉哲大夫晚年在北京安居,他一生治疗过上千病人,他也许不记得这个小插曲了。三年前看到周法高写的一篇回忆大陆读研究生的生活的文章,曾讲到他得过疝气,请一位大夫治好了,但未提他自己拆线和郑天挺先生担保的经过,补叙几句,留作海峡两岸学者佳话。

一代大师　因小见大 *

我在北大读书时，没有听过罗莘田先生讲课。抗战时期，我报考了北京大学文科研究所第一批研究生，那是1939年。北大研究生考试前先送交论文，论文通过后，才能报名。笔试后，还要参加口试，考试委员中有罗先生，这是第一次与罗先生见面。毕业时，答辩委员中也有罗先生，罗先生参与了我读研究生的全过程。我算是一个及门弟子只是未曾入室。

密切的师生关系

当时文科研究所的导师，有陈寅恪、向达、姚从吾、郑天挺、罗常培、罗膺、杨振声、汤用彤、贺麟。

师生们共同租用了一幢三层楼的宿舍，在昆明靛花巷3号。师生们同灶吃饭，分在两个餐厅，因为房间小，一间屋摆不开两张饭桌。

师生天天见面，朝夕相处。郑天挺担任文科研究所的副所

---

　　* 据《竹影集》。原载《语文建设》1999年第5期，题为《北大文科研究所师生生活杂忆——纪念罗莘田先生诞辰100周年》。

长(正所长是傅斯年先生,后来兼任"中央研究院"总干事,常驻重庆)。罗莘田先生戏称,我们过着古代书院生活,郑先生是书院的"山长"。当时同学周法高是罗先生的研究生,周戏编了一副对联:

郑所长,副所长,傅所长,正所长,正副所长;

甄宝玉,假宝玉,贾宝玉,真宝玉,真假宝玉。

对仗不大工稳,在同学中流传,后来传到罗先生耳中,把周法高叫来,要他把心思用在正道上,不要逞歪才。

课余的学术报告

西南联大的学术空气很浓,课外、晚间的学术讲演,百家争鸣。文科研究所罗先生组织的讲演,我记得的有:汤用彤先生讲"言意之辨";向达先生讲"唐代俗讲考";冯友兰先生讲"禅宗思想方法",贺麟先生讲"知行合一新论",化工系教授陈国符先生讲"道藏源流考"。这些讲演有的收入论文集,有的拓展成专著。陈寅恪先生每天九时入寝,不外出,从未参加过学术讲演。这些不同学科的讲演,罗先生都有兴趣。罗先生四十多岁,却不会世故,同大家在返回靛花巷的途中,有时也参加同学们的评论,有青年人的兴致。

生动活泼的课外生活

靛花巷导师中,好静的多。罗先生性格活泼开朗,组织"昆曲社",以中文系青年教师为主,经常参加的骨干有浦江清、沈有鼎,生物系的崔芝兰教授,还有云南大学中文系的青年教师,罗先生也是常客。在罗先生影响下,我也去听过几次昆曲清唱,居然坐满一间小教室。我还和罗先生共同看过联大中文系师生演的话剧《风雪夜归人》，男女两位主角都出自中文系。罗先生发动中文系专攻古音韵学的讲师用唐韵读唐诗，与近代读法很不一样，使人耳目一新，大开眼界。还和姚从吾先生、罗先生听过中央大学黎东方教授讲三国历史，回来的路上罗先生评论说，"这是另外的学派，可听而不可学"。

安贫乐学

写联大的历史，经常提到联大师生面临物价飞涨的局面，不得不在校外兼职，以贴补生活，这是实情。却也有一些教授靠那点固定的收入，不兼职，专心做学问。据我所知，文科研究所的导师，没有一个在校外兼职的。有时收到一笔稿费，罗先生总忘不了邀几位同学一同到附近北方人开的小馆子吃一顿北方饭，中文系以外，罗先生忘不了也邀我参加。

热心助人

学生毕业后，初次教书，心里不踏实，罗先生就告诉学生不要胆怯。说他自己刚毕业到外地（西安）教书，主要依靠钱玄同先生的讲义，再逐渐补充，教到第二遍时补充自己的材料，逐渐充实，教学内容有所提高，自己信心也增强了。学生们有什么困难，或者请他介绍工作，他总是热心帮助，从不推辞。有一次四川某大学请马学良去教授，许以副教授，马不去。罗先生知道了，对马学良大加称赞，说研究少数民族语言，不能离开了云南这块宝地，坚持下去，必有大的成就。罗先生对他的弟子中，到结婚年龄尚未成家的，他也关心，愿意做媒。他说，我将要刻一方图章,"百梅馆主",以纪念做媒的成绩。据我所知,经罗先生介绍的,虽未达到一百对,的确组成了好几对新的家庭。

仗义直言

罗先生性格开朗,看不惯的事,认为不合理的,他直言不讳地批评。抗战时期,由于物价上涨,工资不变,文教人员难以维持生活。当时教育部规定,除固定的工资另外增加"米贴",按人口多少,给以补助。这一办法,缓和了一部分工资低、家庭负担重的职工的困难。中文系一位教授填表时,子女数目栏目内填了七八个子女的名字,备注中说明,"前妻所生"。罗先生对这位教授很看不起,说,平日断绝与前妻子女来往,发米贴时,才想起前妻所生来。

罗先生的住室

抗战时期,西南联大师生都很艰苦,有一间宽大的住室,就很不错了。

罗先生住室正中墙上高处挂一镜框,照片上写着"恬厂四十自造像"。下边挂着两幅字,一幅是叶恭绰写的大字行书,豪放、有气势,而内容一般,抄自成语,事隔多年,没有印象。另一幅是沈尹默写的条幅,是沈氏自己的诗。沈的诗比他的字要好些,记得有:

> "年来容我且徐徐,小病深思亦启予。竖起脊梁绝倾欹,放开腹笥着空虚。""腊梅枝头雪未消,东风吹雪绽山桃,北人莫道春常晚,为此春情岂易遭。"

字画旁边有个面盆架,有时浸泡着衬衫、袜子。罗先生利用读书余暇,自己洗衣服。有时罗先生正洗衣服,学生来了,帮着拿到室外去晾晒,回来再继续谈学问。

读音要准确

有一次有人谈到唐代医学家孙思邈,罗先生说,现在很多人都念错了,念有孙思秒(miao),应当读孙思莫(mo)。还说起唱歌、唱戏,不能念倒(dao)了字,抗战时期流行广泛的《松花江上》,"我的家在东北松花江上……九一八,九一八",这两个"九一八"都念成"揪尾巴"了。他又说,有修养的演员,即使天赋好,念倒了字,也会使他的艺术减色。

《临川音系》

罗先生的《临川音系》《厦门音系》是他早年成名之作。我对罗先生涉及的领域未入门,不敢赞一词。但从罗先生对中国方言的研究,给我以启发,方言是地区性的语言,一个地区的山川水土、文物、风俗,自成体系,越是古代,地区的特点越明显。由此我想到,文化、文学也和方言一样,也不能没有地区性。中国地域辽阔,风俗及传统文化,东部、西部有很大差异。同为明末清初人,浙东的黄宗羲、湖南的王夫之的思想很不同。地区文化对他们的影响不能忽略。离开地区性,不能把黄、王二人的思想讲清楚。

不服输的性格

罗先生所治的语言学,沿袭清代朴学传统,把这一学科归到中文系。实际上，近代语言学这一学科更需外国语文的基础。西方语言基础不深不厚，就难以超过乾嘉诸大家，有所前进。中国语言学界的开拓者，人们公认三位大师（李方桂、赵元任、罗常培），李、赵二位都在青年时期在西方学习过，接受过西方近代科学训练。唯有罗先生，未出国门一步，也达到一流水平，成为现代语言学奠基人之一，他要比别人付出更多辛劳，这是不言而喻的。罗先生没有在美国当学生，却在美国作了教授，而且成了一位卓越的教授。罗先生的勤奋好学，给他的学生们树立了榜样，这种精神启发了不少学生。

在靛花巷文科研究所，有三位先生，汤用彤、郑天挺、罗常培这三位导师熄灯最迟，都在十二时以后，导师如此，学生也不敢懈怠，也算导师们言传以外的身教吧。

庆双寿

旧社会，夫妻二人同年生的，遇到过生日，两人合并举行一次庆寿家宴。亲朋好友也前来祝贺，热闹一天。罗先生与郑天挺先生恰好同年同月同日生，只是时辰不同。罗先生曾对人戏称，"我的八字和郑先生的差两个字，所以命中注定作不了总务长"（郑先生当时任西南联大历史系教授，兼作总务主任）。中文系章廷谦教授，字矛尘，五四时期老北大的学生，鲁迅文章中称为"一撮毛哥哥"的。此人善交际，爱起哄。每年快到罗先生生日时，他到处喧嚷："罗、郑两位过双寿，要请客，请大家别忘了参加。"罗、郑两位对这种起哄式的被迫请客很反感。有一次，罗先生在院子里发话说："明年过生日，谁都可以请，就是不请章矛尘。"章廷谦倒不在乎，不请他也会到场的。

建所轶闻

解放后,胡乔木到东厂胡同几次找罗先生,提到国家加强语言研究,要成立研究机构,希望罗先生主持工作,提出建所方案。最初未允,后来,罗先生对他的学生说,新中国要建语言所,这是件大事。当前,李方桂、赵元任都不在国内,我不能再推辞了。提出建所方案,对罗先生来说不难。他胸有成竹,很快拿出方案。当时不知是谁给罗先生出了一个主意,说,现在要学习苏联经验,苏联正流行马尔语言学派,应把学习马尔学派放在第一条。后来知道马尔学派主张语言有阶级性,是错的,在苏联已遭到批判,随即把第一条删去了。因为这一条是作为标签贴上的,第一条以下都是罗先生和同事们仔细推敲、论证后写定的,第一条拿掉,丝毫不影响原来章程的完整性。

郑昕先生 *

郑昕先生,字承壁,安徽庐江人,早年在天津读南开中学,听过熊十力先生的课。后来,他没有在国内上大学,一个人到欧洲德国读哲学。他在国外读书以兴趣为主,没有取得学位,有点像陈寅恪先生。

我上北大第一年,必修课有逻辑学。郑先生是我逻辑学的启蒙老师。

郑先生不善于讲课,讲课时,不是面向学生,经常侧面对着窗外讲。在黑板上写字时,背过身去。刚上课时,面对学生一堂课,侧影对着学生的时候多。后来听高年级同学说,郑先生有了改进,他们初次听郑先生讲课,郑先生总是面对黑板、背对学生。

郑先生讲康德哲学选修课,他不善于言说,我的关于康德哲学系统的知识是自己看书得到的。郑先生毕竟是研究康德的专家,当我们看书遇到疑难,向他提出问题时,他能精辟地讲解,把我们疑难的地方讲透。郑先生没有架子,很能理解同学们的思想。"九一八"日军占据东北三省以后,北平成了边城,同学们举行游行、罢课,郑先生对我们的爱国行动很同情。

---

* 据《念旧企新》。

学校迁到南岳,郑先生同冯友兰同住一室。冯先生天天写他的《新理学》,每天一定写若干字,从不拖欠。郑先生对我说,冯先生简直是一部写书的机器,真不可及。

与郑昕先生接触较多,是在抗战后期,郑昕先生搬到青云街靛花巷3号,原来的北大文科研究所的单身宿舍。国民党抗战越来越不积极,中日战场处在相持阶段,国民党上层腐败透顶,已失尽人心。郑先生对政局大发牢骚。他桌上有一部《花间集》,还有《庄子》。他在联大开的课还是"康德哲学",但他的兴趣好像不在这里,更关心时局。

我在教课之余,跟游国恩、罗膺两先生学写旧诗。这时朱自清先生也写旧诗。朱先生说,新诗有它旺盛的生命力,旧诗的长处是含蓄,又加上汉字一字多义,作者有感情要抒发,但又不愿讲得太显露无余,旧诗正好满足作者的这种心态。写诗动机,主要为作者,而不是为读者。朱自清先生这种见解,当时我也有同感。住在靛花巷的还有罗常培先生,是音韵学家,他借给我一本讲诗律的书。有时把写成的诗拿给郑先生看,共同评议一阵,随手扔去,过后也就忘了。

郑先生在解放后,积极提倡马克思主义哲学,与艾思奇同志负责筹建"中国新哲学会",担任副会长,团结了广大旧大学哲学界人士,推动哲学的发展功不可没。1952年全国高等院校进行了一次大的调整,金岳霖先生担任北大哲学系主任,后金调到哲学研究所任副所长(正所长是潘梓年同志),北大哲学系主任由郑昕先生继任。

郑先生嗜烟、嗜酒,后来因胃癌不幸早逝。

郑先生从事高度思辨之学,性格却是浪漫主义的,两种品格在郑先生身上形成奇妙的结合。

宋朝王安石是宰相,又是文学家、思想家,他对工农业生产以及女工缝纫也很留意,是典型的中国学者。郑先生完全是西方现代训练出来的专家,只钻研哲学,哲学以外的,一概不懂。有一次,他的夫人缝制衣服,请他用面粉打浆糊,郑先生很快做成送来,一点黏性也没有,原来郑先生把藕粉当成面粉了,遭到夫人的一阵埋怨。

郑先生年轻时常骑自行车,以后常年不骑。一天,他借一位同事的自行车出游,昆明市及郊区多丘陵,下坡时越走越快,郑先生忙中有错,忘了用闸,双手及手臂摔伤甚重,郑先生对人说此次出游很痛快。

还有一次,郑先生患斑疹伤寒,是昆明的流行病。我和韩裕文等四个人用帆布床把他从宿舍抬到北门街医院。我第一次体会抬担架的滋味,是一项很吃力的劳动。

日军投降后,北大迁回北京,郑先生生病,我们几个老学生去医院看望他。在正常情况下,对生病的师长也很关心,但是缺少抗战时期那艰苦与共、患难相扶持的亲切感。

郑先生患癌症,逝世于"文化大革命"前,他免遭了一场灾难。如不是患了这种不治之症,他会享有高寿的。他的身体比贺先生、汤先生都健壮。

沉重的悼念　永恒的遗憾[*]

　　回想与张岱年先生初识,是在 1935 年中国哲学会第四届年会上。当时他在清华大学任助教,我是北大哲学系的学生。旧中国的"中国哲学会"是一个民间组织的学术团体。凡属大学开设的学科,中外哲学史、学派、美学、伦理学、逻辑学诸学科的专业者,都可以加入学会为会员。记得当时北大参加的教师有汤用彤、贺麟、郑昕、胡适、林志钧等几位先生,清华大学参加年会的教授有金岳霖、冯友兰、邓以蛰,还有两位青年教师,一位是研究美学的李濂,另一位是张岱年。北大的同学对本校的教授们见惯了,不大注意他们会上的发言,对清华的教授们提的问题倒是很感兴趣。金岳霖先生讲"道、式、能",这是他后来《道论》和《知识论》两部专著的雏形。冯友兰讲"朱子的理与气",开头讲,朱子的气不同于流动的气体,它指的是天地构成的原始材料,英文叫作 stuff,可以译为"士大夫",可见"士大夫"还够个料,不是废物。

　　我特别感兴趣的是两位青年教师。李濂讲中国古代绘画的

---

　　* 原载《不息集——回忆张岱年先生》,北京大学出版社,2005 年 4 月版。

重要范畴,"气韵生动"。李濂操河南方言,他的老师邓以蛰怕听众听不懂,把主要名词帮他在黑板写出来。他们师生间的融洽,老师对学生的关怀,我们这些学生感到新鲜、敬佩。张岱年当时风华正茂,头发自然弯曲呈波浪状,最初疑心他烫发,后来知道他是天生的卷发。口才不流利,却清晰、扼要,没有废辞。他讲的题目我大致记得是"现在中国所需要的哲学"。短短几十分钟,难以阐发得详尽,大意是说中国需要在传统哲学的基础上,吸收西方近代的新哲学思想。他的论文已经孕育着他晚年的"综合创新论"的构架。这次哲学会上,北大清华以外的教授们有中国大学傅铜的"快乐主义新诠",彭基相的"孔德哲学述评"。傅的论文欠深入,失之浅;彭的论文无新意,失之平。

两年以后,"七七"事变,北平沦陷,我在西南联合大学,张先生身陷敌占区,音讯隔绝近十年。

日寇战败投降后,西南联大解散,各自回到原来的旧址。北大与清华又分在城内城外两地,接触多的时期还得算全国解放以后的两三年以及院系调整后,我们在同一个教研室工作许多年。

听金岳霖先生说,张先生平时不苟言笑,安步徐行。有一次哲学系教师散了会,回家的路上大家边走边说。张先生忽然脱离了大伙,一个人蹑手蹑脚快步向一棵大树下走去。原来他发现了一只刚脱壳的蝉,正向高处爬,张先生手到擒来,带回去给他五岁的儿子玩。张先生在讲学研究心性之学外,还有富于人情味的家庭生活。蹑手蹑脚给小儿子捉蝉的张岱年和阐明天理人欲之辩的张岱年结合起来认识,才是一个活生生的张岱年先生。

由于众所周知的原因,张岱年先生受到不公正的对待,在学术界沉埋了二十年。他身处逆境,仍然从许多方面实现他早年关心的三个方面:(1)哲学理论问题的探索;(2)中国哲学史研究;(3)文化问题的研究。

全国解放后,中国学术界在文学、史学、考古、艺术诸多方面成绩显著,唯有哲学理论界,成绩平平,可以载入史乘的不多。马克思主义本来不是纯学术,它与当时现实政治、阶级关系密切,以及国内国际的政治形势密不可分。张岱年先生上一世纪20年代,已接触学术思想的马克思主义,并参与当时的社会史论战。当年列宁在世时,曾称赞普列汉诺夫是优秀的马克思主义理论家,曾造就了一代马克思主义者。斯大林当政后,普列汉诺夫、布哈林都不算马克思主义者,够哲学家资格的,列宁以外只有斯大林。上一世纪20年代的马克思主义讲述方式与50年代后期的马克思主义很不相同。解放后和大家一同学习马克思主义,显然受苏联哲学教科书的影响。苏联的哲学教科书认为,只有国家的领导人才享有马克思主义的阐释权、发展权。新中国只有毛泽东称得起马克思主义哲学家,其余哲学工作者都是注释者。如果有人不自量力,妄图以个人名义发展马克思主义,即使持之有故、言之成理也难有施展的机会。

全国大学院系调整后,全国各大学的哲学教师集中到北大哲学系,当时,教授副教授共有二十八人之多,堪称世界最大的哲学系。主要是学习、改造思想,只开了两门课,一门是"中国近代思想史",由三位教师集中备课,由一个人出面讲授。一门是"中国哲学史",是哲学系的重点必修课,两年讲完;课程由四位教师分担,粥少僧多,张岱年先生只担任了宋元明清这一段,占"中国哲学史"这门课程的四分之一,没有能够充分发挥其所长。文化问题的研究,由于政治的条件不具备,也难有充分发挥的机会。

一个人的成功,既要主观努力,也要有适当发展的客观环境。有时环境起着决定性的作用。张岱年先生在哲学史教学方面，未能尽其所长，但他培养研究生、教育青年学者成绩卓越，比如他带出来的博士陈来就是其中的佼佼者。张岱年培养了许多研究生，在学术界有很好的声誉，北大新一代青年学者今天都成为学术界骨干，有的成为学科带头人。张岱年先生开的中国哲学史课虽然未能从头到尾讲到底，但他为研究生讲的"中国哲学史史料学"，充实而精湛，来听讲的除北大研究生外，社科院、北师大的学生也慕名而来，虚而往，实而归。哲学史史料本来属于张岱年当年自己治学的准备工作，哲学史史料学不是罗列书目，而是结合自己治学的过程，带着青年同学到后台参观，指点某处台词配合的某些道具的用处，使听讲的学生得益匪浅。人们只看到张岱年理论空灵高明，往往忘了张岱年用过扎实的工夫，为理论的空灵高明打下了坚实基础。

新时代有新时代的哲学体系。记得抗战时期，我国有好几位哲学家构建了他们的哲学体系。金岳霖的《道论》《知识论》，冯友兰的《新理学》，熊十力的语体文本《新唯识论》，都是抗日战争时期的精神产品。浙江杭州马一浮讲他的《六艺论》，以《六艺》为框架，发挥他的中国传统文化哲学，他在四川乐山复性书院的一系列的演讲录，是《六艺论》的一部分，由于条件不具备，未能完成。

张岱年的《综合创新论》既包括了他的哲学观又包括他的历史文化观，是他构建的新时代哲学体系，由于条件不具备，未能亲手完成。以他高明的才智，学殖的丰赡应该不成问题，可惜条件不具备，这一宏伟设计，未能实现！

一个比较完整的哲学体系，从酝酿到成型，总要经历长期反复思考的过程，如果经过不同学派的攻击辩论，其系统会更臻完善，立于不败之地。抗战期间，张岱年先生"抱刘越石之孤忠"，坚贞自守,与广大哲学界同仁长期隔绝。解放后,他的发言机会蹉跎了二十年,旺盛的精力、活跃的思想遭到禁锢,他个人受的损失无法弥补,使人深感沉痛;他的精神产品没有来得及奉献给学术界,更是无法弥补的损失。

所幸张岱年先生《全集》留下来,给后人以借鉴、启发的依据,这是无可奈何之中的慰藉。

与张岱年先生先后相过从近七十年,临文时,心情无比的沉重。汉代王充曾在《论衡·命义篇》说,"闻历阴之都一宿沉而为湖","数万之中必当有长命未当死之人",在极"左"思潮的趋势下,知识分子难以掌握自己的命运。"国命胜人命",王充当年深为感叹,我们不赞同王充的命定论,相信王夫之的"唯君子可以造命",我们有创造历史主宰命运的使命。看到张岱年先生的一生,使人感到人类创造历史的道路还很长,很长。愿与大家共勉。

《石峻文存》序[*]

回忆 1934 年考入北大哲学系的共有十六人,中间还有转系的,又经过抗日战争及其他变故,1938 年在哲学系毕业的只有三人。三人中有一人赴美国留学期间死于肺癌,几十年间哲学系毕业生始终从事哲学史研究的只有我和石峻两人。我和石峻是多年老友,互相称名道姓,有时我称他为石公。

当年北平共有五所大学,国立大学有哲学系的只有北大、清华、教会创办的辅仁大学和燕京大学,很少学术交流。清华大学的哲学系注重逻辑学和美学,北大则注重中、西哲学史及佛教哲学。石峻学长(以下均称石公)和我都受北大学风熏陶,也都偏重中、外哲学史和佛学。

大学二年级时,我们俩曾打算翻译一本英文讲康德的小册子,他译前半,我译后半。后来日本侵华形势越来越紧张,同学们都关心时局,无心译书,这件事就不再提起了。当年北大的校风比较重自学,必修的课程不多,学满一百三十二个学分即可毕业,自学时间很多,图书馆出入自由,看书随便,石公看了不少俄国作家的小说(多为英译本)。除了哲学外,我们还旁听了一年

* 《石峻文存》,华夏出版社,2006 年 10 月版。

的初等微积分。

真正朝夕相处，还是在大学三年级读完。抗战开始以后，北平沦陷，北京大学、清华大学及天津南开大学成立临时大学。师生可以到湖南长沙报到，我从山东到湖南长沙报到。由于长沙校舍不够，文学院、法学院的师生又从长沙迁到衡山脚下，租用圣经学院的校舍上课。半年后，又迁到昆明，学校改名为国立西南联合大学（这是后话）。

石公和我同住在一个宿舍，同室共六人。交往就多了，虽然只有半年，我们二人的交谈时间比在北平三年还要多，相互了解也更多了。我们都感到学哲学是个严肃的事业，要全力以赴，认真对待，不能潦草马虎，首先要把原著读懂，做学问没有捷径。石公已定下了他将从事佛教哲学和西方近代哲学。

我们有一次同游南岳，一同参加的还有几位外系的同学。参观佛教古迹"磨镜台"时，石峻讲了禅宗七祖怀让启发马祖道一的故事。大家听了石公的讲解，都敬佩他的博学多识。

全国解放前，他应武汉大学哲学系之聘，一度离开北京大学。直到1952年，全国院系调整，全国各大学的哲学系教师都集中到北大哲学系。这时，北大哲学系的教授、副教授共达28人之多，主要任务是集中在一起学习马克思主义哲学，我和石公又聚在一起了。

全系教师以学习为主，只开"中国近代思想史"一门课，每周二学时，由石峻、任继愈、朱伯崑三人备课，轮流写讲稿，石公一人主讲，讲稿由人民出版社出版，书名为《中国近代思想史讲授提纲》。这是解放后出版的由个人署名的第二部书，第一部由个人署名的著作是刘大年的《美帝侵华史》。

以这部书为契机，石峻同志后来成为中国近代哲学史学会的创始人，并被选为会长。

北大哲学系后来又开了一门"中国哲学史"课,是全系共同
必修,两学年讲完,因粥少僧多,一门课分为四段,由四位教授分
担。先秦段由冯友兰先生讲授,魏晋隋唐段由任继愈讲授,宋元
明清段由张岱年讲授,近代段由石公讲授。这种开课方式只实
行了一遍。1955 年,国内各校又恢复或创建了哲学系,石公分配
到中国人民大学,担负了中国哲学史挑大梁的工作,见面的机会
少了。

新中国建立了学位制度,开始培养自己的硕士、博士。中国
哲学史建立博士点,石公任博士生导师,为人民大学的学术建设
做出了贡献。

石公博览群书,有口才,教学方法独具心得。他告诉青年教
师,初次教书,要注意"少讲多说"。"少讲",是讲课内容不宜过
多,而讲述、分析时,要反复多讲几遍,语言也不怕重复,这样讲
课,同学记得牢,效果好。这些宝贵的经验,是他几十年来教书
的切身体验,值得重新提出来,供参考。

石公治学广博,眼界也高,对学术要求极严,他对学问谈论
得多,写成文字的少。这个文集对他的造诣和学识来说,不过百
分之一。他留下来的文章不算多,这对他个人、对学术界都是不
可挽回的损失。老朋友中像他这样性格的还有历史学家、古文
字学家张政烺教授。他也没有把自己的学问写成书留下来。

石公嗜书爱书。每次买回新书,必先亲手用牛皮纸包书皮,
其技术整齐方正,无人能及。我们老朋友去他的书房提出书名,
请他把包着书皮的书取出,他能信手取下,百试不爽。我们都说
他有"特异功能"。听说他临终前,已不能说话,手写了两个字留
给家人,这两个字是"保书"。

石公生活朴素,无任何嗜好,喜喝酒,但量不大;喜散步,每
天必散步一小时;喜旅游,全国名山大川,他没有去过的地方不

多。他履幽谷深涧不怕险阻,有似徐霞客;他率性恬淡,有似陶渊明;他目空千古,而口不臧否人物,有似阮籍;他善处师友,而不善于理家,又有似我的老师熊十力先生。

环顾当前我国学术界,学风浮躁,自己没有读过的书也敢乱发议论,甚至以讹传讹,抄袭剽窃,不以为耻,反以著作等身自诩,欺世盗名,泛滥成灾。对照石公为人治学,岂能无愧疚?临文执笔,不禁泫然,戚然,怆然,惘然。

石峻字柏宓,与我同年、同学、同事数十年。欣逢他的文集出版,谨为短序,以志怀念。

2006 年 8 月 1 日

刘禹昌《司空图〈诗品〉义证》序 *

刘禹昌教授的文集即将问世,承他不弃,嘱我为文集写序。禹昌是我的老学长,学术交往数十年,义不容辞。我为这部文集的出版而高兴,它将为我国文苑增添光彩。

中国古代,文学、史学、哲学等学科没有明确界限。像庄子、扬雄、韩愈是文学家,又是哲学家。司马迁、班固是史学家,又是文学家。韩非、王安石是政治家,又是文学家和哲学家。身为哲学家,却在文学领域享有崇高荣誉的,如孟子、荀子等。又如朱熹、王守仁是哲学家,抛开他们的哲学著作不计,只凭他们的诗文集也可以作为文学精品传世。古代作家从各自熟悉的角度观察社会、体验社会、剖析社会,他们的作品都是古代社会的一面镜子。

到了近代,学科分类渐趋细密,打破了古代学术浑然一体的局面。文化是有机的整体,为了研究方便,学术可以分科,而从事研究者的知识面却不宜过狭。固守一隅,不涉及邻近学科领域,就难以知人论世,触类旁通。禹昌从事古典文学教学和研究数十年,自少年到耄耋,无一日不读书,无一日不考虑学术问题,

---

* 刘禹昌《司空图〈诗品〉义证及其它》,武汉大学出版社,1993 年版。

日积月累,学问造诣博大而深厚。他是文学史方面的专家,对训诂、考据、哲学都有深厚修养,对西方美学、文艺心理学也有独到的造诣。他不是诗词名家,而所写的旧诗词也为内行人所钦重。他性格内向,豪气内敛,光而不耀,讷于言谈,不喜交游,非深交者难以测其涯际。

在相当广博的学问领域里,禹昌对魏晋、唐、宋名家如陶渊明、谢灵运、王维、王安石、苏轼、辛弃疾诸人的作品,研究尤深。他特别致力于文学理论的探讨,对古代文论的经典著作如刘勰《文心雕龙》、司空图《诗品》等都有深入的研究。中国古代文论与魏晋玄学神理互通,文约而义丰,范畴概念具有特定涵义。若不通晓当时社会思潮,则只能徘徊于宫墙之外,无从入门。研究这一时期的学问,难度较大,不少学者望而却步。禹昌以坚强毅力、丰厚学识,征服了这一难关,出入自如。读过他的文章的人,泛览者羡其博雅,深造者服其精到。作者的造诣,从文集所收的篇章中足以说明。

学者各有自己的写作习惯,有的迅捷,有的持重。禹昌属于持重类型。他动笔前必深思熟虑,写作时,遣词用字必反复推敲,不厌修改,不骛华美,务期精当。记得他早年曾用王安石《桂枝香》韵填词咏史,从立意到成篇,修改多遍,定稿与初稿对照,竟改得难以辨认。及至读到定稿,只感到清新流畅,光彩照人,犹如大匠运斤,不见斧凿痕迹,用拙朴工夫取得了善巧成果。禹昌的写作态度也体现了他的治学精神。

作为执教数十年的老教授,他深于思考,勤于动笔,而编入文集的作品十不及一。若以他写成的文字部分与他平素学问蕴积相比,可以说百不及一。熟悉禹昌的朋友莫不为此感到遗憾。禹昌对自己的文章要求甚严,没有新见解的,可写可不写的文章,不写;写成后,自己不满意的,或随手弃去,或置诸箧笥,不愿示人。

仅就文集所收的文章而论,出语平易而新意迭见,举重若轻,似无心为文而自然成文。内行人懂得这恰恰是作者学力功底深厚处。

贡献多,待遇低,生活苦,我国知识分子的情况世所共知。禹昌和广大爱国知识分子一样,甘愿以自己的知识奉献给祖国文化教育事业。人们企望有那么一天,文化教育受到重视,学术著作得到鼓励。禹昌的这部文集将唤起更多的研究者。

李鲸石《望园三言两语诗文集》序[*]

　　鲸石和我都在国立北平大学附属高中读过书,我们同年级但不同班。平大高中的校址在当时中南海西门外,校园沿府右街大墙向北延伸,从南到北,不下一千米,东西宽约百米,地形狭长,有点像拉丁美洲的阿根廷。我和鲸石互相认识,但没有多少来往。他给人们的印象是短发(当时称学生头),瘦长身材,走路时昂首向前,不爱参加集体活动。1934年,我们同时考入国立北京大学,我学哲学,他攻外语。一年级时,同住南河沿北大学生宿舍二层楼上,相隔两室,开始来往较多。1937年七七事变后,北大、清华和南开三大学合并,在湘成立临时大学,文学院设于南岳;半年后又迁滇,文、法两学院设于蒙自,校名改为国立西南联合大学。在蒙自,我们两人和其他几位同学住在一个房间内。我们都是应届毕业生,都是远离家乡的“流亡学生”,谈话的机会大大增多了。毕业后,他到云南几处教书,我在昆明西南联大工作。1942年他回母校任教后,又曾与我同住过靛花巷的北大教师宿舍。

---

　　* 据《念旧企新》。李鲸石“望两园书屋”《三言两语诗文集》,2002年版。

1946年，组成西南联大的三校因抗战胜利，各自迁回原址，北大回北平，我和钟芸途经贵阳，同去近郊名胜区花溪看望在国立贵州大学教法语的鲸石。当时潘家洵（1896—1986）师任贵大文学院院长兼外语系主任。鲸石陪我们游览了以清凉世界著称的花溪。那里的山光水色和老同学浓郁的友谊给我们留下了难忘的记忆。

不久鲸石也自贵阳回到北大，那时他的父兄侄辈家住在鼓楼北城根中绦胡同8号一个典型的四合院内。我和钟芸去那里看望他，相见甚欢，他留我们吃了顿地道的家常饭——炸酱面。

1947年初春，鲸石与张鸿才女士结婚，新房设在沙滩北大红楼四层。1952年，全国高等院校调整，鲸石到新成立的北京农业大学任教。我们见面的机会比以前少了些。1966年，"文化大革命"开始，全国遭难，文教科研机构更是重灾区，北农大下放在陕北甘泉县几十里外的一个山沟里，我随世界宗教研究所下放到河南息县，钟芸随北大中文系到了江西鄱阳湖边的鲤鱼洲。甘泉县是陕西省地方病——克山病最严重的地区，息县是河南最贫困落后的地区之一，鲤鱼洲是江西血吸虫病最严重的地区之一。人们当时深信只有到最贫困、最艰苦的环境里才能更好地改造知识分子的世界观。

北农大搬到甘泉，多数师生员工患了地方病，学校带去的良种畜禽也大批死亡，维持不下去，两年后奉命迁回到河北涿县原北农大分校，数年后才正式重返北京原址。回来时，原校舍早已被其他机关占用，教职工无处存身。鲸石一家六口先在城内用高价租到一间仅仅六平方米的东屋，当时他想有个能摊书的空间都办不到。两年后，他们全家居住的极度困难终于感动了西城区房管局的基层领导，在老舍先生生前曾长期居住并写作过的宫门口三条9号那所四合大院内分配到一间十八平方米的北屋。鲸石以燕子衔泥的精神,一点一滴,从各处购得些旧砖瓦、旧木料、旧门窗,自己陆续运回,请亲友帮忙,在屋檐前搭建了一间小厨房。住房虽然狭小,总算有了一块可以放二屉书桌,供读书写作的小天地,他感到十分快意。他的这种精神很令我钦佩。当时,我的住房也很狭窄,但因患视网膜剥离,一只眼失明,医生不允许做重体力劳动,他的经验可惜不能学。

"文化大革命"宣布知识无用,有些老教师被迫退休,鲸石在六十周岁时也办了退休手续。"四人帮"被打倒后,大专院校恢复考试招生制度,农业部需要编写适用于农业高等院校的英语教材。编写教材要有学识、有经验的教师主持。鲸石的学识才能重新被重视。1979年北农大请他复职,回到教学第一线,带领几位兄弟院校的同业教师从事编写大学生和研究生教科书的工作,他任主编。教材编妥,全部出齐,在1987年底,鲸石又办了退休手续。

我不懂农科,但我曾编过教材,深知其中艰辛。有幸读到鲸石主编的这套切合中国高等农业院校学生需要的教材,感到极大欣慰。

二十年来,鲸石在大量编书译书之暇,常常以拟联、吟诗、填词与译诗为乐。1988年迄今,他先后写作了体裁不同的多首诗歌和各种词牌的长短句,借以抒情言志。另外,他在1989年漫长的炎夏季节曾连续用去整整一百天光阴将自己创造的部分诗词译为英文,以便得到本国同行专家和外籍同事的指正。还值得一提的是在最近一两年内他以我国传统诗之形式由英、法、德、俄四种原文中选译出他所最喜爱的西方诗人(如沃兹沃斯、雨果、歌德、普希金等)的抒情杰作凡百首之多。

人所共知,纯文学作品,不同于其他任何性质的文章,译出译入,难度皆极大。韵文的翻译与散文的翻译相较,前者又大大难于后者,被公认为高精尖的艺术,翻译工作者多视之为畏途。鲸石知难而进是其不服老的表现,值得钦佩。他每有创作或译作,常寄赠同窗好友,虚心请教,以得切磋之益。其中包括李赋宁、李敬亭、王般、王金钟(金陵)、何恺青、林振述、纪坚博(乃超)、曹美英等,他们都是我和鲸石共同的良朋益友。老友中,我与王般学兄交往最多,他有深厚的文学修养,富诗才,书法清逸,对人生境界有深层次的理解,可惜多年病痛缠身,行动不便,限制了才能的发挥。

鲸石的经历与中国的命运同步。他的诗词抒发了朋友的离合、亲情的系念、治学的甘苦、与中外诗人的精神交往。他的诗记录着从旧中国走向新中国一般知识分子的感受。他顺应社会潮流但有所不为;与世无争,却不放弃自己应有的权利;在力所能及的范围内关心他人,帮助他人;在坎坷环境下喜自排遣;安时而处顺,哀乐不足以萦其怀。

鲸石和我有六十年的友谊。我们都是一介书生,没有经天纬地的壮志。我们都是祖国教育战线上的老兵,坚守自己的岗位。这些共同点,维系着我们多年的友谊。

中国有成千上万像鲸石这样的知识分子,他们为国家培养了一代又一代的建设人才。从鲸石身上可以看到中国广大知识分子的影子,影子不高大,却不模糊;语不惊人,却很真实,有北方人的古朴风貌。

生活苦,待遇低,奉献多,中国知识分子堪称世界之最。鲸石作为中国的一名普通知识分子,足以自慰,也值得自豪。鲸石要我为他的诗集写一篇序,勉强应命,借以表达对鲸石八十周年寿辰的祝贺。

《焦树安文集》序[*]

焦树安毕业于北京大学哲学系,由国家分配到北京图书馆工作,至今近四十年。他曾任参考研究部主任、研究员。他一贯敬业、勤奋、求实、严谨,是位优秀的研究员和部主任。

焦树安在哲学、史学、中西文化研究领域中,有较深造诣。利用参考研究部的工作之余,凭借深厚的学术修养,撰写哲学著述,写过不少篇具有新见的文章。他写文章是经过认真思考,可写可不写的文章,他不写;他写文章看准、想透才下笔,读起来不肤泛,有深度,使人耳目一新。

焦树安同志除了担任图书馆的工作外,还担任过《中国哲学史》编委会的工作,还协助我主编《中国文化史知识小丛书》(一百种)和《中华大典·哲学典》,任常务副主编。他这部文集并不限于有关图书馆的文章,多数是他业余写作的。

焦树安对中国哲学、西方哲学都有较深造诣。写中国哲学方面文章,有西方哲学基础作支撑;写西方哲学又见到他中国哲学的功底。他的文章文风朴素、平实、自然、顺畅,有理有据,逻辑推理判断力强,能将现代意识与传统文化底蕴结合起来研究。

---

* 《焦树安文集》,书目文献出版社,2002年版。

焦树安在中西方哲学学会担任重要职务,曾兼《中国哲学史》杂志副主编,参与中外文化交流,学术研讨会上发言,他的独到见解,颇受好评。

焦树安与我合作,我们共同组织编写一套《中国历史文化知识丛书》,找一百多位专家学者写作,主要为广大青少年撰写通俗读物。他广泛联络作者,审阅书稿,及时提出中肯意见,使我们这套包括百种专题的丛书得以如期问世,1991 年第 1 版发行受到社会广泛欢迎,并越过海峡,刊出繁体字增订版本,相继有许多著作译成外文,在海外发行。

焦树安于 1997 年退休之后,旋即赴国外讲学,他退而不休,我邀他回国参与国家项目《中华大典·哲学典》大型工具书编撰工作,他帮助我筹划哲学典的启动工程,这套三千万字的大型类书正在顺利启动,显示了他的领导组织才干。

焦树安为人正直,遇到不合理、不公平的事,敢于仗义执言,对个人却是淡泊名利。他的为人与为学深得同仁与学生们的钦重。

焦树安是 20 世纪 50 年代新中国培养的哲学学人,具有扎实深厚的文化底蕴与系统的哲学思维训练,负担图书馆管理工作游刃有余。

有人误认为哲学道理太玄虚、太抽象,在实际工作中用不上,而从焦树安多项工作中,看出他善于把握关键,以简驭繁的能力,懂哲学可以把工作做得更好。

悼张跃 *

中国哲学史的研究，从已发表的成果看，我国学术界对先秦这一段研究得比较深入，参加者和著作也比较多。其次是对宋元明清这一段研究得也较多。两千年间，唯有对魏晋隋唐这段的研究者，人数较少，著作也较少。

中国哲学的发展从未中断过。魏晋隋唐刚好处在秦汉和宋明中间。中间这一段如果不深不透，下一段研究的开展也受到局限。目前我国学术界关于宋元明清这一段之所以没有重大突破，显然与魏晋隋唐这一段研究投入的人力不足有关。

中国哲学史每个段落都有它的难点，魏晋隋唐这一段是出现了佛教和道教。在两汉时期，儒家本来处在正统地位，到了这时呈现了三教并立，这是前所未有的新形势。这一时期的思想体系、论证方法、中心课题，与两汉传统哲学大不相同。如果沿着习惯的旧道路，单从儒家一条思想线索进行考察，显得很不够。好像沿着一条大河航行的船，忽然遇到了三条并行的河道。

---

* 据《世界宗教研究》1992 年第 3 期，收入《念旧企新》。原为张跃《唐代后期新儒学新趋向》(台湾文津出版社，1992 年版)序。该书此后又由上海人民出版社出版，名《唐代后期儒学》。

如果沿着其中的一条行驶过去,必然漏过了另外的两条;如果每一条河流都要考察一遍,势必改变原来航线,还要重新划定主航道的位置。这个比喻正好说明我们从事中国哲学史研究在魏晋隋唐阶段所难以避免的困惑。

张跃同志在学习期间,主要精力用在隋唐及以后这一发展段落。他思路清晰,见解锐利,对三教关系和相互作用有过较深的理解,下过较多的工夫。作为他的导师,我对他在学术上的顺利成长感到欣喜。他取得硕士学位后,拟报考博士研究生继续深造,我向他建议,最好跟冯友兰先生读博士学位,换一换学习环境,接触不同的学术流派,借以开阔视野,对自己的成长有利。他采纳了我的意见,考取了冯友兰先生的研究生。

张跃读博士研究生的时期,冯先生撰写的《中国哲学史新编》已写完魏晋,正撰写唐宋及以后的几卷,张跃同志的研究范围与冯先生的写作范围凑泊。也算是师生有缘,双方相处,都自认为得到双方的帮助,师生间建立了深厚的情谊。张跃从冯友兰先生问学三年,接触频繁,耳濡目染,受益良多。他曾对我说道,他从冯先生谈话中学到了书上学不到的东西,很想有机会整理成文章,使之条理化。可惜疾病来得太快、太猛,竟没有给他留下整理的时间。

冯友兰先生晚年写书不动笔,用口授,记录员记下,经过冯先生过目、修改、核对引文,然后定稿。人到老年,视力降,行动迟缓,查书、改稿子,深感力不从心。恰好这时,张跃考取冯先生的博士生,帮助查资料,大大加快了冯先生的写作进度,张跃作为冯先生最后的学生,同时也成了冯先生《中国哲学史新编》最后最得力的一位助手。冯先生《中国哲学史新编》定稿后两个月,心力耗尽,与世长辞。一年以后,张跃同志也遭不治之症,英年早逝。

　　张跃同志博士生毕业，又是机会凑巧，分配到世界宗教研究所儒教研究室工作。根据他的专长和兴趣，我邀请他参加《中国哲学发展史》隋唐以下各卷的撰写工作。我们这个编书集体，是自愿组合的，执笔者的学术观点大体一致。撰写每一卷，对该卷的发展主要脉络取得共识，对全书有整体观念。篇章之间，互相衔接，互相呼应。前面的篇章要为后面的篇章留有余地。每篇长短，地位要服从总体规划。张跃同志参加撰写工作以来，认真负责。他对我说过，在这样一个学术集体中间，无拘无束，畅抒胸臆，从中得到切磋、促进、提高的乐趣。从集体工作、学习中得益不浅。我也帮他设计了一些较长远的进一步提高的安排。后来才知道，肝癌潜伏期已很久，只是平时接触，他从不谈自己的身体，大家见面，不是谈学问，就是谈天下大事。他平时太不注意身体，每年定期的体格检查，他总是忽略，忘了参加。

　　有生必有死，这个道理不难理解。可是当死亡真正落到自己头上时，很多人难以正确对待，陷于张皇失措，身体没有垮之前，精神先垮了。张跃同志还是一个三十多岁的青年，他以哲学家的智慧，面对不治之症，泰然处之。他对治疗成与败的成果，都做了冷静的分析：手术成功，他有他工作的设想；手术不成功，也做了身后的安排。他那从容不迫、旷达坦然的胸怀，感动了所有与他接触的亲友同仁。张跃同志精神境界真为常人所难及。

　　自己在学术界、教育界工作了多半生，每看到学生成材，看到学生有新著作发表，有无比的高兴。中国学术界的希望寄托在青年身上。张跃同志平静地离开了大家，但作为后死者，对他的早逝却有着难以抑制的伤痛。悲剧之所以令人心碎，就在于把本来完整的变成破碎，美好的变成残缺，铸成永远无法补救的遗憾。我悲悼张跃同志早逝，悲悼中国哲学史研究者中又少了一位有发展前途的人才！今天更深切地理解古代哲人丧亡门人的哀恸心情。但愿一切有为的青年、壮年,无病无灾,终其天年。天地间本来就有缺憾,却又不甘心任凭缺憾存在。人生苦恼由此而起,人生意义由此而生。路程艰难,还是要走下去。

1992 年 2 月

刘苏同志[*]

刘苏(原名王美瑜,参加革命后,避免连累家庭,改今名),四川自贡市人,早年读中学时,倾向革命,脱离家庭,从天津奔赴华北解放区。北平解放后,随中央机关进城,成为青年干部。因患病,暂时离职,以后,身体稍好,在《光明日报》"哲学"副刊担任编辑工作。后又因外在原因,"文化大革命"中离开光明日报社。

1975年、1976年,我在治疗眼病期间,遵医嘱长期静卧,禁止阅读,这种病有完全失明的危险。我请刘苏同志帮助我读书。她有很好的古汉语根底,英文也能阅读。对我这个不能用眼的人,帮了大忙。有时同音字,听不明白,刘苏不嫌麻烦地在我手掌上划出该字的笔画,有长篇的文章,刘苏用录音机录下来,一次两次放给我听。回信不便写,我口述,由她代笔。这样最艰难的日子,大约有两年左右。在唐山地震时期,七八月间,阴雨连绵,人住地震棚里,书籍在室内,她不避危险在室内抄写。

后来,整理稿件,出版《中国哲学史》及《中国佛教史》,前几卷是由她誊写清楚,再送出版社的。她的字迹十分端丽,给编辑以极大的方便。《中国佛教史》责任编辑黄德智同志说:"看你们

---

* 据《念旧企新》。

送来的稿子,内容清楚,抄写字体端丽,简直是一种享受。"

刘苏同志还帮我编制《全上古文》和《高僧传》的索引。当时还没有这类书,编了,为自己使用方便。还编了《大藏经》书名索引。《中国哲学史》教科书四卷本的修订及索引工作,她也尽了力。

北大创立宗教学专业,附在北大哲学系,所有课程由世界宗教研究所的研究人员包下来。我曾在该系讲授《宗教学》一年。讲课笔记经录音,由刘苏同志整理成为讲稿,准备出版。1982年,整理了一大半,刘苏同志患病,以后办了离休手续,一搁就是十多年。这份讲稿的一部分,放在文后,借以表示对刘苏同志的感谢。

《十川印迹》序[*]

　　80 年代初，一次偶然的机会，遇王十川先生。他介绍自己的名字笔画少，三个字不过九划。晤谈甚契。此前，已欣赏过他篆刻的印章，布局得宜，朴厚天成，端严中孕有曲水流觞之态。此种艺术成就绝非一般篆刻家所能企及。

　　十川目有重瞳，夜能视物如昼时。《史记》谓项羽有重瞳，舜有重瞳，今于十川见之。我们成了朋友后，多次到十川先生家叙谈。得知他不但见识通达，而且学殖深厚。一生治印数以万计，从不取值，有古风。交谈中，深知其身世遭际及艺术观点，莫逆于心，相知恨晚。

　　80 年代末我正筹划编纂《中国文化知识丛书》百册百题，内容涉及中华古代众多文化领域。每册八万字左右。这套丛书是为广大青少年编写的，特邀大专家写小册子，既要深入浅出，又要知识性与科学性兼顾，撰稿人有科学院院士、大学教授。百个选题中有"文房四宝""汉字源流""印章与篆刻"等分册，约请篆刻分册人选时首先想到王十川先生。邀他撰稿，他推辞，并说他从不写文章，不便勉强，另找了别人。

---

　　*　原载《十川印迹》，西泠印社，2004 年版。

读过书的中国人,不管从事哪个行业,没有不受汉字熏陶的,没有不接触汉字书法艺术的。书法艺术是中华文化的瑰宝。环顾世界,艺术品类不可胜数,只有书法一途为中国所独擅。因为汉字把形象、声音巧妙地结合起来,形成了独特的风格。有人说中国文字是象形字,不全对。汉代许慎在《说文》中早已指出"六书"是汉字的品格。汉字有疏有密,字形有长有短,笔画有多有少。这些综合特点构成汉字成为书法艺术的基本部件。近年来经常看到艺术界有用非汉字的书法作品. 艺术效果均不佳,不是他们技艺不精,而是非汉字的他种文字缺少汉字六书的品格。

艺术作品反映作者的性格。古人说"文如其人","字如其人",篆刻也不例外,十川之作亦如十川其人。宋朝书法家所用的写字工具,较唐代有改革。唐以前人多用紫毫,宋以后多用羊毫。晚唐以后造纸术进步,能制造大幅的宣纸,能制造吸墨能力大于紫毫的羊毫大笔。有了大纸、大笔,才有了写大字的条件。

宋代以前甲骨文、金文、秦汉印玺多具有实用功能,但不是供欣赏的艺术作品。在宋代书法艺术发展的基础上,宋人注意金石器物研究,由此引发篆刻艺术。经明清两代,随着金石学的成熟,篆刻艺术与书法形成骨肉关系,书法离不开篆刻,篆刻离不开书法。

篆刻成为独立艺术,其时代较晚,明清时代趋于成熟,名家辈出,蔚为大宗。书法家还融籀文、小篆,以及石鼓文、甲骨文于书法。古人本来用刀刻在金、石、甲骨上的,宋明以后用毛笔书写在宣纸上。几乎所有书法家都兼篆刻家,篆刻家没有不精通书法的。

王十川篆刻适应了这艺术领域的总潮流。他有深厚的古文字学根柢,对中国古代文学下过探本溯源的功夫,通晓石鼓、甲骨、钟鼎,故能出手不凡,超凡脱俗。

书法是篆刻的基础,有些篆刻家昧于源流,就篆刻论篆刻,无本之学,只能落为二流。

篆刻以刀为工具,以石为载体。刀锋喜径直而石质本凝重,功力不深,易受质料限制,不能运刀如笔,书石如纸,故篆刻作品为端方易,求流动难。王十川先生治印数以万计,无论作品大小,均体现了作者超越凝重,灵活流动的艺术风格。坚硬凝重的顽石在他刀下,呈现出灵动神采。

王十川先生为人正直,路遇不平,挺身而出。他治印有书卷气,为人行事有侠气。他的篆刻作品把两种气质有机地结合起来,深沉而不凝固,刚劲而又从容冲和。

汉唐以前的读书人,既能骑马击剑,又能著书为文。宋明以后读书人一般都偏于文弱,文武分途,而十川先生能文能武,平衡发展。如果不是患了不治癌症,他可享以高龄,可为人民留下更多的艺术珍品,为中华文化精神宝库增加更多的财富。天不假年,惜哉!

2002 年 9 月 20 日

北平大学附属高中*

这是一个寿命不长的学校,只办了四年,毕业了六个班,但这个学校有它的特色,不像一般有名气的附中以功课紧、学习成绩优秀见称。它更像一所大学的预科,学风比较宽容,有百家争鸣的风气。

北平大学是北平几所专科学校联合的称号,下辖有农、工、医、法、商、女子文理等学院。大学有似联邦制。校长对各学院没有直接管理权。为办一个高质量的中学,为各院校输送合格学生,由各学院共同筹集经费,由各大学分摊附中费用。各学院把已到手的经费挖一块出来,未免不甚情愿。开办之初,有人推测这个学校寿命不会太长。

北平大学附中第一任校长(正式称主任,因为校长由北平大学校长兼任)宗真甫老师。宗先生,河北人,留学法国,他的办学思想有点法国大学的风格。课程除教育部规定的课程外,二年级以后,开设了许多选修课程。教材不用教育部统编的中学教科书,而是授课教师自行选编。我们的英文课,选用英文短篇小

---

    *　据《念旧企新》。

说,教师陈振原先生是美国哈佛大学留学生,国文教员先后有几位老师,他们多半是北京大学毕业生,有中文系的,有哲学系的。数学老师是北京大学数学系毕业的,中国历史教师李云波北京师范大学历史系毕业,西洋史、生物学的老师是燕京大学毕业。也有的教师是大学的讲师、助教来学校兼课的。体育教师李老师是北京师范大学体育系毕业的。

教材各年级不同,由授课教师指定。数学、物理、化学、西洋史用的是外文教材。

除了正式课程外,还可选修第二外语德文、法文、日文、俄文四种。第一年有个俄文班,以俄文为第一外语,英文为第二外语。第二年,俄文班取消,俄文改为第二外语。

还有一些选修课,有音乐(钢琴组、提琴组),有美术,有油画组、国画组。

有英文选读课,另外请教师讲授。

高中不分文理科,集中在文化基础训练。这是当时唯一不提倡死读书的学校。学校招生,不限于北京市,我的同学来自四面八方,有江南人,东北人,山西人,河南人,山东、四川人都有,北京土生土长的反倒占少数。

国民党统治时期,学校必须有"党义"课。我们的"党义"教员鲁涤平,河北人,留学日本,他喜欢讲马克思主义辩证法,对三民主义的党课不重视。这门课成了鲁老师发表政见的讲坛。他先引用三民主义中的一段话,指出:"大家听听可笑不可笑:'主义是一种思想,一种信仰,一种力量。'你看可笑不可笑?"这门"党义"课先生不重视,同学们自然也不重视。同学们私下组织的读书会,也有参加共产党,从事革命活动的。各班级都办墙报,组织球队和外校比赛。课外生活比较活跃。学校集体宿舍不足,家在北京的或不愿在校内住宿的,自己在外住房,下课后就无从管理考核。总的看来,培养了一批肯钻研、独立思考的青年,他们后来都在各自的岗位上,对祖国有所贡献。1956 年国民党空军中第一个驾飞机起义的刘善本是北平大学附属高中第二届的同学。

1931 年到 1935 年这四年间,北平被日本侵略军一步步进逼,学生和教师都不满于南京政府的卖国投降政策。北平学生运动连年不断。每次学生游行及宣传活动,总有北平大学附属高中的同学参加,引起北平警察对这个学校的注意。正好由于北平大学各学院不愿意掏钱办这样的中学,便借故宣布停办,由学生自行转学。北平大学附属高中的第二年暑假,发起了护校运动,留校的同学推举代表,举行新闻发布会,向全国通电,申明不应停办的理由。最后,大家提出,如当局不收回成命,即联合起来,到南京向教育部请愿,根据同学名册,通知家长在铁路沿线的同学按规定时间车次上车,会齐同去南京。当局怕事情闹大,让了步,答应以后不再招生,已招进的这一届学生毕业后,自行停办。因而这个学校只办了两届共 4 年。

我们的校长宗真甫先生是一个教育家,他制定的北平大学附属高中的规模,有远大眼光,也有魄力。他没把教育的力量放在升学,放在死读书上,而放在全方位为青少年打好文化基础上,使他们成为全面发展的人。体育、美育与德育、智育并重,十分可贵。我的一点国画知识是在中学时得到的。

宗主任亲自教选修法文课。他说法文发音优美,可以直接阅读法国重要文学、哲学著作,也不失为一种享受。他没有宣传学了法文可以到法国旅游,到法国的企业去赚高工资。宗老师对中国古代哲学也有兴趣。抗战时期,我在昆明读研究生,听说他从法国回来参加抗战。他拿出关于《墨子》的一篇著作,我们几个在北平大学附属高中毕业的同学互相传看。他的著作很有见地,强调墨子哲学反对侵略的思想,不但有反对侵略的思想,还有打败侵略者的具体措施。墨子是两千多年前反侵略、维护正义的好榜样。

我们的英文选读课是陈冠杰先生(后来他有事没能继续讲,由他的夫人诚贯仪接替),陈冠杰先生标准的伦敦发音,中外学识渊博。他讲到有关美国西部移民的文学作品中有民间歌曲《Yankee Doodle》,他还哼出《Yankee Doodle》的调子。我们印象深刻。

他又是一位忧国忧民的爱国人士,对国民党及清政府的腐败行为常予以讽刺。他讲:清朝末年怕革新,又怕洋人,在外交场合,各国外交官正式会议以前,先集中起来唱一遍自己的国歌。一次,清朝出使大臣们看到外国人咿咿呀呀唱国歌,不知道他们干什么,清朝没有国歌,大臣们也不知国歌为何物,他们便凑在一处唱一段《光棍哭妻》应付了事。当年,日本明治维新以前,日本闭关自守,拒绝与国外通商。后来,美国兵舰打来,被迫派人与美国交往。日本专使要取一个外国名字,取名 SPY。美国人看了公文纳闷,办外交为什么派一个奸细来呢? 这类掌故是否属实,待考。但陈先生善于用小故事启发听众的兴趣,增强鄙视日本军国主义的精神。

他还讲到要学英文,要注意作者的时代,用词因时代不同而不同。刚发明汽车时,"脚踏油门,表示努力,用 put on your foot",现在如果有人还这样说,人家先看看你有胡子没有。后来听说陈先生去给冯玉祥将军教英文,他的夫人诚贯仪来接替他讲英文选修课。她选了高德华斯的一篇短篇小说 *Quality*,说德国兄弟二人在英国以缝制皮鞋为业,缝得质量舒适、坚固。因为坚固耐用,一双鞋经久不坏,生意反而不及粗制滥造的鞋匠。读后,使人心情沉重,质量好反而竞争不过劣质品。

国文老师刘伯敩先生毕业于北京大学哲学系。他不用教育部编审的中学国文教科书,自选教材,从《左传》《国语》到孟、荀、老、庄及宋、元等人的文章。他讲的语文课像文学史,又像哲学史。从他选的教材中,我读过张煦、胡适、梁启超、唐兰、冯友兰等人关于老子年代的讨论,对我后来入北京大学哲学系可能产生了某些潜在的影响。

高中时,我为班上的墙报写过一篇元曲产生的社会背景,提到元代轻视儒者,把人分为十等,"一官、二吏、三僧、四道、五医、六工、七匠、八娼、九儒、十丐",知识分子的地位在娼之下,丐之上,没有出路,多走向下层社会,也是元曲兴盛的一个原因。这种粗浅的背景分析,也说明北平大学附属高中的学生兴趣比较广泛,不局限于读课本,不把应付考试放在首位。

北大的"老"与"大"*

　　自从我 1934 年考入北大哲学系,到 1964 年中国科学院成立世界宗教研究所,前后共 30 年。我调离北大后,仍在北大兼任教学工作。这样算来,我与北大同忧戚、共浮沉,已有 54 年。

　　北大有北大的特点,特点是什么,近来认真想了想,可用两个字概括:一是"老",一是"大"。

　　写北大校史一向从 1898 年创建"京师大学堂"算起。我觉得这个算法不符合北大的历史实际状况。

　　大学名称起源于欧洲中世纪,欧洲古希腊也有讲学的地方称为学院。欧洲中世纪的大学是由教师与学生共同组成的社团,最早的大学建于 11 世纪的博洛尼亚,相当于中国的北宋时期。12 世纪起,有巴黎大学、牛津大学,以后逐渐增多。如果照欧洲中世纪的大学标准来看中国古代的大学,中国的大学比欧洲的大学起码早一千年。汉武帝元溯五年(前 124),设五经博士弟子五十人,是西汉太学建立之始。中国不叫大学叫太学,意思

---

　　* 据《任继愈学术论著自选集》。原载《精神的魅力》(纪念北大 90 周年论文集),北京大学出版社,1988 年 4 月版。一部分以《北大的"大"》收入《竹影集》。

是一样的。昭帝时增弟子员满百人,宣帝末,增倍之(按:两百人)。西汉末年,经学盛行,成帝绥和八年(前8)增到三千人。东汉开国皇帝刘秀就当过太学生。东汉顺帝、质帝时,太学人数又有大量增加,达到三万人。

从西汉历魏晋南北朝、唐、宋、元、明、清,直到京师大学堂的建立,两千多年,太学的教学内容以儒家经学为主要课程,以三纲五常教育学生,辛亥革命(1911年)前,京师大学堂每月定期向学生宣读《圣谕广训》一次,灌输忠君思想。1913年,已进入民国时代,清朝隆裕太后死了,教育部令各校放假一天,大总统的生日,也要放假一天,1915年政府授给北京大学校长胡仁源以"中大夫"的头衔。以上这些事实都说明,北大直到"五四"以前,它是汉唐以来"太学"的继续。

再看"五四"以前学校的课程设置,"五四"以前的北京大学以经学为主课,1909年,有"经科",下设"毛诗门""周礼门""左传门"。和清朝国子监教学内容没有什么区别。

以上这些事实都表明,"五四"以前的北京大学带有很重的封建色彩,从它身上可以看出两千年来中国古老的"太学"的影子。

古代太学生有关心国家大事的传统,他们不大甘心读死书。王莽要当皇帝,太学生上过书;嵇康被判死刑,太学生上过书;京师大学堂时期,1902年,清朝向沙俄出卖中国的权利,大学堂学生上"抗争俄约疏"。1905年美国排华,北大同学刊印"广劝抵制美约说",广为散发,抵制美货。1907年,慈禧对这批大学生很不放心,发出"上谕",严禁学生"干预国家政治及离经叛道,联盟纠众,立会演说",禁止学生"悖弃圣教","变易衣冠"。十月革命影响下,发生了五四运动,大学生运动达到高潮。至于载入史册的"一二·九"运动,更是使当时腐败政府头痛、推动革命前进的力量之一。这个老传统值得大书特书。这是从学生方面看北大从太学中继承的老传统。

从旧北大的校领导人来看，蔡元培先生是个教育家、学者，没有官气。蔡先生以前和以后的校长们有官气的较多。西南联大时期同学们曾议论过北大的蒋梦麟校长和清华大学的梅贻琦校长，认为梅贻琦校长在办教育，蒋梦麟校长在当官，后来竟给宋子文当秘书去了。有人说，这也许是北大的旧传统太深，"国子监祭酒"非有官气不可吧？太学生关心国事的传统与国子监祭酒当官的传统竟绵延不断地传袭了二千年！

再说北大的"大"。

北京大学蔡元培先生曾提出：

> 大学者，囊括大典，网罗众家之学府也……各国大学，哲学之唯心论与唯物论，文学美术之理想派与写实派……常樊然并峙于其中。此思想自由之通则，而大学之所以为大也。我国承数千年专制之积习，常好以见闻所及，持一孔之论。

> （《北京大学月刊》发刊词）

这里提出了破除数千年专制之积习，防止"持一孔之论"，容纳不同观点的学说，给各家以争鸣的机会，无疑起了繁荣学术的作用，给"五四"新文化运动开辟了一条通路。

北大的"大"，不是校舍恢宏，而是学术气度广大。这一无形养成的学风，使北大的后来人能容纳不同的学术观点。我进北大时，蔡元培校长已离任多年，但当年的学风还在。形形色色的教授中，有衣冠楚楚的，也有衣履邋遢的；有口才便捷的，也有语言不清的；有有学历头衔的，也有没有上过大学的；有新人物，也有老秀才。北大教师的总体阵容是壮大的。抗战时期的西南联大，更是呈现了百家争鸣的局面。全国解放后，经历了1952年的全国院系调整（这里有利有弊不可一概而论），北大的教师队伍打破了各校长期隔阻、南北不通气的格局，促成了解放后的新校风。人们在众多流派中各自汲取其要汲取的，取精用宏，不名一家。北大这个"大"的特点，谁能善于利用它，谁就能从中受益；肯学习，就能多受益。不能说其他大学不具备这种"大"的特点，似乎北大给人的印象最深。不知这里是否杂有个人的偏好？

赞百年北大 *

　　北大九十周年校庆时,我写过一篇短文——《北大的老与大》,表示我对母校的钦敬仰慕之忱。"老"是指北大校史源头长远,可以上溯到西汉武帝立五经博士时期,这是我国最早为国家培养人才、储备人才的机构。古代的"太学"可视为北京大学的前身。

　　北大是从古代中国太学演化来的,早期北大的教学内容,课程设置,都与古代中国太学有直接联系。北大无论怎么变,它为国家培育人才的职能未变。只是古代与近代有不同的国家制度、有不同的人才标准罢了。北大的"老"是历史悠久,却不是老态衰朽。北大的"大",在"五四"时代,它体现在容纳新思潮,改造旧学风,新旧并存,百舸争流,给新思潮以孳长发育的土壤。新中国北大的"大"更应体现在熔铸人类文化中一切有价值的成果,构建具有中国特色的社会主义新体系,为共产主义的未来铺路架桥。这里所说的人类文化有价值的成果,既包括中国外国东方西方古代的成果,也包括近现代中国外国东西方文化有价值的成果。

---

　　* 据《竹影集》,曾载《光明日报》1998 年 2 月 26 日。

20世纪前半叶，爆发了两次世界大战，一些国家没落了，一些国家兴起了。近百年来世界变化之大为亘古所未见。母校北大在近百年巨变中发挥了它可能的、应尽的作用。

北大的"老"表现在政治上的爱国主义传统，学术上治学严谨的传统。继承了乾嘉学术，又超过了乾嘉诸儒。

在用人方面，还有尊重知识，善于不拘一格，聚积人才。就几十年来，我在北大所见所闻，北大长辈教师中很少出自北大本校的，如汤用彤、朱光潜、贺麟、洪谦、郑昕、张颐几位先生，都不是北大毕业。没有高学历，而有真才实学的专家，与有高学历的同样受到重视，如梁漱溟、熊十力诸先生。未到外国留学而在外语系当教授，并成为外国语言文字知名专家的，如卞之琳等是国内有数的研究莎士比亚的专家，自学成材，未上过大学的钱学熙成为教授英语的骨干。

北大师生长期生活在视野开阔、群星灿烂的学术环境中，培养成的人才，确有它不同于其他大学的地方。解放后，师生人数成倍增长，北大毕业生遍天下。北大毕业生在各个不同岗位上，或多或少都有所奉献，但未听说北大同学结小团体，立小山头的行径。北大同学对人对事敢提意见，能挑毛病。于是有人说，北大培养的学生眼高手低。我想，眼高手低是个缺点，但作为一个知识分子，分不出高低，眼手俱低，以己之昏昏使人昭昭，是不可能的。古人说"观过知仁"，从缺点中发现其缺点不无可取之处。这也许是出于对北大的偏爱吧。

光阴荏苒，告别九十周年校庆又迎来百年校庆，北大的老与大，性质未变。爱国主义传统未变，北大师生心系天下安危，胸怀万民忧乐。北大师生身处在学术前沿，敢于创新，为追求真理，在地狱入口处，不徘徊，不犹豫，屹立在各自学科前沿，开拓前进，推陈出新。

378

　　20世纪伊始,八国联军侵占北京,新建的北京大学遭到八国联军驻军践踏,侵略军撤退后,仪器图书一片狼藉。北大是蒙受着耻辱跨入20世纪的。

　　解放后的北大,特别是近二十年来的北大,在大好形势下,义不容辞地肩负起新的历史使命。作为全国建立最早的综合大学,适应时代需要,将发挥其积累深厚的多学科综合优势,开拓新领域,培育新人才。必将在人文学科方面充分发挥其人才优势,综罗百代,熔铸中西,致广大,尽精微,承先启后,继往开来,为建设有中国特色社会主义的新文化,尽心竭力,务期成功。

松公府旧北大图书馆杂忆 *

  抗日战争以前的北京大学,规模不像今天的北大这样大,当时每年招新生约三百人上下,在校学生总共一千多人。清华大学人数和北大差不多。当时的国立大学中,北大和清华都算规模较大的了。

  "五四"时期,北大图书馆设在沙滩红楼的第一层,毛泽东同志曾在图书馆工作过。李大钊同志领导下的盛况,我没有赶上。1934年我考入北大,图书馆设在沙滩松公府的一个四合院内,是一所旧府第庭院。院内古槐参天,每到夏季,浓荫匝地,蝉声悠长,寂若空谷,静若古刹。进入馆内,颇有"苔痕上阶绿,草色入帘青"的感觉。可是到了冬季就不好过了。北平冬季漫长,馆内阅览室方砖铺地,阴冷潮湿,凉气直往上冒。尽管全副冬季装备,坐久了仍觉得腿脚僵冷,手指也不听使唤。一年之中有半年不好使用,我对这个旧图书馆的印象好坏各半。

  旧的图书馆馆长是毛准教授,字子水,出身安徽读书家庭,精文史之学。他留学德国时专攻科学史及数学,回国后在历史

---

  * 据《竹影集》。原载《文明的沃土》(北京大学出版社,1992年版)。又收入《任继愈学术文化随笔》。

系开"科学方法论"课程,选课的不限于历史系学生。他讲课时,引用数学公式太多,加上口才不佳,选课者寥寥数人。因为他为人厚道,判分比较宽松,各系的高年级同学临毕业时,有人为了凑足一百三十二个学分(文科毕业生的最低学分限度是一百三十二个学分),选修这门课的每年也能维持三五个人。毛子水先生平日穿一件旧长衫,衣着不整,名士派头,对图书馆的事不大过问。他是文史专家,精于古籍鉴定,北大图书馆收藏的善本古籍不少是他任期内买进的。新馆建成,聘严文郁先生为馆长,办馆方针仍保持旧传统。

旧北大图书馆也有一套规章制度,借书有数量和期限的规定。学生一般能遵守,教授中有人遵守,也有人不遵守。有人向毛子水先生建议,今后借书应加以限制,怕有遗失。他说,图书馆遗失不是由于借阅,办了借阅手续,不会遗失,借出越多,遗失越少。在这种无为而治的作风下,教授借书也有一两年不还的。

日本投降后,北大从昆明迁回北平旧址。馆长仍是毛子水。全国解放前夕,南京政府派飞机接北平各大学的教授们离北平去南方。北大的教授绝大多数留下迎接解放,不愿去南方过逃亡生活。最后一次飞机到达南京时,胡适作为北大校长至机场迎接北大教授,只接到毛子水一个人。事后听说,毛子水与国民党军统头子戴笠小学时是很要好的朋友,他怕解放后他和戴笠的关系讲不清楚,匆忙飞走了。

大学二三年级期间,旧北大的新图书馆落成,地点仍在沙滩松公府,靠近北大西大门。新建的图书馆,采用钢门窗结构,宽敞明亮,一扫旧馆沉闷幽暗的气氛,这个建筑在当时是最先进的。以中文阅览室为例,常用书、工具书如《四部丛刊》《四部备要》《二十四史》《册府元龟》《说郛》《通典》《通志》《文献通考》《玉海》等书,沿墙排列了一周,随手查阅,十分方便。同学带来的书,从书库借来的书,都可以摊在阅览桌上。中午出去吃饭,摊开的书可以不收拾,回来接着看。需要剪剪贴贴的,还可以把剪刀糨糊放在手边。历史系有一位陶元珍,经常把《张太岳集》放在中文阅览室,旁边摆着剪刀和糨糊,他后来成了研究张居正的专家。

当时北大校门任人出入,教室任人听课,图书馆阅览室也任人阅读。不管是不是北大的成员,都可以走进来,坐下就看书,无人干涉。写北大校史的人,都提到北大沙滩有不少在北大的旁听生(办过旁听手续的)和偷听生(未办旁听手续的),如丁玲就是偷听生中的一位,传为佳话。其实当年旧北大的图书馆还有"旁阅生"和"偷阅生"(临时铸造的新词,自知不妥,并无贬义)。这一条渠道也曾给一部分社会自学青年提供了读书的方便。这些自由出入图书馆的读者,除了不能从书库借书外,实际享有查阅中西文开架书刊文献的一切方便,与北大正式生没有两样。说来也奇怪,在这种极端开放,几乎无人干预的情况下,没有听说图书丢失事件,只有一次在盥洗间抓获过一个摘取电灯泡的小偷,这与偷书无关,另当别论。

沙滩松公府旧北大图书馆还规定,学生凭借书证可以进书库看书,国外各大学多有这样的规定。我在学校读书时,也深受其益。因为到书库里面,亲手翻一翻,看一看,与查阅书目卡片得来的印象大不相同。根据卡片找书,有按图索骥的方便,有目的性,节约时间。但是,从事研究的人有时无意中翻书,会有想不到的发现,得到新的启发,这种启发是查目录卡片无法替代的。

抗日战争时期的北京大学 [*]

——西南联合大学时期(1937—1946)

1937 年 7 月,从日本军国主义者在北京近郊卢沟桥制造的七七事变起,中国人民抵抗侵略的全面抗日战争开始了。北京大学的历史也就转入了一个新的时期。北京在 7 月底陷落,9 月 3 日,日军占据沙滩的红楼和灰楼,10 月 18 日,汉奸组织地方维持会占据理学院等其余校舍,北大校舍从此落入敌伪手中达八年之久。红楼且曾被用为敌寇拘禁、迫害爱国志士的地方。北大师生在七七事变后大部分离开北京,走向抗战的前线和后方。有的就近转入京西山地的游击区,在中国共产党的领导下和农民群众一起坚持了八年的游击战争;有的辗转南下,然后投向延安或其他地区参加了抗日工作;另外一部分则在后方艰苦的条件下坚守文化教育岗位,维持了学校在战时的弦诵不辍。

在北京沦陷后,原在平津的北京大学、清华大学和南开大学

---

* 据《念旧企新》。

（按：清华大学的前身是清华学堂，创办于1909年，是中学程度的留美预备学校。1925年开始招大学生，1928年正式定名为国立清华大学。南开大学是由南开中学发展起来的。创办于1919年）。三校在湖南长沙联合成立长沙"临时大学"，继续开学上课。半年之后，长沙临时大学迁至云南昆明。校名改称"西南联合大学"。从1937年秋直至1946年夏复员迁返京津，在九个学年内三校联成一校，西南联大的历史也即是三校的历史而不可分割。因此，我们即以西南联大的全部校史也就是北大在这一时期的校史。

经过短期的筹备后，1937年10月，长沙临时大学在长沙开学。从平津辗转南下集中在长沙临大的三校教师共约一百五十人，学生一千四百五十人（包括一部分他校借读生）。借用长沙韭菜园圣经学校、涵德女学及四十九标营房作为临时校址。文学院各系则在南岳衡山借用圣经学院校址上课。

长沙临大时期正是抗战初期举国振奋的时候。当时临大的许多教师和同学们都准备投身抗战工作，同学们曾提出要求学校实施战时教育，但是国民党政府从开头对抗战就是不坚定的，也根本不愿意真正动员全体人民起来抗战，同学们要求实施战时教育的期望只能落空。于是，又有一次从军运动，许多同学自动走向前线，有的到了共产党领导下的陕北，有的回到家乡推动救亡工作。长沙临大的近一千五百名同学中，后来随学校迁到昆明的只有八百多人。

漫天烽火卷地来，长沙临大在上课的第一个学期中，日军自华北和长江一带步步紧迫，蒋介石国民党一面步步败退，一面通过德、意法西斯国家向日军暗中进行妥协投降活动。在战火逐步迫近时，1938年2月，临大结束了第一学期，决定迁校至云南昆明。

384

在战时内地交通困难的情形下,临大的一部分学生约二百四十人,在闻一多等先生的率领下,步行从长沙迁往昆明(其中长沙至益阳一段乘船,沅陵至晃县一段乘汽车)。自 1938 年 2 月 20 日出发,到 4 月 28 日抵达昆明,途经湘、黔、滇三省,历时六十八天,全程三千三百六十里。在这两个多月的步行途中,教师和学生们亲眼看到了国民党统治下土匪、鸦片遍地,人民——特别是少数民族——生活困难的实况。学生们在沿途进行了抗日的宣传,在贵州炉山举行了汉苗联欢大会。数千里的步行也使学生们得到了体力上的锻炼和集体生活的习惯。其余大部分师生则取道香港和越南,从滇越铁路进入云南。

1938 年 4 月,学校迁抵云南后,开始改名为西南联合大学。理、工两院的校舍在最初暂借昆明昆华农校、昆华工校、昆华师范、昆华中学及拓东路迤西会馆、全蜀会馆、江西会馆上课,文法学院不得不暂且在云南南部的蒙自设立分校(一学期后迁返昆明)。同时,在昆明大西门外购地一百二十余亩,建造新校舍。新校舍在 1939 年夏天开始使用,包括一百余所低矮简陋的土墙泥地草顶(部分铁皮顶)的平房及较高大的图书馆和饭厅。联大文、理、法商三院的教室、实验室和学生宿舍全部都在这里,1938 年夏增设的联大师范学院也在新校舍附近,工学院地址不变。在联大时期,学生人数经常约在三千人左右,其中大部分集中在新校舍地区。在抗日战争最艰苦的年代里,这里是数千师生艰苦学习和进行民主斗争流血的地方。"一二·一"烈士的墓地和闻一多先生的衣冠冢也在这里。新校舍墙外大路上高插云天的白杨和尤加利树,现如今应已生长得更加粗壮和茂密了。

茅茨土阶的联大校舍是极度简陋的,图书仪器设备也只能勉强应付教学上的低度需要。但是,由于三校合为一校,集中了水平较高的多数有经验有学识的教师,使得联大的教师阵容在

385

数量和质量上都比联合以前三校的任何一校强。联大各系的低年级基础课程很大部分由老教师担任,高年级的专门课程也经常可以开设很多种,战时困难的条件下,联大在教学上仍维持了一定的水平。

西南联合大学时期的民主运动

联大在昆明的八年中,在政治生活方面(当然也直接间接影响到其他各方面)约可分为三个阶段,即:1938 年初至 1941 年初皖南事变发生前,这是政治上以及各方面都比较活跃的时期;1941 年春至 1944 年春,这是皖南事变后国民党统治区内进一步对人民进步势力进行迫害的时期;1944 年春到 1946 年夏联大结束,这是民主运动、学生运动再度上升和高涨的时期。

联大一部分同学在从长沙迁到昆明的两个多月步行中,已形成了若干集体生活的习惯。到昆明以后,以这一部分同学为基础,在地下共产党的领导下有了"群社"的组织,推动了最初三年联大生动活跃的政治生活和学生生活。当时联大学生经常出壁报(如政论性的"群声",文艺性的"腊月""冬青",画刊"热风"及通俗性街头壁报等等)、开辩论会、讨论会、时事座谈会,组织学习小组(分哲学、经济、中国问题、文艺、诗歌、戏剧、歌咏、木刻以及俄语、世界语讲习班),组织旅行,在农村和街头做抗日宣传工作。这些活动团结了多数同学,并推动他们在政治上趋向进步,并和校内的少数国民党三青团分子作了艰巨的斗争。

国民党军队在抗战中步步败退,1939 年秋天起,远处西南边疆的昆明也经常遭到日本飞机的疯狂轰炸。联大的校舍曾经多次被炸,上课的时间且一度改为上午 7 时至 10 时和下午 3 时至 6 时。

1941年1月,国民党反动派再度掀起了以皖南事变为标志的反共高潮,在整个国民党统治区内加紧对进步人士的残害压迫,公开大批逮捕共产党人和被认为有嫌疑的人士。昆明和联大的政治空气也突然阴沉下来,许多进步同学被迫离开学校出外逃亡,进步的学生团体如群社等被迫解散。有一位同学曾这样描述皖南事变后的联大:"从这时起,联大沉默了,壁报没有了,讨论会没有了,一切团体活动都没有了。同学们见面不敢说一句真话,大家敷敷衍衍,彼此都存着戒心,学校像死一般的沉寂。"

在这个沉闷时期,许多人的思想和活力找不到出路,于是,钻书本的风气盛行起来。每晚图书馆开馆前排队抢座位和借书的行列经常长达数十公尺。抗战的前途怎样?国家和个人的出路何在?这类的问题在书本里是不容易得到回答的。而政治上腐化黑暗和经济上枯竭困窘的现状还是经常刺激着同学们在苦闷中探索、思考。有时也突破一下沉闷的空气,作为一股潜流突然迸发起来,例如1942年初的"讨孔运动"。

1941年12月太平洋战争爆发。香港许多爱国人士在日军攻占前,无法脱身,而一向以贪污、腐化、反动和愚蠢闻名的国民党行政院长孔祥熙竟以飞机从香港抢运自己的家属女佣乃至洋狗到重庆,消息传来,引起联大同学普遍的愤慨,数年来对国民党反动统治的不满遂在这个事件上爆发出来。新校舍墙头贴满打倒孔祥熙的大字报,吴晗教授在中国通史班上向同学们提出:"南宋亡国前有个蟋蟀宰相(按:蟋蟀宰相是出卖民族利益、颠覆宋朝的贾似道),今天有个飞狗院长,可以先后媲美。"于是,由一年级同学倡议,迅速会合了新校舍的同学上街游行。同学们举起旗帜,沿街用粉笔写声讨孔祥熙的口号标语,联大同学的讨孔运动,立即得到后方各地人民的同情和响应,有些学校如浙江大学(当时迁到贵州)同学也举行了罢课游行。

进入 1944 年以后,随着德国法西斯在斯大林格勒的溃败,随着民主力量在世界范围的强大,也随着国民党军队在各个战场上的节节溃退,联大师生终于突破阴沉的政治气压,结束三年来的沉闷生活,重新开始了一系列新的、活跃和前进的活动。

1944 年的 5 月 4 日,曾经被称为联大学生精神复兴的日子。当时国民党政府通令把 3 月 19 日改为"青年节",不让青年们在 5 月 4 日纪念这个民主和进步的节日。联大学生鄙视国民党政府的这种反动措施,决定自己来纪念"五四"。5 月 3 日晚,由历史学会(历史系学生的系会组织)召开了"五四青年运动座谈会",并邀请闻一多等教授出席讲话,到会的同学把南区 10 号大教室里里外外挤得水泄不通,教授和同学在发言中从纪念"五四"联系到当前政治社会的现状。会场情绪高涨,一直开到深夜,这种热烈的座谈会,第一次冲破了三年来郁闷的空气。

5 月 4 日一早,新校舍墙上贴满了纪念"五四"的壁报,晚间又举行了营火会。文艺社举办的"五四与新文艺运动"讲座,因为听众太多,临时改会场,被一部分反动分子叫嚣破坏,延期到 5 月 8 日晚在图书馆前大草坪重开,讲题有:

1. 五四运动的意义与影响

2. 五四前后新旧文学的辩争

3. 新文艺中诗歌的收获

4. 新文艺中散文的收获

5. 新文艺中小说的收获

6. 新文艺与文学遗产

7. 新文艺与西洋文学

8. 新文艺与法国文学

9. 新文艺的前途

　　连续几天的纪念活动,在联大形成一种节日气氛,并在以后几年每年都举行盛大的"五四周"。联大复原以后,同学们又将这种纪念方式作为一个传统带到北方的三校。

　　自从 1944 年的"五四"纪念活动以后,联大的民主运动、学生运动便在中国共产党的领导下一步步更为壮大地向前发展。各种社团从学生自治会、系会、班会以至文艺社、新诗社、剧艺社、阳光美术社、高声唱歌咏队、各体育会等等都起了组织和推动作用,联大墙上的壁报成为同学们讨论时事政治问题和斗争的武器,教育了广大同学乃至校外的学生和市民。座谈会、讨论会也经常举行,对于若干重大的政治问题,联大学生常常站在进步的立场向全国发出宣言。联大的影响很快就扩展到昆明乃至外地的大中学校,几次向反动势力进行斗争的大示威、大游行也总是联合昆明各校一同举行的。

　　1944 年也正是国民党军队从河南、湖北、湖南、广西直至贵州失地数千里大溃退的一年。在联大师生的推动下,这一年的昆明各界"双十节"大会上,通过了要求结束国民党一党专政和蒋介石独裁的宣言。12 月初,日军由湘桂深入到贵州独山,大后方的腹地也因蒋军的腐败溃逃而受到震动。以联大学生为基本队伍,10 月 25 日又举行了云南护国起义纪念大会和会后的大游行。这是讨孔运动后几年来的第一次大游行,游行群众中喊出了"打倒专制独裁""扩大民主运动"的口号,显示了人民的意志和力量。

　　1945 年以后,联大民主运动、学生运动日益高涨。

　　在 1945 年"五四"前夕,国民党中央党部和云南省党部都曾密令昆明各校限制、防范学生举行"五四"庆祝活动,但联大学生以更盛大的"五四周"完全粉碎了反动统治者的密谋。"五四周"活动从 4 月 30 日的科学晚会开始,华罗庚教授在会上大声疾呼政治必须改革,民主必须实行。5月1日晚的音乐晚会上,青年们用《五月的鲜花》《民主胜利进行曲》《黎明快来》《黄河大合唱》等等的歌声纪念了自己的节日,唱出自己的要求。5月2日有诗歌朗诵晚会。5月3日晚是青年运动座谈会,会上除了青年运动历史的报告外,还有许多校内外的同学和工人的热烈发言。5月4日清晨,同学们贴出了数十版的壁报特刊。4日下午,联大等校学生自治会联合举行五四纪念会,会后举行了大游行。游行中群众高呼:"立即停止一党专政!""组织联合政府!""取消特务组织!"等等口号。5月5日有文艺晚会。此外,在这几日中还有球赛、美术展览、火炬竞走、全校聚餐等等活动。并以联大全体学生名义发出对国是的意见宣言,严正地指出当时国民党统治区的情况是:"抗战八年来,国土连年丧失,人民惨遭涂炭;贪污已成泛滥的狂流,特务作为统治的工具;财富集中,通货膨胀,大多数人民不得不陷于饥饿死亡中;统制思想,排除异己,正义的声音被迫归于暗哑;士兵辗转饥寒,接连溃败;外交固执成见,开罪友邦,社会正义全被陵夷,食血者流度其骄奢淫侈的生活,学术文化日趋贫困,顽固分子大肆其复古谬论。"宣言中提出了立即停止国民党一党专政,组织联合政府;立即取消一切特务活动,立即没收发国难财者的财产等六项要求。这宣言在学生自治会提出草稿后,虽有少数反动分子的阻挠,但经过同学公开辩论,获得绝大多数系会级会的支持,终于以联大全体两千五百名同学的名义通过发出,表现了联大学生进步、民主和团结的精神。这宣言也表明了中国共产党在这时提出的政治上的重大方针政策,已经获得联大绝大多数同学的公开和积极的支持响应。

1945年8月,联大师生热烈欢欣地迎接了抗日战争的最后胜利。学校准备在明年迁返平津,许多经过八年颠沛艰苦生活的师生渴望着重返故土。但是,随着抗战胜利的到来,国民党反动派却正准备着挑起大规模的内战,反人民反民主的反动措施在逐步加紧。联大师生和全国人民一样,原期望着在打退日本帝国主义恢复国土之后建设起一个民主、进步、富强的新中国,而今,统治者却倒行逆施,阻挡历史的前进道路,以维持和巩固其独裁统治。这种情况不能不使联大师生由胜利的欢欣转为忧虑以至愤恨,并且密切地注视着形势的发展。

1945 年 10 月初,蒋介石突然以武力迫使云南地方势力龙云下台,实行云南省政府的"改组"。在双方武装冲突下,昆明市内枪弹飞掠,联大师生在饱受惊扰之后,更直接地受到国民党反动派的特务统治。以云南省代主席李宗黄和警备司令关麟征为首的反动统治者,在云南遍布特务,公开反共反人民,甚至以搜捕散兵游勇为名,遍街逮捕青年学生。

1945 年 11 月,国民党反动派在重庆军事会议之后,动员二百万以上的军队开始进行反共反人民的内战。11 月 24 日,联大冬青、文艺、社会科学研究会和南院女同学会等十五个团体决定联名请求学生自治会通电反对内战。自治会决定在 25 日联合云南大学、中法大学和英语专科学校的学生自治会在云大举办反内战的时事晚会。而 25 日报上发表了云南省国民党党、政、军联席会议关于"禁止一切集会游行"的反动禁令。四校自治会决定将晚会改在联大校内举行。25 日晚,联大图书馆前的大草坪上,四所大学以及各中学的同学六千人正在开会时,联大校舍被国民党第五军邱清泉部包围戒严,枪弹炮弹在同学们的头顶上往来飞掠,会场的电线也被割断。这种反动的武力迫害只是使同学们反内战的意志更加坚定,晚会在枪林弹雨下仍然照样举行。散会时已是深夜,军警包围戒严新校舍并不许散会群众外出,直到两小时后才得以绕道进城。对此事,云南警备司令曾公然声称:"学生有开会的自由,我也有开枪的自由。"

反动派的这种无理措施引起了同学们的极大愤慨,第二天报纸上中央社发的"昨晚西郊匪警"的诬蔑造谣消息更增加了这种愤慨。26日晨,新校舍墙上立即贴出了许多罢课抗议的大字报。在联大罢课后,昆明三十余所大中学校同学也都立即罢课响应,共同组织了昆明各校罢课联合会,通过了罢课宣言和反内战宣言,要求立即停止内战;反对美国助长中国内战,立即撤退驻华美军;立即结束国民党一党专政,召开政治协商会议,成立联合政府;切实保障人身自由;取消省政府禁止集会游行的非法禁令等等。

在反动派种种阴谋都告失败以后,11月29日,关麟征、李宗黄、邱清泉等召集的第四次秘密会议上,遂有对学生进行大屠杀的决定。30日,三青团云南团支部宣传科长周绅,率领了许多特务党棍在军校演习投掷手榴弹。12月1日,便发生了死伤数十名师生的"一二·一"惨案。

12月1日上午,国民党、三青团以及警备司令部、军官总队、鸿翔部队(伞兵)的特务党棍成群结队分头攻打昆明各校。在数百名军官总队的特务暴徒攻到新校舍门口时,同学们立即紧闭校门,把桌椅黑板堆集在门内阻塞通路、隔墙和特务们对垒,特务们曾一度攻破大门进到校内,情况非常紧急,但同学们齐声一呼,大家冲上前去把冲进门来的特务完全击退,并且俘获了一名。特务们同时对校门外的联大师生逞凶,将袁复礼教授和同学围住殴打。当特务投掷手榴弹时,在场的南菁中学教师于再被炸身亡。在数小时的战斗中,新校舍同学以奋不顾身的勇敢精神,付出了数十人受伤的代价,保卫住了校舍未受侵入。

另一队特务大致在同一时间,攻向龙翔街联大师范学院,乘同学们正在吃午饭时闯入了院内,师院的同学们立即放下饭碗和特务搏斗,隔墙昆华工校同学们闻讯也越墙过来支援,同学们发起冲锋将特务打退。这时,特务投出了手榴弹,潘琰、李鲁连和昆工同学张华昌被炸殉难。

　　大群特务的行凶和四烈士的惨死,使同学们在极度悲愤情绪下更坚定了反内战争民主的决心,更扩大和加强了反内战争民主的宣传和组织,誓以行动为四烈士复仇。"一二·一"惨案的消息在全国范围内也引起了各界人民对反动派的痛斥,延安、重庆、成都、上海等地各界开会追悼烈士,声援昆明学生。联大图书馆做了四烈士的灵堂,这里陈列着烈士们的血衣、遗物,挽联、悼词四周墙壁挂不下,扯上几十条长绳,挽联悬挂在长绳上,形成若干条挽联巷道。一天到晚,人流不断。半月之内来灵堂致祭者达到十万多人。我写了一副挽联,挂在山墙的高处:"挟书者族,偶语者诛,驱四万万人民尽效鹦鹉舌、牛马走,转瞬咸阳成灰,千古共笑秦王计;杀身以仁,舍生以义,将一重重悲愤化作狮子吼、杜鹃魂,行看中国再建,日月长昭烈士心。"还有五百多个团体组织了集体分祭,许多人是含着眼泪走进、咬牙切齿走出灵堂的。血淋淋的事实教育了人们,更加认清了反动派的面目。

　　为了打击反动派的阴谋,同学们在 12 月 16 日晚举行了反内战座谈会,在会上群众情绪高昂,一致通过坚持罢课,会后并举行校内的游行。到了第二天,除了极少数的三青团分子之外,绝大多数的同学们坚持了罢课。

　　党所领导的罢课委员会一方面击破了反动派"无条件复课"的阴谋,另一方面考虑到运动必须在取得相当胜利时有条件地复课,以巩固胜利和继续争取中间派的同学和教师。12 月 27 日,在保障人身自由、言论集会自由、赔偿损失等五项条件取得地方政府公开保证后,同学们在罢委会领导下宣布复课。

　　"一二·一"运动继承和发扬了中国青年学生自"五四"和"一二·九"以来的光荣历史传统,推进了当时国内反内战争民主的浪潮,使广大群众认识了国民党政权的反动本质,提高了觉悟。在中国共产党的领导下,运动团结了绝大多数同学,胜利地粉碎了反动派的阴谋。"一二·一"运动也锻炼了同学的战斗力量,丰富了学生运动和群众斗争的经验。经过"一二·一"运动的洗礼,许多同学在日后解放战争时期华北和云南的学生运动中成为积极的骨干力量。

1946年5月4日,西南联大在抗战时期的使命完成之后正式结束,联大的同学们按志愿分入北大、清华和南开三校,并开始复员迁返京津。同时在联大校址内,树立了西南联合大学纪念碑。碑文简述了联大八年始末,最后一段说:"联合大学初定校歌,其辞始叹南迁流离之苦,中颂师生不屈之壮志,终寄最后胜利之期望,校以今日之成功,历历不爽,若合符契。"

联大的民主运动直接打击了国民党反动派,国民党对联大进步师生恨入骨髓。联大结束,教师与学生纷纷离校,留在昆明的为数很少,又值暑假期间,大、中学校都放假,国民党特务利用这个时机,于1946年7月11日先暗杀了李公朴,又于15日暗杀了联大教授闻一多,成为当时震惊中外的"李、闻血案"。李、闻的惨遭毒手,给北京大学师生留下了悲痛的记忆,使北大的师生对国民党反动派更加仇恨。

西南联合大学时期的教学和科学研究活动

长沙临时大学包括三个学校,因而系科的设置比北京大学在北京时多了一个工学院,又多了一个商学系。当时临时大学有下列各系:文科方面有中国文学系、外国语文系、历史社会学系、哲学心理教育学系。理科方面的有物理系、化学系、生物学系、算学系、地质地理气象学系。工科方面有土木系、机械系、电机系、化工系。法商科方面的有经济系、政治系、法律系、商学系。

学校规模比从前北京大学扩大了,有些学系是北京大学从前所没有的。从长沙迁校到昆明以后,系科又有所增加,比长沙临时大学时又有扩大,还增了一个师范学院。共有五个学院二十六个系。三校共同有的系,合并后,有教授过多的现象。为了满足教员的教学工作最低授课时数,开设课程很多,甚至有些杂乱。八年来,据不完全的统计,西南联大开过的功课(重复的课程不算)共达一千六百门以上。这里面不免有因人设课的地方。

当时教授的生活是十分困苦的。国民党军事上的退败和政治上的腐化,国民党的反动本质也更加在广大人民中间暴露出来,官僚资本对人民的搜刮愈益加重。到 1940 年,昆明的物价已在国民党统治区居于首位,并且还不断高涨。依靠薪给收入的工人和公教人员的生活受到极严重的威胁,大部分学生也因营养缺乏而损坏了健康。联大的教师学生已经和广大人民一同成为饥饿线上的挣扎者。通货膨胀和物价上涨的结果使联大教授每月薪金的购买力在一个时期仅合到战前的八元左右,这个数目根本不能维持一家大小最低限度的生活。联大的教授们曾再三向国民党政府提出略增薪金的要求,例如曾联合公开上书希望将大学教授的薪金维持在战前购买力三十元左右,而每次都遭到统治者的拒绝或不理睬。像闻一多教授全家从每天的三顿干饭改为两顿,两顿干饭还不能维持时就只能喝稀饭,菜蔬从白菜豆腐而降为豆渣,全家都需束紧腰带忍受饥饿。许多教授因为避轰炸而疏散住在昆明乡间的村镇中,到学校授课每次都要往返步行数十里。即使在如此困难的情况下,多数教师们还是认真地坚持了教学工作。

为了改进教学工作,有许多系编制了一些教材和教本,比如中国文学系编印的《国立西南联合大学国文选》曾增订改选重印了好几次,1944年编选的《国立西南联大语体文示范》由作家书屋代为印行,其他学校也有采用的。工学院也编写了几种大学丛书。西南联大创办的《国文月刊》,从1940年起由开明书店发行,成为国内关于国文教学的定期刊物。

西南联大的定期学术报告会也是当时教学活动中的一个特别的方式。比如从1942年起,中文、历史两系共同组织的文史讲演会,约请校内外的专家轮流主讲,共举行了五十余次,其中包括文学、史学、哲学、艺术各方面的问题。此外,新文艺座谈会、诗歌朗诵会,也经常在教授的参加下举行。这种性质的集会,多半和民主革命运动相配合,在广大群众中经常起着宣传、鼓动作用,和上述的文史讲演会一味追寻古代趣味的讲演不同。

关于时事报告(国际、国内政治形势的分析),也是经常举行。这种学术性的报告经常反映两条政治路线的斗争。有些反动教授假借学术报告的幌子替蒋介石的专制独裁吹捧。但是这种讲演越到后来越不受同学的欢迎。也有进步教授通过学术讲演宣传革命的道理,揭露国民党的腐败、无耻、不得人心。这样的讲演经常是听众最感兴趣的。

由于教学设备较差,学校经费又十分困难,西南联大师生在极端艰苦的条件下,克服了许多困难,改进了教学。有的系利用当时的条件,开创了新的教学和研究的领域。比如,中文系开设了"汉藏语调查"及"汉越语研究"的课程就是利用昆明的有利条件,开出来的新课程。通过这些课程也培养了一些从事实际调查的语言学人才。又如,地质地理气象学系建不起气象台,教学工作发生困难,他们就利用联大墙外一座旧碉堡改装后,就成了一座简单的气象台了。如理科与工科各系,经费不足,仪器不足,多半采取了和企业部门合作的方式解决教学和实习的困难。

工学院有些系有附属工厂的,也利用生产的利润来补助教学经费之不足。

当时勤俭、刻苦的精神也很值得回忆。化学系自制泥炉烧木炭以代替煤气炉和电炉。生物系有一次房屋被敌机炸毁,警报解除后,师生从弹坑中挖出仪器,加以整理,仅仅隔了一天,又照常上课了。当时教学和研究条件十分困难,没有多少钱可供使用,反而使得许多师生经常开动脑筋,工作也踏实一些。没有大量的钱购买书,因而在研究中,只钻书本、查文献、不肯动手的缺点比起以前和以后的情况来,都要少一些。

比如闻一多研究古代诗歌,他就经常从当时云南兄弟民族的民歌中得到启发;有的教授研究三礼,也经常从兄弟民族的婚丧大事、风俗习惯中做比较研究。

北京大学研究院文科研究所于 1939 年恢复招生,法科研究所也于同年恢复。文科研究所设在城内靛花巷,法科研究所设在冈头村。

1942 年,文科研究所与中央研究院合作,组织西北考察团,到西北敦煌一带考察。

因抗战初期,日本飞机经常轰炸市区,文科研究所由靛花巷迁往昆明东北郊龙泉镇宝台山。1944 年,敌机不敢来扰乱,又迁回昆明才盛巷。

为教学和科学研究服务的图书馆,在西南联大时期也是在十分艰苦的条件下工作的。临时大学时期,三校的图书没有运出来。为了教学的需要,临时在长沙收集了一部分。临时大学的中文书约五千册,西文书约一千册。学校迁到昆明,改为西南联合大学以后,陆续增加。中文、日文书籍共有三万四千一百册,西文书籍共有一万三千九百册。1940 年,英国牛津大学赠书一千四百五十四册。外文期刊,清华、北大合起来近百种。但当时北京图书馆也迁到昆明,他们有外文期刊(包括文、理、工各科)共一千七百多种,对于联大有不少的帮助。在 1941 以前,中央研究院历史语言研究所的图书馆设在龙泉镇宝台山,和北京大学也有互相借书的联系,这对于西南联大的教学也有所帮助。

北京大学原来教师中共分为四级:教授、副教授、专任讲师、助教。抗日战争后,与清华大学、南开大学合并后,三校行政管理和人事制度完全划一。抗日战争结束后,三校分家,北大仍旧继承西南联大的教师五级制,院系调整后,才又改为四级制。西南联大教师共分五级,这是参照了清华大学的制度而加以改变的。分为:教授、副教授、专任讲师、教员、助教。有些外籍的在中国短期讲课的教授,称为"客座教授"。此外,有"研究助教"多半是研究院毕业后,不担任教学工作的职称,地位相当于专任讲师。有"半时助教",教学任务相当于助教的一半,可以进修,但工资只有助教的一半。至于各级行政领导,只有三个常务委员是专职,其余各级负责人如总务长、教务长、各院的院长、各系的系主任都是由教授兼任的。这里也可以看出在西南联大时期的"教授治校"的风气。至于训导长是由国民党系统直接委派的,不一定由教授担任。

临时大学和西南联合大学的常务委员会是北京大学校长蒋梦麟、清华大学校长梅贻琦、南开大学校长张伯苓三人组成。1945 年,蒋梦麟辞去北京大学校长职,国民党教育部派胡适为北京大学校长,胡适当时在美国。胡适未到校前,由傅斯年代理校长。

抗战时期西南联大散记 *

　　日寇侵占华北，"七七"抗战开始。原在北平的北大、清华和天津的南开大学，奉命迁往湖南长沙，成立"临时大学"，临时大学在长沙住有半年，又奉命迁往云南昆明。临时大学改名为"国立西南联合大学"，一直到 1946 年夏，联大宣布结束，北方三所大学分别回到原来的校址办学。短短只有八九年的时间，在中国教育史上它留下了不可磨灭的、光辉的一段历史。

　　西南联大与我国抗日战争相始终。这所大学在颠沛流离中创建，在日寇飞机轰炸的间隙中上课，以极简陋的仪器设备从事研究工作，不但办下来，而且办得有声有色。这个大学短短八九年中为中国革命锻炼了大批革命骨干，为新中国的建设造就了大量的优秀人才。联大师生们的成绩是在半饥半饱的状态下完成的。

　　第一流大学，教学与科研并重，两者相辅相成互相促进。西南联大不但做到了，而且这两方面都处于各个学术领域的前沿。当时选送出国的留学生，到了国外也是尖子。这说明西南联大早已与国外一流大学接轨。

---

　　* 据《皓首学术随笔》。

1943 年 12 月,林语堂从美国回来应邀在西南联大讲演,题目是《精神文明与物质文明》,他对联大艰苦的师生生活,为之感动,说"不得了"。同时对联大师生战胜困难取得的成绩连称"了不得"。

西南联大理工科的成就,早已引起广泛的注意,很多人耳熟能详。像我国两弹一星的研制开发群体,联大人占了相当高的比例。诺贝尔奖的获得者杨振宁、李政道,当年青年数学明星陈省身、许宝禄、华罗庚,物理学领域的周培源、吴大猷、赵忠尧,化学领域的曾昭抡、杨石先,植物学领域的汤佩松、吴征镒、戴芳澜,农学领域的俞大绂、娄成后,等等,已为人所共知,不必一一列举。

这里只凭回忆,说说西南联大文科的一些片断往事。

人文胜况

人文科学、社会科学方面,西南联大教师们的成就当年在全国也是领先的。这一点似乎人们注意得不多,现在补充说一说。比如闻一多研究《诗经》《楚辞》,文献考证功力深厚,他后来利用西南地区民族、民俗的活化石,使他的学术造诣开了新生面。

语言学大师罗常培,利用西南地区的特殊条件(云南省就有二十二个少数民族)开辟了少数民族语言新领域,为我国培养了新一代的民族语言研究人才,如马学良、傅懋绩等人都成为国际知名的专家。新中国成立民族语言研究所,这些青年学者成为骨干,为少数民族创制新文字,这批专家成了主力军,我国少数民族学的基本队伍是联大时期培养的。

贺麟创立"西洋哲学编译会",主持西洋哲学名著翻译工作,造就了不少哲学翻译人才。解放后商务印书馆出版的西洋哲学名著系列丛书,主要是西南联大时期的一批青年学者完成的。他还系统介绍黑格尔哲学,新中国的一批黑格尔研究者、专家,贺麟有开山功劳。

金岳霖的《知识论》是他在联大的讲稿,他的哲学著作《论道》是他跑警报时在山坡上构思完成的代表作。汤用彤的《汉魏两晋南北朝佛教史》出版半个多世纪以来,国内外还没有一部著作可以取代它的权威地位。熊十力的《新唯识论》(语体文本)是这一时期完成的。洪谦是向国内学术界介绍维也纳学派的第一人。钱穆的《国史大纲》出版的扉页上写着"谨以此书献给抗战的百万将士",这部中国通史成为各大学首选的教材。历史系雷海宗讲授中国通史,他上课只带几只粉笔、不带讲义书本,能将历史事件、年代讲授得准确无误。结合他丰富的世界史知识,把中国古代史放在世界历史的大范围内来观察。使学生增加了知识,开拓了眼界。陈寅恪讲"佛典翻译文学"选修课,上课时带了一包袱书,从不翻看,娓娓讲来,令听者忘倦。西南联大不采用当时教育部规定的作为全国通用的政治课《党义》教材,以《伦理学》取代国民党的"党义"课的大学,全国只有西南联大一家。

百家争鸣

百家争鸣成为西南联大的学风。北大中文教授罗庸讲"唐诗"课,第二年清华中文系教授闻一多也开"唐诗"课。闻一多讲选修课《楚辞》,第二年罗庸也开《楚辞》。两人讲授的风格、内容各异,同学受益很多。沈有鼎为哲学系开《周易》课,听讲只有三五个学生,闻一多也杂坐在学生中听讲。郑昕开"康德哲学"课,数学系教授程毓淮也来听课。陈寅恪讲"佛典翻译文学",中文系、历史系、哲学系的助教、讲师多来听课,本科生反倒不多,遂有"教授的教授"的称号。院址在昆明东南部,联大校本部,文、理、法各科都在昆明市的西北部,联大工学院的学生有的走好几里路到校本部听文科的课。学生中跨系听课现象蔚成风气。一年级国文课,全校文理及工科共同必修,共十来个班,讲课的教师中有李广田、沈从文、余冠英等十来位教师,讲课各有特色。这种气氛也只有西南联大才能见到。

百家争鸣,学术民主,不但在同辈中盛行,师生之间也不乏这种宽容求是的事例。历史系王玉哲在北大历史系二年级时,对傅斯年研究《齐物论》的作者提出不同意见,在刊上反驳。傅斯年在西南联大担任北大文科研究所所长,招研究生,王玉哲想报考研究生,又怕傅老师对他有芥蒂,后来壮着胆子报考了,并被录取,师生相处得好。

杨振声指导大学本科四年级学生写论文,这位学生是研究曹禺的题目,迟迟写不出,杨约学生谈话。原来学生的观点与杨先生不尽一致,怕导师通不过。杨振声告诉他,只要认真研究,掌握原始材料,言之成理,持之有故,尽可写成论文,师生完全一个样,学术怎能发展?学术面前,只重证据,不论资格。听说这位青年后来成了中山大学的名教授,并经常以此精神教导下一代。

北大文科研究所一年级青年研究生杨志玖研究元史,看到欧洲一位著名汉学家著文说,"马可·波罗没有到过中国"。杨志玖用过硬的原始材料驳斥了这位国际汉学家。迄今为止,关于马可·波罗在中国的活动,杨志玖的观点在国际上已成定论。

课余学术演讲会

抗战后半段,日本发动太平洋战争,美国派来志愿空军,在昆明建立空军的"飞虎队"驻昆明,经过几次空战,打下来日本飞机多架,日寇飞机不再敢来空袭,上课时间比较正常。中缅公路修通后,昆明成了对外交通的通道。联大有时邀请归国过路的名人讲演,我记得的有顾维钧、焦菊隐、徐悲鸿,美国回来的林语堂,牛津大学的 Daods. 出国作战、在缅甸密支那城全歼日本侵略军的杜聿明,等等。

西南联大学术空气很浓,学术演讲几乎天天都有,有时一天还不止一场,有文艺的,学术的,时事的。还有如诗歌朗诵、音乐欣赏等,活动多在每天晚饭后,星期日则在白天。有不同爱好的同学有选择地自由参加。以上这些都是临时性的,联大师生经常举办的不同社团组织的歌咏、诗朗诵、话剧等也很活跃。师生们物质生活艰苦,精神生活却十分活跃丰富。

　·**徐悲鸿谈画**· 　徐悲鸿先生由欧洲经苏联回国,过昆明,联大学生请他演讲。他结识了不少苏联画家,还在苏联参观苏联红军卫国战争画展。他说苏联卫国战争调动了全国各界的爱国热情,艺术家也充分发挥了它的积极作用。苏联画展组织者动员了全国有名的不同流派拿出作品参展。大量的作品是描写红军抗击德国纳粹的战争。也有些老画家,没有画过红军卫国战争的作品。为了使画展丰富多彩,表明全苏联不同流派一致的团结卫国精神,尽量动员艺术界更多成员参加。当画展组织邀请这些老画家拿出作品时,一位老画家生气地说:"没有,都给钉上木板了。"(因为当年苏联革命成功后,把不是直接表现革命的绘画作品封闭起来,教堂的宗教故事画用木条钉上谢绝参观,这类极"左"的行为,曾引起一些画家的不满)经画展组织者一再劝说,这位老画家拿出一幅乡村风景画。徐悲鸿在画展会上看了这一幅画,题名"绿舞",一棵大树屹立在田野上,树叶迎风飞舞,生动极了。恰好有几个青年参观者也在欣赏这幅画,问解说

403

员:"这大树和房子很好,画上怎么不见红军啊?"解说员机敏地说:"你不是看见树后这所房子吗?红军隐蔽在房子后面啊!"

徐悲鸿先生在法国留学期间创作了一幅古代寓言画,画的是明清之际流行于社会上的一首歌谣,"他人骑马我骑驴,中怀怏怏恨不如,回头又见推车汉,心下一时稍舒齐"。大意说,有人看到别人骑马,自己骑驴,心中不平衡,回头看见推车汉子大汗淋漓地推车上坡,心中的不平衡又缓解了好多。这首歌谣在于教人安分知足,每一个人的生活,总是"比上不足,比下有余",教人安分知足,说不上什么"革命牲"。苏联的画家同行们看到这幅"推车图",他们不懂汉文,却很欣赏画中的推车人两臂肌肉丰满凸起,很有力量,称赞把劳动人民的精神画出来了,要求赠给国家美术馆收藏。徐悲鸿先生欣然答应了。解放后,有一年我去苏联,参观苏联美术馆时曾向有关方面打听徐悲鸿这幅推车图是否还在,他们说展品有千百件经常轮换,一时很难查找了。很遗憾没有亲眼看一看徐悲鸿先生的这幅"推车图"。

·焦菊隐谈二战时期的英国人民· 纳粹德国首先发明飞弹(后译为导弹)V1、V2,用来攻击伦敦,造成居民伤亡,建筑被毁,危及交通,市内道路通行天天改变。当时伦敦一家大百货公司遭到飞机袭击,屋顶炸穿,被开了天窗。公司门口布告:Open as usual(照常营业)。第二天又被炸了,屋顶的破洞更大了。百货公司又公告:More Open as usual(更加照常营业)。英国人民巧用 Open 这个双关语,more Open 既表示对敌人的藐视,又体现出伦敦市民遭炸而不气馁的乐观幽默性格。居民生活用水、食物均按定量配给。洗澡规定只能放半盆水,无人监督,市民都能自觉遵守。丘吉尔七十岁生日,配给部多发给半磅茶叶,附言说,为了祝贺您的生日。像丘吉尔这位英国战时最高统帅也并不比一般市民特殊。

·经常性的学术讲演·　西南联大人文学科专家大师云集,学术风气活跃。北大文科研究所罗常培教授积极组织了一系列学术报告会。联大许多学术社团组织,也经常开展各种学术活动。我听过的学术讲演,现在记得清楚的有汤用彤先生的,"言意之辩",后来收入他的《魏晋玄学论稿》。向达先生的"唐代俗讲考",介绍唐代的寺院培养一批善于讲故事的僧人,以讲佛教故事向群众宣传佛教因果报应,长篇故事有连续性,十天半月讲不完。从甲地换到乙地,接着讲,听讲者听得入迷,经常追随讲者也从甲地跟到乙地。冯友兰先生讲"禅宗思想方法",说禅宗的认识论用的是"负的方法",用否定的词句表达要肯定的意义,以非语言的行为表达语言不能表达的意义,"说就是不说"。讲演散会时,天气转凉,冯先生带了一件马褂,穿在身上,冯自言自语地说,"我穿就是不穿"。这部分内容收入了他的《新知言》一章里。贺麟先生讲《知行合一新论》,对王阳明的"知行合一",孙中山的"知难行易",有所发挥。他认为低层次的"知"和低层次的"行"永远是合一的;高层次的"知"和高层次的"行"也是合一的。他说大学教授运用大脑,是大学教授的"知行合一",舞女运用大腿,是舞女的"知行合一"。主持演讲会的汤用彤先生宣布散会时说:"我们运用大脑完了,也该运用我们的大腿了。"《知行合一新论》收入贺先生的《会通集》。

化工系陈国符先生在德国专攻造纸,他业余常到北大文科研究所图书室翻阅我国道教全书《道藏》,在讲演会上他讲过一次"道藏源流考",这是他探索道教的开始。他这项业余爱好从此一发不可收拾,后来逐渐深入,其成就和影响超过了他大学的化工造纸专业。他的道教受到国内外同行的称道。只是他乡音浓重的常熟方言不好懂,喜欢用强调副词"交关",讲一两句,就出现一次"交关"。有一位听众,散会后走在路上还喃喃地说"他的话交关难懂"。

法学院一位教授在昆中北院作世界形势报告,分析德苏不会开战,提出有四条根据,先讲了两条,中间休息二十分钟。恰好这时街上报童叫喊"号外,号外","德苏开战了,德苏开战了"。主讲人颇感尴尬,宣布下半不讲了,提前结束。其实,世界风云变幻莫测,一介书生仅仅根据报刊、文献提供的有限信息资料去做判断,结论有误完全可以理解。后来"二战"记载德国出兵进攻苏联,连斯大林还判断失误,何况远离实际的东方学者?这位教授照常受到学生们爱戴。

西南联大的学术讲坛,也吸引了外省学者的兴趣。重庆中央大学历史系黎东方教授到昆明讲"三国历史讲座",租用省党部的礼堂,售票讲演,听众踊跃。送给联大历史系教授们一些票。姚从吾、郑天挺等先生都去听过,我也分得一张票。他们为了适应广大听众的趣味,黎东方先生讲历史故事时,经常加进一些噱头。讲三国时期吕布与董卓的矛盾,把《三国演义》的一些情节加以演绎:"吕布充当董卓的贴身侍从武官,住进相府。吕布就在客厅支了一只行军床,这样与貂蝉见面的机会多了,随便谈谈三花牌口红的优劣,谈得很投机……"由于黎东方善于随时加进一些"调料",他的讲演上座率不错。听说他在重庆的讲座也很受欢迎。我只听过他一次讲三国,在散会回来的路上,与姚从吾先生随走随聊,认为用这种方式向一般市民普及历史有长处。但这只有黎东方教授有天才能办到,我们学不了。

剩余的话

办学的目的是培养建国人才。建设国家,首先要爱这个国家,必须是关心民族命运的爱国者。联大师生有不同的政治立场,有"左"的,也有"右"的,绝大多数是中间群众。他们政治立场虽有分歧,共同的信念是爱国、保卫国家,抵抗外来侵略者,争取民族独立。这种情况与当时抗战时期的总形势和中华民族的历史使命是一致的。

抗战胜利后,日本投降,西南联大解散。三校分开后,各立门户,日子过得还不错,总感到似乎还缺少点什么。西南联大的形象长期留在人们的记忆里,历久弥新。

这些琐事,事隔六十多年,说也说不完,只可作为茶余饭后闲谈凑凑热闹。愿与关心西南联大的朋友们分享逝去的生动活泼的一段生活。

我心中的西南联大 *

　　今年11月1日,是西南联大建校七十周年。联大北京校友会汇集师长、同学及与西南联大有密切联系者撰写的一百一十多篇文章,编成《我心中的西南联大》一书,从各个侧面记叙西南联大的爱国主义精神、民主科学传统、学术自由风气、大师如云盛况以及异彩纷呈的业余文化生活等等,内容翔实,生动感人。这可以使更多人了解联大、认识联大,我认为是很有意义的。

　　西南联大成立之初,只是为了把大学教育的长明灯持续下来,保持我国的学术文化不中断。北大、清华、南开三校在长沙合并为一校时称"临时大学",迁昆明后正式定名称为"国立西南联合大学"。三校各推一人为常委:蒋梦麟(北大)、梅贻琦(清华)、张伯苓(南开)。三校常委集体负责领导。蒋梦麟、张伯苓常驻重庆,常委长期主持人是梅贻琦校长。

　　西南联大值得怀念的是它的自由宽容、博大深宏的学风。团结师生的凝聚力是爱国主义。联大教授重创新,都以讲自己的教材为荣,讲现成的教科书为不光彩。这也是其他大学罕见的。

---

　　* 原载《人民日报》2007年11月23日。

联大抓体育抓得很紧,功课都及格、体育不及格不能毕业。联大还规定,文科学生必选一门自然科学,理科学生必选一门人文科学,目的在于培养通识人才。

入学第一年,英文、国文(语文)都是重点必修课,必须学好,这两门不及格不能升级。一年级语文课教师,记得有余冠英、李广田、沈从文等十来位。英语教师有王佐良、李赋宁、叶樨、查良铮等十来位。这些教大一英文、国文的教员,后来都成了知名的诗人、专家、学者。

1943 年,中国也派遣远征军出国到缅甸,与美英联军共同作战。中国军队需要大量翻译到美英军中当译员(上尉军衔)。时值寒假(只差半年毕业),西南联大号召全校四年级男生都去当翻译,体检合格后培训一个月,即上岗。可见西南联大学生英文基础比较扎实,文、理、法、工各科学生都能胜任。

平时学生考试,不必按照教师的讲义来答卷,意见与教师相反,只要有根据,也可以拿高分。记得经济系陈岱孙教授开《财政学》,这是一门既有理论又要联系实际的课程。经济系的同学说,有一年考试题目是"假若我当财政部长"。西南联大之所以人才辈出,既有个人的努力,也与鼓励创新的学风有关。

西南联大办校正值战争年代,有一半的日子天天躲避日寇飞机轰炸,物价飞涨。师生在半饥半饱状况下,却为中华民族培养了一大批人才。自 1938 年至 1946 年,先后在联大毕业的本科生(包括持北大、清华、南开学籍的)总计有三千七百余人。这些毕业生在当时以及解放后都发挥了积极作用。凡是到过西南联大的中外学者,都认为西南联大创造了办大学的奇迹。

所谓奇迹,无非是对稀见事物的一种称谓。奇迹出现,绝非偶然。魏晋哲学家王弼说过,"物无妄然,必由其理"。

西南联大没有什么独特之处,其实就是原来北大、清华、南开三校奉行多年、行之有效的方针,就是"海纳百川,心系天下(爱国主义),百家争鸣,不断创新",也就是"五四"精神在教育方面的具体化。由于民国期间长期军阀混战、政治混乱,只有教育界几所有水平的大学保持着"五四"以来的"科学与民主"这一小块净土。北大、清华、南开等校按照教育规律办学,办学方针实事求是,教学方式百家争鸣,不强求纳入一个模式。同一课程,如"唐诗",闻一多与罗庸两人观点不同。一样古文字学,唐兰与陈梦家不同。同一课程,同一教授,今年与去年不同。教授之间互相听课,师生之间可以互相保留不同的学术观点。撰写论文,学生可以不同意导师的见解,只要持之有故,有充实的根据,教师就会通过他的论文。

联大不提倡读死书,同学们都十分关心国家大事。当时的头等大事是支持抗战。

联大在科研工作中从不抱残守缺,在战时与海外大学交流十分困难的条件下,师生们密切关注国际学术前沿各领域。有人回国带回一本新书(江泽涵教授的一本《拓扑学》),当时尚不具备复印条件,教授们曾辗转手抄。

我在西南联大先当过学生,后来又当教师。我是北大文科研究所的第一批研究生(一共招过两届,我是第一届)。研究生与北大几位导师教授同住在一个宿舍(靛花巷),又在同一个餐厅开伙食,因为房间小,分在两处用餐。师生们朝夕相处,谈学问,谈生活,议论政治,也随时讲些历史掌故,关系十分融洽。师生之间经常交流,有学术的,有思想的,这有点像古代的书院。北大文科研究所,正所长是傅斯年,副所长是郑天挺,罗常培戏称郑天挺先生为"山长"(古代书院的导师及主持人)。

我们同住的导师有罗常培、郑天挺、陈寅恪、汤用彤、姚从吾几位。

第一批研究生中,后来知名的有王玉哲(南开大学)、杨志玖(南开大学)、阴法鲁(北京大学)、周法高(台湾,院士)、逯钦立(东北师大)等。

清华大学的研究生有王瑶、冯契、季镇淮、王浩等。南开设经济研究所于重庆,其研究生的情况我不熟悉。

如问西南联大何以能创造奇迹,可以明确回答,这奇迹来自1919年"五四"爱国运动,西南联大关心天下大事(外抗日寇,内争民主),实事求是的科学精神,尊重别人的民主传统,"五四"的火炬在联大师生手中传承下来。当时云南地方政府对重庆的干预有所抵制,这种环境也增大了西南联大民主运动空间。当年的西南联大师生人人关心国家命运,抗战必胜、日寇必败成为联大师生的共识。

西南联大虽早已结束,但联大精神是常青的。

自　传^{*}

　　我生于山东平原县,四岁以后,随父母在鲁南一带生活读书。九岁以后,在济南省立第一模范小学读书(听说现在改称实验小学)。当时北洋政府提倡尊孔读经,我读《四书》是在上小学时读完的。小学老师曹景黄先生给我打下阅读古汉语的基础,是我永远怀念的第一位老师。

　　1928 年上初中,1931 年上高中,中学时期有几位国文(现在称语文)老师,任今才(斡忱)、刘伯畝、张希之先生都是北京大学中文系或哲学系毕业的,在他们的影响下,我读过梁启超、胡适、冯友兰几位先生的著作,也读过他们关于老子年代的争论文章。

　　1934 年考入北大哲学系。旧社会读哲学很难找到合适的职业。那时年轻,不考虑那些,一心想寻找真理,追究人生的归宿。入学时有十几个人,毕业时只剩下三个人,我是其中的一个。

　　大学三年级,暑假期间发生了"七七"事变,北大南迁。文学院设在湖南衡山脚下。半年后又迁往云南蒙自县。由湖南到云南我参加了学校组织的"湘黔滇旅行团"。徒步旅行,走了两个多月,行程一千三百多公里。有机会看到农村败落和农民贫困景象。靠了他们承载着这个又穷又大的国家。人生的归宿,最

---

　　* 原载《任继愈学术论著自选集》。后又收入《竹影集》,名《追求》。

后的真理,如何与当前广大贫困的农民和败落的农村发生关系,对我来说一直是个问题,无法解决。我深信探究高深的学问,不能离开哺育我的这块灾难深重的中国土地。从此我带着一种沉重的心情来探究中国传统文化和传统哲学。不但细心阅读了大量的原始著作,甚至还照着去做。那时我只看到中华民族文化积累丰厚,它有生命力,是活着的文化,不同于某些西方学者把中国文化积累看成考古的对象。我们的文化不但活着,还要发展,应对世界有所贡献。但苦于找不到一个令人满意的清理方法。前人、外国人和时贤的著作,我觉得都没讲清楚。

儒、释、道三教是中国传统文化的三大支柱,它深刻而又广泛地影响着我国社会各阶层。从事中国哲学史的教学和研究多年,我力图把中国佛教思想纳入中国哲学发展的主流,看来收到了一定的效果。这个文集中关于佛教的文章也就是中国哲学史的一部分。道教对中华民族文化的重要性不下于佛教,今后还要用科学研究的成果向社会和学术界推荐。因为这一门学科的研究比佛教研究迟了数十年,见成效、被承认,还有待将来更多学者的努力,这个文集没收这方面的文章。

学术研究要扎根于这块土地上,要有补于人类的发展和社会的进步。世间没有纯学术,这个文集杂而不纯,但有一点可以说:我写的,完全是我想通了的,没说别人的话,我反对跟着凑热闹。

全国解放后,开始学习马克思主义,学着用历史唯物主义来观察社会和分析历史现象。初步学到了这个方法,使我十分振奋。回头来再剖析我中华民族的文化,就有了下手处,过去看不清楚的,现在看得比较清楚了。这个选集的文章都是用历史唯物主义观点来观察中国文化、说明中国哲学发展的习作。活到老,学到老,还要不断学习,力求有较大的长进。

开始学习用马克思主义 *

　　建国后,党十分关怀知识分子的成长,积极帮助他们学习马克思主义的基本理论。解放初期北京大学、清华大学哲学系的教师和一些马克思主义哲学工作者,定期(每两周一次)举行讨论会。当时北京大学哲学系教师们过去基本上都未曾接触过马克思主义,这样的讨论会是一个很好的学习方式。经常参加的,北京大学有汤用彤、贺麟、郑昕、洪谦、朱光潜、胡世华、齐良骥、任继愈等人;清华大学有金岳霖、冯友兰、张岱年、任华、邓以蛰、王宪钧等人。当时研究马克思主义多年的艾思奇、胡绳、侯外庐、何思敬等同志常来参加,徐特立同志有时也来参加。讨论会人数不多,自由参加,不拘形式,每次都有一人作中心发言,其他人围绕这个中心问题自由发言。金岳霖同志讲过形式逻辑,胡世华同志讲过数理逻辑,郑昕同志讲过康德,贺麟同志讲过黑格尔。发言多的是艾思奇、胡绳、何思敬几位同志。他们除了介绍马克思主义、毛泽东思想外,还给大家解答一些问题。当时我们没有接触过马克思主义,什么是历史唯物主义还很不清楚。通过这样的学习、交流,获益很多。后来,艾思奇、胡绳同志还兼任

---

　　* 据《竹影集》。

北京大学哲学系的教授,系统地讲授马克思列宁主义、毛泽东思想。当时,还成立了一个新哲学会,会长是李达同志。在这个学会里分中国哲学史、外国哲学史、逻辑、中国近代思想史、辩证唯物主义与历史唯物主义等几个组。这个组织除了举行大型的报告会外,也为北大、清华两校的哲学系编写教学大纲,编选资料,后来出版的《中国近代思想史资料汇编》,就是这时开始编选的。龚自珍和魏源开始被写进中国哲学史,在这以前对刘逢禄、廖平还有人讲,龚、魏则被忽视。

当时我们的学习,基本上是用从延安带来的办法。马克思主义者从来不采取教训人的态度,一些旧社会过来的唯心主义者,也没有顾忌地提出问题讨论。那时还没有提出过"不戴帽子、不抓辫子、不打棍子"的口号,但大家实际上做到了"三不"。记得艾思奇同志曾主张形式逻辑就是形而上学,但与会的逻辑学教师都提出不同的意见,争执了很久,讨论了若干次。最后艾思奇同志放弃了他的意见,也认为形式逻辑不等于形而上学。

学习马克思主义,光讨论不行,更重要的是必须系统地阅读、钻研马克思主义的经典著作。解放前,在国民党统治区里,这些书是被禁止的,不得公开发行。解放后,学习条件变了,我们有充分的时间,也能够读到马、恩、列、斯的重要著作。那时全集还没有译出来,但也可以读到一些外文本(如英、德、俄文本)。

除了书本的学习,还参加了社会活动,群众工作。经常在京郊参加一些农村的社会活动,还到全国各地参加土地改革运动,上述北大、清华的教师们除年老体弱者外,差不多都参加过这类社会实践活动。作为一个中国哲学史研究者,不了解中国的农民,不懂得他们的思想感情,就不能理解中国的社会;不懂得中国的农民、中国的农村,就不可能懂得中国的历史。我自己深切感到,由于参加了土地改革运动,与农民共同生活在一起,思想感情有了很大的变化,从此真正感到过去儒学家讲的"修身、齐家、治国、平天下"以及"天地万物一体之仁""亲亲而仁民,仁民而爱物"都是虚的。即使古人真正这样想的,也救不了天下,救不了人民,只能把旧中国拖向苦难的深渊。解放后不久,我对多年来最敬重的一位教授,也是我的老师说:你讲的儒家、佛教的那套哲学,我不信了,我要重新学习。

下乡劳动的初步体会[*]

　　今年年初,我们被批准下乡上山,参加劳动锻炼。但后来学校双反运动开始,我们又被调回参加运动,暂时离开农村。在农村劳动时间才一、二个月,锻炼改造才只开始,还谈不上有什么深入的体会,特别是农村的社会主义建设高潮正在一日千里地向前跃进,下放干部的劳动锻炼又有了很多新的情况和经验;我们离开农村已两个多月,已经觉得跟不上新的形势了。由于"争鸣"编者要我们写点体会,只能将当时的一些粗浅想法写出来,请大家批评指教。

　　我们体会到:像我们这种"四体不勤、五谷不分"的,出身于资产阶级、小资产阶级以及其他反动阶级的知识分子,这次下乡上山,参加劳动锻炼,主要的就是要解决世界观,也就是阶级立场的根本转变问题。由于我们的出身、过去所受的教育和经历,所以在我们思想中,对体力劳动和劳动人民等问题存在着系统的不正确的看法。尽管解放以来,参加过历次社会运动,特别是"三反""五反"知识分子思想改造运动与最近的反右与整风运动,我们的思想或多或少都有了改变与提高;但从去年右派分子

---

　　[*]　原载《争鸣》1959 年第 1 期。

兴风作浪,向党和社会主义猖狂进攻时,许多知识分子在若干根本问题上,或多或少有过动摇,站不稳脚跟,这些事实也说明了我们知识分子的思想改造还是远远不够的。尽管我们也知道必须为劳动人民服务,但在具体工作中却常常脱离了这个根本目标,为自己的个人主义服务的时间倒更多些。为什么知识分子的思想改造这么困难?根本原因还在于我们没有在工农群众中扎下根子,缺乏劳动人民的阶级感情。所以,要将我们自己改造成为真正的工人阶级的知识分子,和工农群众结合,在劳动中锻炼,实在是一条必须经过的道路。

下乡之前,总认为体力劳动是简单的事情,比脑力劳动"低级"。只有脑力劳动者最聪明,工人、农民好像是"愚昧无知"。这种荒谬的想法,一到农村,立即就破灭了。知识分子一到农村,立即成为最无知识的人。我们初到农村,首先遇到生活上的问题:生火、烧炕,不是费了柴和煤,就是燃不着;挑一担水,路上摇摇晃晃,洒了半桶,我们自己做饭,单是淘小米,学了一个星期,吃起来还是满口砂粒;煮一锅小米饭,总是底下焦、上面生、中间稀;我们有的同志连煮饭锅中先下米还是先下水都不清楚,闹不少笑话。这些事情要不是农家老大妈耐心帮我们,教我们,老实说,我们是否能每餐吃上饭都成问题。我们自己做了几天饭之后,才体会到炊事员同志的劳动真不简单。有的同志们说,过去轻视他们,实在可耻!我们在农村时期还没有学到耕作技术,冬季只参加了兴修水利的土石工程,几件最原始的工具:镐、钯、筐和背篓,农民使得那么熟练,我们可就费了大劲,用力使了十几钯,还装不满一筐石碴,又得老大妈或者小朋友来教我们,使钯时要如何着力,看他们爽利地两钯就装满一筐,真是羡慕。农村里可学的知识真是学不完,没有这些"简单"的劳动,人类就不能生存下去。这里我们开始对什么知识以及知识来源的问题

418

有了些体会。

体力劳动对于脑力劳动来讲，比较踏实也更加需要坚韧。农民在砌石基时，对每一块石头都要经过考虑，一定拣合适的才砌，不容丝毫马虎。道理很简单：如果有一处砌得不牢固，洪水一冲，整条石基就会冲垮。我们遇到过这样的事情：一处比较困难的工作，我们想些"巧"办法，做得表面看来也不坏，但经不起生产队长来一检查，立即发现不行，要拆了重做。我们知识分子习惯于避难就易，缺少坚忍的耐力，知识分子的弱点时常会暴露出来。在学校里我们经常遇到本来没有知识，但是自以为有知识的高级知识分子，在旧社会欺世盗名的教授就更多了。但是，工农业生产的劳动，是来不得半点虚假的。哪里缺了一块石头，哪里就有一个漏洞。当我们一连不断地劳动时，就是想停下来，歇歇气，会想到，要是还在学校里时，决不会"苦"得这样。但因为不能中途停下来，只好咬一咬牙，硬撑过去。每逢硬撑过一次，意志也更加坚强了，体力也逐渐增加了。从不习惯，带几分勉强，开始感到劳动的愉快。慢慢地我们从体力劳动中学到了坚韧和踏实。每次收工回来，回头看看一天的劳动成果，心里有说不出的喜悦。我们开始和农民分享劳动的愉快。

知识分子不知从哪吹来了一阵歪风，常爱说"农民自私自利，落后"。但从我们的亲身体会看来，农民比知识分子好得多，资产阶级知识分子才是真正的自私自利呢。应该认识到：合作化以后的农民，已经不是过去的个体农民，已经起质的变化。现在的农民已经习惯于集体劳动了。农民集体合作，集体观念已经形成，并且走在知识分子的前面。我们在乡下经常听到农民说"我们的队"，"我们的社"，如何如何，而没有听到农民说"我"如何如何。就拿我们参加的劳动来说：在天寒地冻时，几百农民苦战二十几天，就修整了上千亩滩地。连最有经验的老农都说：

419

要不是大伙一齐干，那来这样的成绩？"天下农民是一家"，"人多力量大"，已经成为农民的口头禅了。有农民告诉我们：他祖辈父辈，几十年时间才整了几亩地。我们也没想过，像整滩这样的工作，要是个体农民一个两个的去单干，那真不知道会比现在困难多少倍，所花的劳动和时间，也不知道要大多少倍（但是那一带原来就是很好的滩地，那是千百年来农民世世代代创造出来的奇迹）。我们参加在这样的工作里面，也体会到集体的力量，这又是脑力劳动所不易体会的方面。

农民兄弟是这样热情地、真挚地对待我们，怎么还能说他们"自私"呢？他们几乎是将自己最好的房子让出来给我们住，将自己不多的家具也借给我们使，还只怕我们少这样，缺那样，总是不断地关心我们。劳动时他们总拣重活干，将轻活留给我们，还老怕我们背多了，干累了。我们被他们这种无微不至的关怀有时简直感到不好意思。

他们为什么待我们这样好？他们的回答很简单："你们是毛主席派来的。"他们说："将来你们回去时，一定要比来时更胖一些，我们才安心。"我们的房东老大妈再三叮嘱："回去告诉你妈妈：在这里和在家里一样，要她放心好了。"这种真纯、朴质的感情，和我们在知识分子中经常遇到的冷淡、漠不关心，或者一些虚伪的客套形成鲜明的对比。许多同志在农村生活了一段时间，再回来与资产阶级知识分子在一起，反而觉得有些不好受，觉得没有和农民生活在一起痛快。才开始体会毛主席所说的："这时，拿未曾改造的知识分子和工人农民比较，就觉得知识分子不干净了。最干净的还是工人农民，尽管他们手是黑的，脚上有牛屎，还是比资产阶级和小资产阶级知识分子都干净。"（《毛泽东选集》，873页）

农民的俭朴与勤劳常使我们感到惭愧。在我们一起劳动的

420

过程中,常发现他们即使是对于一点很细小的物资,如一根火柴也是尽量节约的,为了节省一根火柴不惜走一段路去点火。也许有人会以为这是因为农民生活困难的缘故,当然现在农民生活水平还不高,但多用几盒火柴,在农民是负担得起的。我们认为这是劳动人民爱惜自己的和别人的一切劳动成果,长期养成的俭朴节约的习惯。我们开始觉得过去大手大脚、浮华浪费是可耻的。在工地上,我们常遇到一些六七十岁的老大爷、老大娘也愉快地参加劳动,干得很卖劲。据我们了解,他们倒并不是生活困难为了挣工分,真有困难的已经是五保户。其中有些老人,家中劳动力很多,有许多农民的儿子女儿在外面当了中级甚至某一方面的负责干部,并不需要他劳动过活,别的农民介绍说,他劳动已成习惯,所以要他休息他们感到不舒服。有的农民说,我休息也要到地里去休息。当我们看到四周高山坡上窄窄的一道道的梯田,这是千百年来劳动人民辛勤创造的。当我们想到他们辛勤一年,然后在收获时的喜悦,我们才开始体会劳动伟大的意义,觉得知识分子的好逸恶劳真是可耻的。

我们去的是老解放区,抗日战争时代起就是革命根据地。有许多家是烈属和军属,有许多活着的和已经牺牲了的革命英雄,经常可以听到许多惊心动魄的革命故事。过去残酷的敌寇扫荡与阶级斗争,至今还留下不少痕迹。特别是农民政治觉悟之高,使我们非常敬佩。我们是在反右斗争之后不久下乡的,看到农民对于党和社会主义的牢不可分的感情,恰恰又可与右派分子的言行成为强烈的对比。农民只要听说是党的号召,就从来没有不积极响应的;走社会主义道路,这是天经地义的事情。为了党和社会主义事业,他们的爱和憎非常明确。有一次讨论合并生产社时,有几个有过反革命罪行的表现得很不好,支部书记后来告诉我们:"谁和我们不是一条心,我们是清楚的。"

　　右派分子对我们的农村干部曾进行了各种各样无耻的污蔑。事实如何呢？我们所接触的乡和村的干部，尽管在作风上也还有些个别的缺点，但可以说没有一个不是全心全意、任劳任怨地为人民工作的。我们看到的干部都是在群众斗争中成长起来，有坚定的立场、有工作经验、对地方情况非常熟悉。现在还清楚的记得起：我们初到的那天半夜里，我们生产社主任为了怕我们中煤气，点了灯到我们每间宿舍中来查看。过了几天，乡党委书记又到我们每间宿舍中来和我们谈话，告诉我们如何才能在农村中安下来。他还常常在刺骨的寒风里，披件薄薄的棉衣，到每个工地上跑，用各种方法鼓励大家。

　　我们去的地方，过去几年连续的遭受自然灾害，在经济上发展得不算太快，尽管如此，我们所看到的农民生活毫无疑问的，是比过去大大提高了。以衣着来看，尽管平常穿下地时还比较破旧，但逢到节日看戏时，几乎人人都穿上新衣，和城市里居民没有什么区别。社会主义跃进的热情也正像全国其他地方一样正在无比地高涨。那里的耕地非常贫瘠，表面的土层不到半尺，底下全是沙砾。这样的土地里，去年平均产量每亩不到一百五十斤，今年的指标要超过四百五十斤。春节不歇工、起早摸黑地干，奋战，一切都在热火朝天地跃进。

　　以上这些点滴的体会，因为时间隔得比较长了，讲来也很抽象。就我们自己来说，下乡之前，多少觉得自己下乡去好像是个"伟大"的"壮举"。现在看起来，下乡之后，才能对自己的缺点有些认识。检查过去的工作，究竟我们为劳动人民做了些什么？真正伟大的只是劳动人民。他们勤劳、勇敢，革命战争时就拿起枪杆，生产建设时就拿起锄头，他们和工人弟兄的联盟构成我们国家的支柱。但是他们做得多，说得少，甚至做了也不说。他们干的是最伟大最平凡的革命事业，自然面貌就是通过他们双手和智慧,天天在改变着。我们是心悦诚服地拜农民为师,就在短短的一两个月中,我们再读农业发展纲要时,感到十分亲切,不再把它当作一般"文件"来阅读,很自然地想到我社里哪些工作已经开展了,哪些工作还有待于改进。我们在城里看农业技术改革的展览会时,最感兴趣的是那些有关山区使用的农具,不是在悬空称赞了。下雨刮风时,也会想到对田间作物的影响。

我们这次定出了自己的红专规划,把培养自己具有劳动人民的思想感情,坚决摆脱资产阶级思想的影响放在首要的地位,对自己的思想缺点也认识得比过去深刻些。主要是农民对我们的教育。

我希望学校大辩论以后,回到乡下去,努力补上这一段拉下的劳动生产的课。把自己改造成为又红又专的知识分子。

我的书斋[*]

　　顾名思义，书斋应当是读书的地方。古人为了表明自己的爱好、追求，以斋名表明自己的志趣。如"潜掌堂""知不足斋"等。在读高中一年级时，发生了"九一八"事变。后来在北京大学读了三年书。当时北大学生们习惯于个人单独活动，宿舍里只有几平方米左右的地盘，也往往用布幔隔开，互不来往。我在北大西斋住了几年，也有一个单独活动的小天地。"九一八"以后，日本军阀连年生事，北平成了边城，华北之大，竟放不下一张平静的书桌。西斋那一间宿舍已被日本兵占去，书籍也全部损失。

　　抗日战争期间，随学校迁到昆明，开始是当研究生，住集体宿舍，没有自己的书斋。后来留在学校教书，我有了一间书斋，在昆明翠湖边一条小巷子里，住在第三层楼上，面对着西山。在一间斗室里过了七八年——研究所刚成立时，这里住的都是北大文科研究所的师生。这一间房间原是陈寅恪先生的住室。陈先生身体素弱，冬天用纸条把窗户封死。砖木结构的楼房不隔音，难免互相干扰，但大家对陈先生都很尊重，晚上九时以后，他

　　[*]　据《任继愈学术论著自选集》。原载《光明日报》1986年12月13日。

要休息(左右邻居,楼上楼下,研究生的导师如罗常培、郑天挺、姚从吾、汤用彤诸先生都住在这里),大家都不敢高声说笑。有一天,楼下傅斯年、罗常培、郑天挺几位正高谈阔论,陈先生正好在楼上房间,用手杖把楼板捣得咚咚响。傅、罗、郑几位连忙停止了议论,一时变得"四壁悄然"。1941年后,陈先生赴英国讲学,我也毕业,搬进了陈先生住过的那一间斗室。西山的朝晖夕阴,岫云出没,读书倦了,抬头看看远山,顿觉心情开阔许多。那时生活穷,物价涨,"躲进小楼成一统",倒也读了不少书。埋头读书,自号书室为"潜斋"。有"潜斋笔记"多卷,"文化大革命"中,毁于火。

侵华日军战败投降,1946年北大迁回北平原址。这时内战已开始,国民党统治区物价飞涨,民不聊生,北平学生运动风起云涌。我在沙滩红楼有一间住房兼书房,有书也读不下去。这几年间教授中国哲学史及中国佛教哲学,所研究的内容与现实脱节,这个矛盾无力解决,心情比较苦闷,直到1949年才好转。1952年,北京大学由城内迁往城外,我住在中关园,自己又有了一间书斋。有机会系统学习马列主义,眼界比过去开阔了,对社会历史与思想的关系看得比过去清楚多了。解放后,社会上对中国古典经籍不大感兴趣,古籍容易收集。我的书斋藏书比过去充实了。又适逢政治清明,物价稳定,又有马列主义为指导,这十年间对我来说,是个读书及研究的好时机。50年代末开始,阶级斗争的弦越绷越紧,后来又上山下乡,劳动加运动,知识分子不遑宁处。从干校回来,"文化大革命"十年,全国遭难,书房取消了,我已没有书斋,只好睡在书箱叠成的"床"上,右眼失明,在极困难的情况下,勉强从事写作。

1977年,国家拨乱反正,离开住了二十多年的中关园,搬进了城内,我又有了一个书斋。在这里,给研究生讲课,与学术界的朋友们讨论问题。和"文化大革命"的十年相比,恍如隔世。《中国哲学发展史》《中国佛教史》《宗教词典》《中华大藏经》这几部集体编写的书,都是在这个书斋里开始的。

要做的事还很多,深感力不从心,只好一步一步地前进。在昆明时,书斋为"潜斋",回到北京,50年代北大的书斋没有名称,通讯地址写作北大中关园宿舍,取其谐音似可称为"中关虚舍",因为一半虚度了。现在又遇到政清人和的好时光,本可以多做些事,以弥补十年动乱失去的时间,偏偏眼疾缠身,遵医嘱,为保持目力,夜间不看书、不写字,这个书斋姑命之为"眼科病房",因近年来不再像从前那样夜以继日地工作,有似病房也。

"我所喜欢和遵循的格言"及
"我喜爱的人物传记"[*]

我所喜欢和遵循的格言：

　　为学须入地狱，

　　登山直到高峰。

我喜爱的人物传记：

　　居里夫人是一个做出伟大贡献的科学家，又是一个普普通通的人。《居里夫人传》(艾芙·居里著，左明彻译)写得之所以成功，就在于平凡与伟大结合得很好。

＊　原载《人物杂志》1987 年第 3 期。

对我影响最大的书*

《居里夫人传》

居里夫人是个普通的人,是普通家庭的普通一员,又是在科学上有光辉成就、对人类做出卓越贡献的人。

科学成就,要有一定的条件,但也不是等待一切条件具备后再干。居里夫人就是一个不等待条件具备,勇于克服困难的科学家。

很多人经受住了失败,经受不住成功,过了艰苦关,过不了荣誉关。居里夫人始终一贯,自强不息。科学成果归属于个人,还是归属于人类,《居里夫人传》明确回答了这个问题——知识分子要把知识奉献给人民。

《呐喊》

鲁迅用严峻的目光、严峻的语言、严峻的要求来剖析中国传统文化。鲁迅对中华民族有深厚的爱,爱之也深,责之也切。今天仍在障碍我们四化的一大堆绊脚石,《呐喊》时代起作用,今天还在起作用,更加使我们认识到除旧布新的紧迫性。《呐喊》值得再读。

---

* 据《任继愈学术论著自选集》,原载《北京日报》1988 年 9 月 16 日。

《任继愈学术论著自选集》自序 *

　　这个集子所收文章很杂,这也没有办法,集者杂也,本来是凑集起来的。

　　研究中国哲学史多年,深感中华民族是个伟大的民族,中华民族创造的文化十分丰厚,让人估不透。像长江大河,挟带着大量泥沙,洪流滚滚,浩渺无际涯。说到它的优点,可以罗列很多;说到它的缺点,也可以罗列很多。它身上这些优点和缺点又经常纠缠得很紧,一时理不清。正因为这样,才引起国内外研究者的兴趣。他们要追问,它的优点是哪里来的? 缺点的病因是从哪年种下的? 这绝不是一个人的力量能把问题弄清楚的,也许几代人共同努力,才能得到一个可信的结果。

　　古人说:"敝帚自珍",我对自己发表过的文章并不爱惜,日子隔久了,发表的报刊也记不清。如果没有北京师范学院出版社鲍霁、刘彦成同志的热心督促,这个选集就不会问世。一切向钱看,滔滔者天下皆是也,看重学术,肯出版不赚钱的书的出版社不多,北京师范学院出版社的风格值得表扬。

　　还要感谢青年同志张新鹰和李申同志,他们帮我搜集到报

---

　　* 北京师范学院出版社,1991 年版。

刊发表过的文章,感谢杨素香同志帮我抄写、核对。在这里对为此书出版尽心的所有同志表示感谢。

《任继愈学术文化随笔》跋*

　　长期在高等学校教学、研究，耳目所及，有些感受多与文化、教育有关。文化现象是社会现象的一部分，文运与国运总是连在一起的。这里汇集的几十篇短文，表达了一个从旧中国到新中国、经历了两个时代的知识分子对祖国命运的关注。

　　我们的国家从一个积贫积弱、中世纪状况走向现代化，很不容易，有许多阻力要排除。外在的阻力还容易发现，内在的阻力不易察觉。在现代化的装饰下，有的死去的灵魂借机复活。国家积累一些钱，能买到一些机器设备，却买不来现代化。现代化的标志是尊重科学，消灭愚昧，爱惜人才，健全法制，强化爱国主义。这都不是一朝一夕能办得齐备的。做不到这一点，就难免被动、挨打，就建不成社会主义现代化的国家。正视自己的不足，才能立于不败之地。《老子》说："夫惟病病，是以不病。"

　　从"五四"到近十几年改革开放以来，流行着许多主义，开阔了视野，消除了锢蔽，是好事。在众多的主义中，我看爱国主义应放在第一位。近代、现代西方社会主义思潮的兴起，由于

　　*　中国青年出版社，1996 年版。

贫富不均,社会主义在中国的兴起主要是均贫富与爱国主义相结合的产物。"天下兴亡,匹夫有责",是中华民族的好传统。作为文化工作岗位的一个成员,我看也当有"文化兴亡,匹夫有责"的心胸。

文章中有讲学术观点的,治学方法的,也有针砭时弊的,总归都与中国的现代化有关。好比一个医术不高明而又热心的医生,也许治不了大病,他关心患者的感情是真诚的。

《念旧企新》前言 *

　　本书所收文章有长有短,内容集中在感戴哺育过我的乡土,怀念教育过我的师长,关怀过我的学长、我的学校,祝愿我的学友,感谢我的助手这几个方面。

　　我的师长不止这几位,我的学友海内外都有,我的助手也有好几位,有一位可能被暗箭所伤,不幸短命早逝,将来要另写文章表达我的悼念。这里只选取我对他们的著作和为人发表过意见的少数几位。

　　自己在教育界及科学研究领域经历了几十年,得到同志、朋友们的鼓励或支持,也听到一些过分的赞许。我时刻提醒自己,要有自知之明,即使有一点成就,也不能记在自己的账上。这不是谦虚,而是实话。

　　我回想起在读小学时,在班上不是拔尖的,有几个同学比我强,因为其他原因,没有升大学。进了大学,我在班上也不是成绩最好的。班上最好的一位同学韩裕文(字质如,山东莱芜县口子镇人),他为人朴实,哲学理解的悟性、外语、阅读能力比我强,他译书,铺开稿纸,一边对原书,一边笔译,不必进行改

＊　山西人民出版社,1997 年版。

动，即可定稿，我做不到。

我从事哲学研究，毕业后，给贺麟先生当了一年的助教，系统地读了一些书。后来遇上机会，考入北京大学文科研究所，在学术空气十分浓厚的西南联大近十年。我感谢这个环境，生活虽清苦，但人事问题少，民主空气较浓，国民党政治干扰少。我所认识的赵纪彬同志、杨荣国同志，工作岗位经常变动，不遑宁处，自然会影响他们研究的时间，也耗散了许多精力，我比他们幸运。

后来成立世界宗教研究所，我负责筹备，如果不是我，而换成别人，在宗教学方面做出的成绩也许比我强。

我一岁时出过天花，未死；三岁时得过白喉，未死；八岁时得过猩红热，未死。在昆明一次骑自行车，从一个小石桥上摔下去，桥高约一丈，河底为细沙，半干半湿（河内无水，如全干会摔伤，有水会淹死），未伤。这些偶然的遭遇如果有一次过不了关，我这个人就不存在了。

"文化大革命"中，大有死去的可能，幸未死。双目先后都得过视网膜脱离，右眼手术失败，左眼手术成功了，如果左眼手术也失败，情况又是一样。这也是机会好。

总之，个人做出点成绩，主要在大环境，也看机遇，个人的作用微乎其微。既然生为一个人，就要认真去做一个人，切不可贪天之功，自己膨胀起来，我深感很多成绩是机遇造成的。

活到老，学到老。活着，就要不失时机地为别人、为未来的社会尽力。

1996 年 8 月

《竹影集》前言*

这个集子，文章有长有短，看起来比较杂乱。平生所学不出哲学、宗教、文化、历史这个领域。有时被迫写点应命的文章。因受知识所限，无论文章长短，还是不出这个圈子。这个集子，有属于个人经历的，有属于个人见解的，有些讲的家庭琐事，零星掌故；也有接受访问，随机应答的。总之，很不系统，既杂且乱。整理后，更加深了这个印象。

一般搞社会调查，整理材料时，按大纲、细目、分类归稿。归纳以后，总剩下一点，归到哪一类都有些不妥，就放在"其他"一栏内，这不失为一种处理的办法。再看我搜集这些大大小小的文章题目，又杂又乱，都有归到"其他"一栏的必要。显然不妥。我采取了一个懒办法，按顺序一个一个排下去，排到哪儿算哪儿，排完了，自然结束。

既然成了集子，总得取个名字。是三天前刚想到的，名曰"竹影"。

二十多年前，从北大中关园搬家到三里河。北大旧屋窗前有竹一丛，移来几竿，栽在窗前。竹子生命力极强，没有花时间

＊　新世界出版社，2002年版。

照顾它,居然长满了半个院子,还向左右滋蔓,延伸左右邻居的庭院。

看书看倦了,抬头看看竹子,绿色满眼,对我这个多年患眼病的人,不啻一副清凉剂,很有益。冬天,树叶子脱落了,竹影斜映到窗子玻璃上,颇像水墨画。水墨画不会动,婆娑摇曳的竹影,往往能启发一点灵感,停滞的思路又活了。杜甫诗中不大喜欢竹子,称为"恶竹"。也许他住处的竹子太茂密,太多,才引起他的反感。我读到杜甫的诗,深为竹子叫屈。我对竹子有好感,竹影映窗,使人心静,它成了天天见面的朋友了。记得在西南联大时,住在靛花巷,窗外也有一丛竹子,那是毛竹,高与楼齐,看书倦了,看看竹子,也解乏。那是从楼上看竹,现在离得近,只有一窗之隔,更有一种亲切感。

集名"竹影",了无深意。老伴的文集命曰"芸叶","竹影"相伴,聊以凑数。

《霜后草》自序*

　　中华书局邀约一些八十岁以上的老人在最短期间汇集一册文集,字数约在二十五万字上下。手头有几项科研项目尚未做完,只把已发表的文章选出一些,加上一部分最近发表和还未发表的文章,勉强应命。我与中华书局打交道多年,出版《中华大藏经》前后历时十二年,共一百零七册,双方协作善始善终,很难得。

　　记得一次在中华书局的纪念会上,邓恭三(广铭)说过,中华书局兴旺发达,说明中华文化的兴旺,中华书局和中国文化共命运,这话有一定的道理,因为中华文化出版建设是中国兴旺的一面镜子。

　　这部书即将面世,总得取个名字。记得早些年,老友张苑峰(政烺)于1948年刻了一方图章相赠。图章边款上刻了一首诗:"不敢妄为些子事,只因曾读数行书。严霜酷日俱经过,次第春风到草庐。"我读书不如苑峰广博,不知此诗的出处。这首诗的意思该是反映新中国建国前夕,苑峰和当时一般知识分子的心

---

　　* 《皓首学术随笔·任继愈卷》。

情。我想借用来表达我国学术界广大知识分子"文化大革命"后，度过严霜酷暑，迎接科学的春天的愿望。此文集就叫《霜后草》，作为《皓首学术随笔》中的一册。

今邓、张二位学长先后去世。当年学长健在者日稀。中国老年知识分子命运大致相似。这些人，专业各异，经历不同，他们在各自岗位上表现出爱祖国、爱中华文化，为中华文化献身，生死不渝的愿力。社会上那些贪图享受、腐化堕落、违法乱纪的事，从不沾边。现在向全国推广宣传的"八荣八耻"，他们早已身体力行了。

中国由一个半殖民地的贫困落后的旧中国建成新中国，中国人才真正站起来了。旧中国培养的知识分子，历次"运动"都是被批判的对象，有的受到不公正的遭遇，以至更大的不幸，但他们对此无怨无悔。我熟悉的师友们看到祖国的强大，为之高兴；看到祖国的失误，深感痛心。从他们身上看到经历了新旧社会的爱国文化人的骨气和对中华民族的责任感。是为序。

任继愈先生学术年表

李　劲

1916 年　1 岁

4 月 15 日生于山东省平原县。

1934 年　19 岁

考入北京大学哲学系。

1938 年　23 岁

大学毕业。

1939 年　24 岁

考取西南联大北京大学文科研究所第一批研究生,师从汤用彤和贺麟教授,攻读中国哲学史和佛教史。

1941 年　26 岁

西南联大北京大学文科研究所毕业,获硕士学位。硕士学位论文《理学探源》,发表于《燕园论学集》(北京大学出版社,

1984 年 4 月版)。

1942 年　27 岁

开始任教于北京大学哲学系,先后讲授中国哲学史、宋明理学、中国哲学问题、朱子哲学、华严宗研究、佛教著作选读、隋唐佛教和逻辑学等课程。

1946 年　31 岁

郭象《庄子注》与《庄子》,《文讯》1946 年第 6 卷第 3 期。

1947 年　32 岁

朱子的教育哲学,《教育短讯》1947 年第 2 期。

宋明理学家的教育哲学——从朱子到王阳明,《读书通讯》1947 年第 133 期。

自由的限度,《中兴周刊》(青岛)1947 第 7 期。

人心与政治,《正论》(北平)1947 年第 7 期。

禅学与儒学,《山东新报·问学周刊》1947 年 11 月 21 日。

1948 年　33 岁

为人与成佛,《世间解》1948 年第 9 期。

1953 年　38 岁

马建忠的思想,《中国近代思想史论文集》,人民出版社,1953 年版。

何启、胡礼垣的改良主义思想,《中国近代思想史论文集》,人民出版社,1953 年版。

1954 年　39 岁

魏晋玄学中的社会政治思想和它的政治背景,《历史研究》1954 年第 3 期。署名:汤用彤、任继愈。

《孙子兵法》中的辩证法因素,《光明日报》1954 年 4 月 21 日。

长期被埋没了民主思想家——邓牧,《光明日报》1954 年 9 月 5 日。

1955 年　40 岁

《魏晋南北朝佛教》重印后记。

南朝晋宋间佛教"般若""涅槃"学说的政治作用。

韩非社会政治思想的几个问题,《文史哲》1955 年第 4 期。

1955—1966 年担任《北京大学学报》人文科学版编辑。

1956 年　41 岁

介绍老子的哲学,《光明日报》1956 年 1 月 11 日"哲学"第 48 期。

中国古代医学和哲学的关系——从《黄帝内经》来看中国古代医学的科学成就,《历史研究》1956 年第 5 期。

司马迁的哲学思想,《新建设》1956 年第 6 期。

鲁迅同中国古代伟大思想家们的关系,《科学通讯》1956 年第 6 期。

从《内经》看中医的理论基础,《江西中医药杂志》1956 年第 6 期。

《墨子》,上海人民出版社,1956 年 7 月版。

《老子今译》,古籍出版社,1956 年 8 月版。

魏晋清谈的实质和影响,《历史教学》1956 年第 10 期。

中国古代大军事家孙武,《八一杂志》1956 年第 108 期。

韩非哲学的性质,《历史教学》1956 年第 10 期"问题解答"。

先秦诸子百家争鸣中所反映的有关古代社会性质问题,《争鸣》1956 年第 12 期。

孟子,《中国青年》1956 年第 18 期"中国思想家人物志"。

庄子,《中国青年》1956 年第 19 期"中国思想家人物志"。

范缜"神灭论"今译,《人民日报》1956 年 11 月 2 日。

《纪念释迦牟尼涅槃二千五百周年》,《人民日报》1956 年 12 月 2 日第 7 版。

《魏晋玄学中的社会政治思想略论》,上海人民出版社,1956 年版。

本年度起兼任中国科学院哲学研究所研究员,为新中国培养第一批副博士研究生。

1957 年 42 岁

试论中国哲学史的对象和范围,《光明日报》1957 年 1 月 11 日。

介绍墨子的思想,《语文学习》1957 年第 1 期。

庄子的唯物主义世界观,《新建设》1957 年第 1 期。

禅宗哲学思想略论,《哲学研究》1957 年第 4 期。

中国哲学研究在苏联,《北京日报》1957 年 4 月 19 日。

在中国哲学史的研究中所遇到的几个困难问题,《中国哲学史问题讨论集》,科学出版社,1957 年版。

苏联哲学界争论的一些问题,《新建设》1957 年第 5 期。

1958 年 43 岁

从《青春之歌》回忆当年,《文学知识》1958 年第 1 期。

把个人主义连根拔掉,《中国青年报》1958 年 6 月 11 日。

1959 年　44 岁

哲学系在农村进行的科学研究工作,《北京大学学报(哲学社会科学版)》1959 年第 1 期。

历代农民革命战争对中国哲学史的作用,《光明日报》1959 年 4 月 5 日。

春秋时代天文学和老子的唯物主义思想,《北京大学学报》(人文版)1959 年第 4 期。

五四精神,《语文学习》(北京) 1959 年 4 月刊。

从中国古代科学与民主思想的发展看五四运动的科学与民主精神,《光明日报》1959 年 5 月 3 日。

老子的研究,《光明日报》1959 年 5 月 24 日。

十年来从事中国哲学史工作的一点体会,《文汇报》1959 年 9 月 22 日。

论老子哲学的唯物主义本质,《哲学研究》1959 年第 9 期。

论哲学史的继承问题,《新建设》1959 年 12 月。

1960 年　45 岁

天台宗哲学思想略论,《哲学研究》1960 年第 2 期。

1961 年　46 岁

华严宗哲学思想略论,《哲学研究》1961 年第 1 期。

《易经》和它的哲学思想,《光明日报》1961 年 3 月 31 日。

古代神话传说中唯物主义思想的萌芽,《文汇报》1961 年 4 月 18 日。

庄子探源之一——从唯物主义的庄周到唯心主义的"后期

庄学",《哲学研究》1961 年第 2 期。

孔子政治上的保守立场和哲学上的唯心主义,《北京日报》1961 年 7 月 21 日。

庄子探源之二,《光明日报》1961 年 8 月 25 日。

庄子探源之三——论庄周哲学思想的阶级实质,《北京大学学报(人文版)》1961 年第 5 期。

释《老子》书中的"式",《文汇报》1961 年 12 月 10 日。

1962 年　47 岁

先秦诸子与百家争鸣,《工人日报》1962 年 2 月 10 日。

法相宗哲学思想略论,《哲学研究》1962 年第 2 期。

老子的朴素辩证法思想,《教学与研究》1962 年第 2 期。

关于《物不迁论》(附今译),《学术月刊》1962 年第 2 期。

墨子生卒年简考,《文史哲》1962 年第 2 期。

孔子——奴隶社会的保守派　封建社会的"圣人",《北京大学学报》(人文版)1962 年第 5 期。

孔子的"仁"的保守思想中的进步意义,《学术月刊》1962 年第 7 期。

释《庄子·齐物论》篇的"以明",《文汇报》1962 年 9 月 6 日。

《汉唐佛教思想论集》后记(1962 年国庆节)。

庄子探源之四——"后期庄学"(内篇)的唯心主义哲学体系,《北京大学学报》(人文版)1962 年第 5 期。

庄子探源之五——庄周的唯物主义哲学思想。

唯物主义的王夫之为什么反对唯物主义的老子?《光明日报》1962 年 12 月 21 日。

《汉唐佛教思想论集》1962 年初版(1972 年再版,1981 年三版,1991年四版)。

1963 年　48 岁

汉唐时期佛教哲学思想在中国的传播和发展,《光明日报》1963 年 2 月 15 日。

从佛教经典的翻译看上层建筑与基础的关系。

关于《不真空论》(附今译),《学术月刊》1963 年第 3 期 。

关于《杜阳杂编》(节录)。

汉—唐佛教简明年表。

王弼"贵无"的唯心主义本体论,《北京大学学报(人文版)》1963 年第 3 期。

先秦哲学无"六家"——读司马谈《论六家要旨》,《文汇报》1963 年 5 月 31 日。

如果老子是唯物主义者,《哲学研究》1963 年第 6 期。

李筌的唯物主义观点和军事辩证法思想,《北京大学学报(哲学社会科学版)》1963 年第 6 期。

《中国哲学史》(四卷本),人民出版社,1963 年 7 月初版。

是神造人,还是人造神?《中国青年报》1963 年 7 月 25 日。

研究哲学史首先要尊重历史,《哲学研究》1963 年第 7 期。

孔子讲的"仁"能不能是人类普遍的爱,《学术月刊》1963 年第 8 期。

12 月,《汉唐佛教思想论集》第一版。

1964 年　49 岁

刘知几的进步的历史观,《文史哲》1964 年第 1 期。

中国古代朴素唯物主义的特点,《人民日报》1964 年 4 月 19 日。

尼泊尔友好访问记,《文汇报》1964 年 4 月 23 日。

中国哲学史发展规律的探索,《人民日报》1964 年 6 月 27—28 日。

悼念汤用彤先生,《历史研究》1964 年第 3 期。

《韩非》,上海人民出版社,1964 年 10 月。

本年度负责筹建国家第一个宗教研究机构——中国科学院世界宗教研究所,任所长。

1965 年　50 岁

论《齐物论》不代表庄周思想,《文史哲》1965 年第 4 期。

1966 年　51 岁

旧经新见——读赵纪彬同志一篇论文的感想,《哲学研究》1966 年第 1 期。

永远以群众为师,《人民日报》1966 年 3 月 24 日。

1972 年　57 岁

《汉唐佛教思想论集》再版附言,1972 年国庆节。

1973 年　58 岁

4 月,《汉唐佛教思想论集》第二版。

1974 年　59 岁

《孙膑兵法》的哲学思想,《文物》1974 年第 3 期。

1977 年　62 岁

历史的真实与骗子的虚构——批判"四人帮"关于秦汉之际

"儒法斗争"的谬论,《安徽劳动大学学报(哲学社会科学版)》1977 年第 4 期。

秦汉的统一与哲学思想的变革——"四人帮"歪曲历史的罪证之一,《历史研究》1977 年第 6 期。

研究宗教,批判神学——纪念毛主席逝世一周年,《光明日报》1977 年 9 月 27 日。

1978 年　63 岁

《老子新译》,上海古籍出版社,1978 年 3 月版,1985 年修订。

肃清"四人帮"流毒　发展社会科学,《光明日报》1978 年 3 月 30 日。

批判"影射史学",恢复哲学史的本来面目,《哲学研究》1978 年第 3 期。

对哲学史上的问题要作具体分析,《红旗》1978 年第 6 期。

忆毛主席谈古为今用,《文汇报》1978 年 12 月 20 日。

本年度开始在中国社会科学院世界宗教研究所招收宗教学硕士生、博士生。

1979 年　64 岁

漫话佛学,《书林》1979 年第 1 期。

《汉唐佛教思想论集》日译本序,《中国佛教思想论集》,东方书店 1980 年版。

关于《般若无知论》(附今译),《世界宗教研究》1979 年第 1 集。

破除迷信,解放思想,发展马克思主义的宗教学,《世界宗教研究》1979 年第 1 期。

论儒教的形成,1979 年访日时所作"儒家与儒教"学术报告（补充稿）,《中国社会科学》1980 第 1 期。

为发展马克思主义的宗教学而奋斗,《哲学研究》1979 年第 4 期。

学习中国哲学史三十年(代序),《哲学研究》1979 年 9 期。

如何看待哲学史上的唯心主义,10 月在"全国中国哲学史讨论会"上的发言。

1980 年　65 岁

美学与宗教,1980 年前后北京大学系列讲课。

论儒教的形成,《中国社会科学》1980 第 1 期。

克服两个缺点,《中国哲学史研究》1980 年第 1 期。

儒家与儒教,《中国哲学》1980 第 3 辑。

如何看待哲学史上的唯心主义,《中国哲学史方法论讨论集》,中国社会科学出版社,1980 年 7 月版。

关于中国封建主义的问题,1980 年 9 月 18 日在陕西省哲学学会上的讲话,《人文杂志》1980 年第 6 期。

漫谈封建主义与社会主义,《百科知识》1980 年第 9 期。

如何看待社会上不合理的现象,《中国青年报》1980 年 10 月 28 日。

1981 年　66 岁

老子研究的方法问题,《中国哲学史研究》1981 年第 1 期。

访问加拿大与美国观感,《中国哲学史研究》1981 年第 1 期。

论中国哲学史上普遍存在的思想交融问题,《中国哲学史论》,山西人民出版社,1981 年 4 月版。又载于《中国农民报》1983 年 2 月 22 日。

争当第一流的人材,《中国青年报》1981 年 3 月 17 日。

《汉唐佛教思想论集》三版附记,1981 年 4 月 4 日,北京。

当前宗教研究中对三个问题的争论,中央党校党校研究室编《理论研究资料》第 49 期,1981 年 4 月 12 日。

学习《决议》,推动宗教学研究,《光明日报》1981 年 7 月 18 日,中国社会科学院部分专家座谈学习《关于建国以来党的若干历史问题的决议》发言摘要。

《朱熹思想研究》序,张立文:《朱熹思想研究》,中国社会科学出版社,1981 年 9 月版。

《中国哲学史论》,上海人民出版社,1981 年版。

《中国佛教史》(第一卷),中国社会科学出版社,1981 年 9 月版。

《汉唐佛教思想论集》(第三版),人民出版社,1981 年 12 月版。

1982 年　67 岁

哲学与宗教,《宗教·科学·哲学》,河南人民出版社,1982 年版。

儒教的再评价,《社会科学战线》1982 第 2 期。

推荐一部哲学入门书——《通俗哲学》,《光明日报》1982 年 4 月 24 日。

中国哲学史的特点——在《中国哲学史稿》讨论会上的发言,《南京大学学报》1982 年第 4 期。

阶级分析方法之一例——如何看待中国古代哲学的民族哲学家,《南京大学学报》1982 年第 4 期。

宗教研究与哲学研究,1982 年 8 月 22 日在西北五省区伊斯兰教学术讨论会(西宁会议)上所作的报告,《青海社会科学》

1982 年第 5 期。

朱熹与宗教，《中国社会科学》1982 第 5 期。

发扬中华民族优良传统，建设社会主义精神文明，《云南社会科学》1982 年第 5 期。

关于影印汉文大藏经的设想，《古籍整理出版情况简报》总第 90 期。

中国哲学史的特点，1982 年 6 月在《中国哲学史稿》讨论会上的发言。

从王充到熊伯龙，《中国无神论文集》，湖北人民出版社，1982 年版。

伟大的唯物主义者王夫之，《求索》1982 年增刊"王船山思想研究专辑"。

评孙叔平著《中国哲学史稿》，《人民日报》1982 年 7 月 2 日。

明清理学评议，《明清史国际学术讨论会论文集》，天津人民出版社，1982 年 7 月版。

当好社会主义国家的主人，《中国青年报》1982 年 11 月 23 日。

人人有保护文物的责任，《人民日报》1982 年 12 月 21 日。

《宗教学讲义》，1982—1983 年在北京大学哲学系宗教学专业的讲义，由刘苏根据录音整理，并经作者修改 。

1983 年　68 岁

回忆郑毅生先生几件事，《南开史学》1983 年第 1 期。

论汤用彤先生治学的态度和方法，《中国史研究》1983 年第 2 期。

我是怎样研究起佛学的，《书林》1983 年第 2 期。

研究中国哲学史的基本功，《中国哲学史研究》1983 年第

2 期。

破除封建迷信，建设社会主义精神文明，《求索》1983 年第 2 期。

无神论发展的新的历史阶段，《厦门日报》1983 年 3 月 19 日。

敦煌《坛经》写本跋，《1983 年全国敦煌学术讨论会文集（文史·遗书编下）》，甘肃人民出版社，1987 年 4 月版。

关于破除封建迷信的几个问题，《光明日报》1983 年 5 月 2 日。

建设社会主义精神文明与中国国情，《福建论坛（社科教育版）》1983 年第 4 期。

辽藏笔谈，《中国历史博物馆馆刊》1983 第 5 期。

主编《中国哲学发展史（先秦卷）》，人民出版社 1983 年 10 月初版（其中一部分曾以"中国哲学史的对象和方法"为名发表于《中国哲学》1982 第 8 辑）。

《中国少数民族哲学思想史论集》序，《哲学研究》1983 年第 6 期。

1984 年　69 岁

唐宋以后的三教合一思潮，《世界宗教研究》1984 年第 1 期。

坚持唯物史观是社会科学工作者的职责，《光明日报》1984 年 3 月 1 日。

《印度佛教史》汉译本序，《晋阳学刊》1984 年第 5 期。

1985 年　70 岁

中国文化的特点，《承德师专学报》1985 年第 1 期。

民族文化的形成和特点，《中国文化研究集刊》第二集，复旦大学出版社,1985 年 2 月版。

主编《中国哲学发展史(秦汉卷)》,人民出版社,1985 年 2 月初版。

魏晋玄学研究如何深入,《文史哲》1985 年第 3 期"魏晋玄学笔谈"。

知识分子的地位和待遇,《群言》1985 年第 4 期。

《中国佛教史》第二卷绪言,中国社会科学出版社,1985 年版。

熊十力先生的为人与治学,12 月在"熊十力先生诞辰一百周年纪念会"上的发言。

儒教,任继愈主编:《宗教词典》,上海辞书出版社,1985 年版。

本年度开始与北京大学合作培养宗教学本科生。

1986 年　71 岁

评马连良等彝文《劝善经》译注,《彝文劝善经译注》,中央民族学院出版社,1986 年 1 月版。

瞻望中国哲学史研究的前景,《华东师范大学学报(哲学社会科学版)》1986 年第 1 期。

整理古籍也要走现代化的道路,《古籍整理研究》1986 年第 1 期。

中国佛教的特点,《世界宗教研究》1986 年第 2 期。

重印《道藏辑要》的意义,《人民日报》1986 年 7 月 4 日第 5 版。

佛教与儒教,《文史知识》1986 年第 10 期。

要提高全民族的民主意识,《群言》1986 年第 11 期。

我的书斋,《光明日报》1986 年 12 月 13 日。

论魏晋南北朝社会思想的交融,《中国文化与中国哲学》,东方出版社,1986 年 12 月。

人才问题杂议,《群言》1986 年第 12 期版。

1987 年　72 岁

《五台山古诗选注》序,《五台山研究》1987 年第 1 期。

学术职称评定权力最好下放,《群言》1987 年第 3 期。

敦煌《坛经》写本跋,《1983 年全国敦煌学术讨论会文集(文史·遗书编下)》,甘肃人民出版社,1987 年 4 月版。

道家与道教,《文史知识》1987 年第 5 期。

为繁荣中华民族的文化作出贡献——纪念北京图书馆建馆 75 周年,《中国图书馆学报》1987 年第 4 期。

论白鹿洞书院学规,1987 年 12 月厦门大学国际朱熹学术讨论会论文。

论朱熹的《四书集注》,《四书集注》前言,岳麓书社,1987 年版。

1987—2005 年,担任北京图书馆(即中国国家图书馆)馆长。

1988 年　73 岁

禅宗与中国文化,《世界宗教研究》1988 年第 1 期,为中日第二次佛教学术会议上的发言。又载于《社会科学战线》1988 年第 2 期。

在五台山研究会首届学术思想讨论会上的发言,《五台山研究》1988 年第 1 期。

在人民大学图书馆建馆 50 周年科学讨论会上的讲话,《图书馆学通讯》1988 年第 2 期(总第 14 卷第 66 期)。

《中国佛教史》第三卷序,中国社会科学出版社,1988 年版。

主编《中国哲学发展史(魏晋南北朝卷)》,人民出版社,1988年4月初版。

女皇的苦闷,《群言》1988年第4期。

赖永海《中国佛性论》序,上海人民出版社,1988年版,《哲学研究》1988年第6期。

具有中国民族形式的宗教——儒教,《文史知识》1988第6期。

清除小农经济思想的影响,9月在《现代化》杂志"科学与文化论坛"座谈会上的发言。

对我影响最大的书,《北京日报》1988年9月16日。

编辑《中华大藏经(汉文部分)》的意义,《书品》1988年总10期。

关于宗教与无神论问题,《宗教·道德·文化》,宁夏人民出版社,1988年版。

读徐怀启遗著《古代基督教史》,徐怀启:《古代基督教史》,华东师范大学出版社,1988年7月版。曾载《时代与思潮(1)——五四反思》,华东师范大学出版社,1989年版。

北大的"老"与"大",《精神的魅力》,北京大学出版社,1988年版。

"实事求是"万岁,《群言》1988年第10期。

清除小农经济思想的影响,《自然辩证法报》1988年第20期。

1989年　74岁

中国古代宰相的职能,《群言》1989年第1期。

贺著《五十年来的中国哲学》序,贺麟《五十年来的中国哲学》,辽宁教育出版社,1989年3月重印。

《道藏提要》序,《世界宗教研究》1989 年第 4 期 。

《中国古代哲学和自然科学》序,李申:《中国古代哲学和自然科学》,中国社会科学出版社,1989 年 4 月版。

洪修平《禅宗思想的形成和发展》序,江苏人民出版社,1992 年版,《哲学研究》1989 年第 11 期。

中国古代的宦官与君主专制,《群言》1989 年第 11 期。

爱国主义与历史责任感不可分,《群言》1989 年第 12 期。

主编《中国道教史》,上海人民出版社,1989 年版(中国社会科学出版社于 2001 年出版增订本)。

1990 年　75 岁

彝族文化研究的重要资料——《爨文丛刻》(增订版),《文献》1990 年第 2 期。

神秀北宗禅法,《中国社会科学》1990 年第 2 期。

唐代三教中的佛教,《五台山研究》1990 年第 3 期。

前车之鉴与前鉴之蔽,《群言》1990 年第 5 期。

《中国道教史》序,《中国道教史》初版,上海人民出版社,1990 年版。

方广锠《八—十世纪佛教大藏经史》中国社会科学出版社 1990 年版序。

用历史说明迷信,原为李乔《中国行业神崇拜》(中国华侨出版社,1990 年版)的序言。

地区文化必须研究,原为《东南文化·天台山文化专号》序(东南文化杂志社,1990 年 11 月版)。

曹参、班超离任时对继任者的嘱托,《群言》1990 年第 12 期。

1991 年　76 岁

《汉唐佛教思想论集》四版附记,1991年1月版。

民族文化的生命在于吸收、借鉴和改造,《中国藏学》1991年第1期《新年笔谈藏学》。

中华民族的生命力:民族的融合力、文化的融合力,《学术研究》1991年第1期。

侯外庐和他的学派,《纪念侯外庐文集》,陕西人民出版社,1991年3月版。

繁体字问题,《汉字文化》1992年第4期,题为《北京图书馆馆长任继愈先生讲话》,为作者在"繁体字问题座谈会"上的发言。

"伪书"并不全伪,《群言》1991年第6期。

主编《道藏提要》,中国社会科学出版社,1991年7月版。

金正耀《道教与科学》序,中国社会科学出版社1991年版、台湾晓园出版社1994年版。

从中华民族文化看中国哲学的未来,《哲学研究》1991年第11期。

文化遗产的寿命,《群言》1991年第11期。

《中华民族优秀传统汇典》读后,《人民日报》1991年12月10日第8版。

《任继愈学术论著自选集》,北京师范学院出版社,1991年11月版。

把《周易》研究的方法问题提到日程上来,12月在"《周易》问题学术讨论会"上的发言,《哲学研究》1992年第1期。

《医易汇通精义》序,《医易汇通精义》,人民卫生出版社,1991年版。

1992年　77岁

农村富裕以后的喜与忧,《群言》1992 年第 1 期。

武圣孙武,《孙子学刊》1992 年第 1 期。

历史的使命与政治的变革,《北京图书馆馆刊》1992 年第 1 期。

迎接中国哲学的明天,《中国哲学史》1992 年第 1 期。

关心《周易》研究,促其健康发展,《周易研究》1992 年第 1 期。

《林兆恩与三一教》序,林国平:《林兆恩与三一教》,福建人民出版社,1992 年 2 月版。

第三次全国古籍整理出版规划会议发言摘要,《中国典籍与文化》1992 年第 2 期。

图书馆学的理论与实践,《中国图书馆学报》1992 年第 2 期。

《阴符经素书释义》序,《中国道教》1992 年第 3 期。

悼张跃,《世界宗教研究》1992 年第 3 期,为张跃《唐代后期儒学新趋向》(台湾文津出版社,1993 年版)序。

任继愈同志在《中华大典》工作、编纂会议上的讲话稿(1992 年 9 月 9 日),《中华大典简报》1993 年第 2 期。

任继愈同志在《中华大典》工作、编纂会议开幕式上的讲话(1992 年 9 月 9 日),《中华大典简报》1994 年第 7 期。

任继愈同志在《中华大典》工作、编纂会议闭幕式上的讲话(1992 年 9 月 11 日),《中华大典简报》第 69 期。

《中国佛教丛书·禅宗编》序,江苏古籍出版社,1993 年(据:朝华出版社 1999 年版《学林春秋》初编)。

《中国古代哲学名著今(全)译丛书》总序,《中国古代哲学名著今(全)译丛书》,巴蜀书社。

《老子全译》,巴蜀书社,1992 年版。

韩敬《法言注》序,韩敬《法言注》,中华书局,1992 年 12

月版。

松公府旧北大图书馆杂忆,《文明的沃土》,北京大学出版社,1992年版。

中华民族的青年时代,原为《全唐诗大辞典》序,山西人民出版,1992年版。

1993年　78岁

从程门立雪看儒教,《群言》1993年第2期。

中国哲学的过去和未来,《中国哲学史》1993年第3期。

实现中华民族历史使命的巨人——毛泽东,《中国社会科学院研究生院学报》1993年第6期。

朱熹的宗教感情,《群言》1993年第8期。

《平原县志》序,《平原县志》,齐鲁书社,1993年9月版。

《冯友兰先生纪念论文集》序,《冯友兰先生纪念论文集》,北京大学出版社,1993年10月版。

刘禹昌《司空图〈诗品〉义证》序,刘禹昌:《司空图〈诗品〉义证及其它》,武汉大学出版社,1993年版。

《中国科学技术典籍通汇》总序,《中国科学技术典籍通汇》,河南教育出版社1993开始出版。

为建设中华民族的新文化创造条件——《中国文化大典》序言,《中国文化大典》,山西教育出版社,1999年版。本文曾载《文献》杂志1993年第3期。

1994年　79岁

介绍《中国佛教宗派丛书》,《书与人》1994年第1期。

怎样深化老子思想的研究?《华夏文化》1994年第1期。

原《中华文化》发刊词,《华夏文化》1994年第1期。

寻文化之根,《寻根》1994 年第 2 期。

新旧交替之际,《群言》1994 年第 2 期"专题座谈——传统文化、改革开放、世界新格局"。

弘忍与禅宗,《佛学研究》1994 年总第 3 期。

《山西寺庙大全》序,《五台山研究》1994 年第 3 期。

《般若心经译注集成》序,上海古籍出版社,1994 年版。

重读《天演论》,《人民日报》1994 年 4 月 6 日。

值得纪念的三十年,《世界宗教研究》1994 年第 4 期。

主编《中国哲学发展史》(隋唐卷),人民出版社,1994 年 5 月初版。

李贽思想的进步性,《首都师范大学学报(社会科学版)》1994 年第 5 期。

杰出人物与伟大时代——玄奘的译经事业,《玄奘研究》1994 年首刊号。

在《中国文化研究》出版座谈会上的发言,《中国文化研究》1994 年第 3 期"《中国文化研究》出版座谈会纪要"。

中国传统文化的继承与发展,《齐鲁学刊》1994 年第 6 期。

《昭雪汉字百年冤案——安子介汉字科学体系》序,李敏生、李涛:《昭雪汉字百年冤案——安子介汉字科学体系》,社会科学出版社,1994 年 7 月版。

8 月《汉唐佛教思想论集》第四版完成。

生生不息 其命维新,《中国青年报》1994 年 9 月 27 日。

1995 年　80 岁

农民禅到文人禅,《传统文化与现代化》1995 年第 1 期。

《冯友兰学记》序,《冯友兰学记》,三联书店,1995 年 1 月版。

《中国的道教》日译本序,《世界宗教研究》1995 年第 2 期。

《苏轼禅诗研究》序(韩国朴永焕著,中国社会科学出版社,1995 年版),《佛学研究》1995 年总第 4 期。

破除迷信——中国现代化的必由之路,《长江日报》1995 年 4 月 22 日。《自然辨证法研究》1995 年第 8 期转载。

读《易》书札,《学习杂志》1995 年第 5 期。

《易》学与人类文明,《国际易学研究》第一辑(华夏出版社,1995 年版)。

《中国历代图书著录文选》序,《中国历代图书著录文选》,北京大学出版社,1995 年版。

发扬传统道德的途径在于提高人民群众的文化素质,《群言》1995 年第 7 期。

科学家自身的要求和责任,在"'捍卫科学尊严,破除愚昧迷信'研讨会"上的发言,《知识就是力量》1995 年第 12 期。

20 世纪中国哲学的使命感,12 月在"纪念冯友兰先生诞辰 100 周年"国际冯学讨论会上的发言。

从"书同文"到"语同音",《群言》1995 年第 12 期。《人民日报》1996 年 1 月 5 日转载。

1996 年　81 岁

试论"天人合一",《传统文化与现代化》1996 年第 1 期。

老学源流,《寻根》1996 年第 2 期。

冯友兰先生对中国哲学的继承和发展,《齐鲁学刊》1996 年第 2 期。

《气功与特异功能解析》序言,钟科文:《气功与特异功能解析》,当代中国出版社,1996 年 5 月版。

《老子》难读,《群言》1996 年第 6 期。

谈继承中国传统道德问题,《传统与选择——中国传统道德大家谈》,中国人民大学出版社,1996年7月版。

潘桂明《智𫖮评传》序(南京大学出版社1996年版),曾以《〈智𫖮评传〉序——汉传佛教的分期》刊载于《学术集林》卷八。

《任继愈学术文化随笔》,中国青年出版社,1996年版。

《马一浮集》序,《马一浮集》,浙江古籍出版社,1996年12月版。

1997年　82岁

中国哲学史的里程碑:老子的"无",《中国哲学史》1997年第1期。

汉字书法的演变与瞻望,《传统文化与现代化》1997年第1期。

八股文与八股文风评议,《群言》1997年第2期。

文化交流　前景无限,3月在中日东方思想研讨会上的讲话,《中日东方思想研讨会论文集》,上海三联书店,1997年版。

在《张岱年全集》出版座谈会上的发言,《出版广角》1997年第3期《哲学:人类文明的灵魂——专家学者评〈张岱年全集〉》。

谈谈文化建设与道德发展,《人民日报》1997年4月3日。

中国的国教,原为《中国儒教史》序(李申著,上海人民出版社1999、2000年版),《中国哲学史》1997第4期。

宣传无神论,发扬科学精神,建设社会主义新文化,5月26日在北京举行的中国无神论学会年会上的报告,《世界宗教研究》1997第4期。

《易学智慧丛书》总序,《易学智慧丛书》,沈阳出版社,1997年版。

《念旧企新:任继愈自述》,山西人民出版社,1997年版。

精神文明建设的长期性和紧迫感,《人民日报》1997 年 10 月 10 日。

国徽设计者,《中华读书报》1997 年 10 月 15 日。

1998 年　83 岁

从佛教文化看中国文化的历史演进,《方法》1998 年第 1 期。

《汉唐佛教思想论集》第五版。

赞百年北大,2 月在"北京大学建校 100 周年庆祝大会"上的发言,《光明日报》1998 年 2 月 26 日。

有关蔡元培校长几则轶事,《北京大学学报(哲学社会科学版)》1998 年第 2 期。

天台宗与中国佛教,第七次中日佛教学术会议论文,《世界宗教研究》1998 年第 2 期。

《惠能评传》序(洪修平著:《惠能详传》,南京大学出版社,1998 年版),《中国哲学史》1999 年第 3 期。

文化教育与体育,《群言》1998 年第 6 期。

佛教在中国文化中的地位,为《中国佛教文化大观》(方广锠主编,北京大学出版社,2001 年版)序言。

主编《宗教大辞典》,上海辞书出版社,1998 年 8 月版。

加强人文科学研究　迎接二十一世纪,《人民论坛》1998 年第 8 期。

佛教与东方文化,9 月在"纪念佛教传入中国二千年海峡两岸佛教学术会议"上的主题讲演。

齐文化的产生和研究齐文化的意义,11 月在"齐文化与中国传统文化暨《齐文化丛书》座谈会上的发言,《济南教育学院学报》1999 年第 1 期。

《天人之际》,上海文艺出版社,1998 年版。

《陈寅恪先生史学述略考》序,《陈寅恪先生史学述略考》,北京大学出版社,1998 年版。

《墨子与墨家》,商务印书馆,1998 年版。

1999 年　84 岁

为往圣继绝学　为万世开太平,《群言》1999 年第 1 期"共和国与我 50 年"征文。

论钱大昕,《中国典籍与文化》1999 年第 2 期《嘉定钱大昕全集》书评。

《中国国家图书馆藏敦煌遗书》序,《中国国家图书馆藏敦煌遗书》,江苏古籍出版社,1999 年 2 月,《文献》1999 年第 4 期。

璀璨中华文化之花的母树——《十三经》,4 月在"《十三经注疏》标点本出版座谈会"上的发言。

科学与民主没有过时,4 月在首都科技界和社会科学界"继承五四传统,弘扬科学精神——纪念五四运动八十周年"座谈会上的发言。

用历史说明宗教,5 月在南京大学宗教学系成立大会上的发言。

北大文科研究所师生生活杂忆——纪念罗莘田先生诞辰100 周年,《语文建设》1999 年第 5 期。

高举爱国主义大旗,提高民族文化素质——纪念五四运动80 周年,《人民论坛》1999 年第 5 期。

拥有与利用,中国国家图书馆藏珍本古籍图册弁言,1999 年6 月。

"中国墨子学会"在 21 世纪所面临的任务——在第四届墨学国际研讨会开幕式上的发言,《文史哲》1999 年第 6 期。

不仅要脱贫,而且要脱愚——谈科学无神论宣传的必要性和意义,《人民日报》1999 年 6 月 24 日第 9 版。

学习科学、破除迷信、造就一代新人,7 月在"科学思想传播与无神论宣传"研讨会上的发言。

在庆祝国家图书馆建馆 90 周年大会上的讲话,《北京图书馆馆刊》1999 年第 4 期。

社会科学也是科学,《人民日报》1999 年 8 月 14 日。

郭店竹简与楚文化,9 月在武汉大学"郭店竹简国际学术研讨会"上的发言。

先有人,后有神,李申主编:《100 个不信神的故事》序言,解放军出版社,1999 年版。

人·自然·社会,在台湾"人的素质"学术讨论会上的讲话,《人的素质文集》,台湾法鼓人文社会学院,1999 年版。

《日藏汉籍善本书录》序,为严绍璗教授《日藏汉籍善本书录》所写的序言(中华书局,2007 年 4 月)。曾以《心开目明览杰构——严绍璗教授〈日藏汉籍善本书录序〉》为名,发表于《中华读书报》1999 年 10 月 27 日。以《〈日藏汉籍善本书录〉序》为名发表在《书品》2006 年第 2 期。

我与中华大藏经,《学林春秋》初编,朝华出版社。

创时代辉煌,对后代负责——介绍《中华大典》,《中国图书评论》1999 年第 11 期。

《论医中儒佛道》序,中医古籍出版社,1999 年版。

以禅宗方法整理《坛经》,为《敦煌坛经合校简注》序言(山西古籍出版社,1999 年版),曾收入中国禅学研究丛书《六祖坛经研究》(四),中国大百科全书出版社,2003 年版。

《中国藏书楼》序,《中国藏书楼》,辽宁人民出版社,2001 年版。

论韩愈的历史地位——陈著《韩柳诗文系年》序,陈克明:

《韩愈年谱及诗文系年》，巴蜀书社，1999年版。

本年度当选为国际欧亚科学院院士。

2000年 85岁

比前一个千年大不相同，《中国文化研究》2000年第1期。

郭店竹简与楚文化，《中国哲学史》2000年第1期。

《道教图册》序（据《竹影集》，曾以《〈中国道教风貌〉序》为题发表于《中国道教》2000年第1期，以《道教为中国传统文化之精神支柱——大型画册〈中国道教风貌〉序》为题发表于《中国宗教》2000年第2期）。

《汤用彤全集》序，《中国哲学史》2001年第2期。

科教兴国　千年大计，《中国文化研究》2000年春之卷（总第27期）。

新"战国"新"七雄"，《群言》2000年第3期。

做人的原则，《做人与处世》2000年第3期。

建设中国数字图书馆工程，《人民日报》2000年4月4日。

李贽的悲剧结局，《首都师范大学学报（社会科学版）》2000年第4期。

系统介绍中国文化与世界游客，原为《五台山文化丛书》总序（山西人民出版社，2000年6月版）。

佛教研究的方法和方向，原为《佛教与历史文化》序言（宗教文化出版社，2000年版）。

潘桂明著《中国居士佛教史》序言，中国社会科学出版社，2000年版。

《五台山文化丛书》总序，崔正森：《五台山佛教史》，山西人民出版社，2000年版。

用历史说明宗教，原名《宗教与宗教研究——在南京大学宗教学系成立大会上的发言》。

科学与神不并立,原为《当代无神论教程》序(中国无神论学会编,中国青年出版社,2000 年),《科学与无神论》2000 年第4 期。

颇见史识　要言不繁,《中国图书评论》2000 年第 5 期 ,在《清通鉴》出版座谈会上的发言摘录。

忆刘大年同志的几件小事,《近代史研究》2000 年第 6 期。

弘扬科学精神,提高民族素质——中国无神论学会会员代表大会暨 2000 年学术年会工作报告,《科学与无神论》2000 年6 期。

20 世纪的文化国耻,原载《敦煌——纪念敦煌藏经洞发现100 周年》,朝华出版社,2000 年版。

《中国历史知识三字经》序言,刘东骏编著:《中国历史知识三字经》,中国少年儿童出版社,2000 年 9 月版。

白祖诚《回忆与思考》序,北京燕山出版社,2000 年 10 月版。

科学是人类最可靠的朋友,《光明日报》2000 年 11 月 14 日,又载《科技文萃》2001 年第 1 期。

国强兴文化　盛世修巨典,《中国出版》2000 年第 11 期。

中国传统文化的光明前景,《中国文化研究》2000 年冬之卷(总第 30 期)。

2001 年　86 岁

社会科学的重任,《中国社会科学院通讯》2001 年 1 月 1 日。

社会科学的作用,《中国社会科学院研究生院学报》2001 年第 1 期。

21 世纪的中国哲学,《中国哲学史》2001 年第 1 期。

中国农民的革命性与局限性,《群言》2001 年第 1 期。

朱熹格物说的历史意义,《南昌大学学报(人文社会科学版)》2001 年第 1 期。

佛教研究的方法和方向,原为《佛教与历史文化》序言,宗教文化出版社,2001 年 1 月版。

宗教学理论研究不能脱离实际和现状,《中国宗教》2001 年第 2 期。

在《清史》编纂座谈会上的讲话,《清史研究》2001 年第 3 期。

让可持续发展思想深入人心——读《可持续发展知多少》,《人民日报》2001 年 3 月 20 日。

真心实意维护人权,《人民日报》2001 年 3 月 30 日。

瞻望二十一世纪的中国哲学,《中国社会科学院研究生院学报》2001 年第 4 期。

《国际汉学研究书系》总序,任继愈主编:《国际汉学研究书系》,大象出版社出版。曾载《人民日报》2001 年 4 月 14 日,题为《建构文化交流的桥梁》。

今天看孝道,原为《中华孝道文化研究论集》序(巴蜀书社,2001 年 10 月),曾载《人民日报》(海外版)2001 年 4 月 23 日,又以《谈谈孝道》,载《人民日报》2007 年 3 月 11 日。

马克思主义的生命力,《中国社会科学院研究生院学报》2001 年第 4 期。

唐玄奘取经与《西游记》及其现代启示意义,5 月在国家图书馆"文津讲坛"上的讲演。北京图书馆出版社,2002 年 1 月版。

专家学者谈加强可持续发展战略思想的普及工作——兼评《可持续发展知多少》,《中国图书评论》2001 年第 5 期。

瞻望 21 世纪的中国哲学,7 月在"第十二届国际中国哲学大会"上的主题讲演。

防患于未然,原为《中国消防通史》序(李采芹著,群众出版社,2002年1月版),《上海消防》2001年第7期。

汉学发展前途无限,《中华读书报》2001年9月19日。

《齐鲁人杰丛书》序,《齐鲁人杰丛书》,山东教育出版社,2001年9月版。

关于中文古籍的保存保护,10月在"中文善本古籍保存保护国际研讨会"上的发言。

无神论教育与科教兴国,11月在"中国无神论学会2003年学术会议"上的讲话。

(再论)用历史说明宗教,系作者为《宗教小辞典》(上海辞书出版社,2001年版)所撰写的序言。

应当开展经典文化建设活动,《今日浙江》2001年第11期。

创新要有胆量,也要有科学良心,《群言》2001年第11期。

2002年　87岁

《竹影集》,新世界出版社,2002年1月版。

总结往史　留待后人——纪念冯友兰先生百年诞辰,《追忆冯友兰》,社会科学文献出版社,2002年1月版。

壮志未酬的一生:怀念胡绳同志,《百年潮》2002年第1期。

《十六国帝王列传》序,《文史月刊》2003年第1期。

五台山文化是中国传统文化的缩影——五台山佛教文化国际学术会议上的讲话,《五台山研究》2002年第3期。

李一氓同志与中华大藏经汉文部分,《古籍整理出版情况简报》总238期。收入《李一氓纪念文集》,中华书局,2002年5月版。

《续修四库全书》出版的重大意义,《中国图书评论》2002年第6期。

李贽改革悲剧给后人的启示,《首都师范大学学报(社会科学版)》2002 年第 6 期。

历史长河中的"乱世",《群言》2002 年第 6 期。

哲学必将与人类共存,《文明》2002 年第 6 期。

走向世界的中国出版事业,《中国出版》2002 年第 8 期。

修造佛教大典,弘扬传统文化——《中华大藏经》(下编)编纂工作启动,《中国出版》2002 年第 9 期。

中华五千年的历史经验,10 月在国家图书馆"部级领导干部历史文化讲座上的讲演,《部级领导干部历史文化讲座》,国家图书馆出版社,2003 年 3 月版。

"'儒家德治思想与现代社会'国际学术研讨会"开幕式致辞,2002 年 10 月 24 至 26 日在四川都江堰市召开。

编修民国史的珍贵史料,《纵横》2002 年第 10 期。

高令印《简明中国哲学通史》序,高令印《简明中国哲学通史》,厦门大学出版社,2002 年版。

《焦树安文集》序,《焦树安文集》,书目文献出版社,2002 年版。

《望园三言两语诗文集》序,李鲸石:《三言两语诗文集》,2002 年自印本。

《国家图书馆学刊·西夏研究专号》前言,《国家图书馆学刊·西夏研究专号》,《国家图书馆学刊》2002 年增刊。

主编《佛教大辞典》,江苏古籍出版社,2002 年 12 月版。

本年度开始启动《中华大藏经(续编)》工程,担任主编。

2003 年　88 岁

繁荣哲学社会科学　探索人才培养方法,《中国人民大学学报》2003 年第 3 期。

《中国哲学史》(四卷本)2003 年修订版《绪论》,人民出版社,2003 年 7 月版。

为《四库全书》正名,《中华读书报》2003 年 8 月 13 日。

中国文化发展的一件盛事——为影印文津阁《四库全书》鼓与呼,《文津阁四库全书》,商务印书馆,2003 年版。

今天看诸葛亮,10 月在国家图书馆"文津讲坛"学术讲座上的讲演,《文津讲演录》之五,国家图书馆出版社,2005 年 7 月版。

无神论教育与科教兴国,11 月 28 日在中国无神论学会 2003 年学术年会上的讲话,《科学与无神论》2004 年第 1 期。

二十世纪的中国与中国的哲学家,《玄圃论学续集:熊十力与中国传统文化国际学术研讨会论文集》,湖北教育出版社,2003 年版。

2004 年　89 岁

主编《中华大藏经总目》,中华书局,2004 年 1 月版。

中国封建社会忠孝规范的历史贡献,《中国社会科学院院报》2004 年 1 月 29 日第 3 版,《北京日报》2 月 23 日转载为《对忠孝传统应给予新评价》。

《中国儒教论》序,曾以《把儒教放在更广阔的视野里来考察》发表于《云梦学刊》26 卷(2005 年)第 2 期。

坚持科学发展观,推动文化建设与发展——"文化建设与发展"座谈会发言,《文艺理论与批评》2004 年第 3 期。

弘扬人文精神　为人类做贡献,《光明日报》2004 年 7 月 6 日。

科学无神论给人真理和智慧,《人民日报》2004 年 7 月 8 日。

旧中国知识分子的爱国主义,8 月在"中国哲学大会"上的讲话。

我国哲学发展的正道,《人民日报》2004 年 9 月 10 日。

说忠孝:儒学的回顾与前瞻,9 月在"纪念孔子诞辰 2555 周年国际学会研讨会"上的发言。

任继愈论墨子,《十家论墨》,上海人民出版社,2004 年 10 月 1 日。

《十川印迹》序,《十川印迹》,西泠印社,2004 年版。

现代文明与宗教对话,《中国宗教》2004 年第 12 期。

2005 年　90 岁

人类患了"知识结构跛足病",《北京日报》2005 年 1 月 24 日。

人文科学内蕴包罗万象,《科技文萃》2005 年第 2 期。

经典教育:孩子们的"维生素",《北京教育》(普教版) 2005 年第 2 期。

继续勤奋工作　保护文化遗产——题赠全国图书馆文献抢救工作开展二十周年,《数字与缩微影像》2005 年第 3 期。

沉重的悼念　永恒的遗憾,《不息集——回忆张岱年先生》,北京大学出版社,2005 年 4 月版。

《四库全书研究文集》序,《四库全书研究文集》,敦煌文艺出版社,2005 年 6 月版。

《道藏提要》第三次修订本序。

《中华大藏经》编纂记,《光明日报》2005 年 7 月 14 日。

《任继愈禅学论集》,商务印书馆,2005 年 8 月版。

在中国人民大学国学院开学典礼暨揭牌仪式上的讲话,2005 年 10 月 18 日。

《国家图书馆藏敦煌遗书》序,《古籍整理出版情况简报》总 425 期。《国家图书馆藏敦煌遗书》(北京图书馆出版社,2005 年

10 月开始出版）。

科举考试制度值得借鉴,《炎黄春秋》2005 年第 11 期。

无神论学会对国家兴亡肩负重要责任,在中国无神论学会 2005 年学术年会上的讲话,曾发表在《科学与无神论》2006 年第 1 期。

2006 年　91 岁

寿命最短的黄老学派,效应最长的黄老思想,《齐鲁学刊》 2006 年第 1 期。

汉字为中华民族立了大功,《北京日报》2006 年 2 月 13 日。

理直气壮地宣传科学无神论,《北京日报》2006 年 3 月 20 日。

修订本《二十四史》及《清史稿》的现实意义——接受《光明日报》记者采访谈话。

任继愈先生在《中华大典》工作会议上的讲话,2006 年 5 月 30 日,《中华大典简报》第 131 期。

汉字识繁用简的必要与可能,《国际儒学联合会内参》2006 年第 7 期。

《皓首学术随笔·任继愈卷》,中华书局,2006 年 10 月版。

任继愈先生在《史学理论及史学史分典》付印样稿评审会上的总结讲话（摘要）（2006 年 10 月 27 日）,《中华大典简报》第 134 期。

任继愈先生在《中华大典》编纂工作经验交流会开幕式上的讲话（2006 年 12 月 22 日）,《中华大典简报》第 141 期。

任继愈先生在《中华大典》编纂工作经验交流会闭幕式上的讲话（2006 年 12 月 25 日）,《中华大典简报》第 141 期。

新版《宗教史丛书》总序,《新版宗教史丛书》,江苏人民出版社,2006 年版。

《老子绎读》,北京图书馆出版社(今国家图书馆出版社),2006 年 12 月版。

《石峻文存》序,《石峻文存》,华夏出版社,2006 年版。

2007 年　92 岁

继承传统文化精华　迎接文化建设新高潮——在"儒学、儒教与宗教学学术研讨会"上的讲话,《中国社会科学院院报》2007 年 1 月 9 日。亦载《北京日报》2007 年 3 月 12 日,题为《再谈儒家和儒教》。

关于《道德经》,《哲学与宗教》第 1 辑(上海古籍出版社,2007 年 1 月版)。

中医理论研究要跟得上国力发展,《中国社会科学院院报》2007 年 3 月 27 日第 3 版。

努力提高对中医哲学重要价值的认识,《河北学刊》2007 年第 3 期。

培养人才不是蒸馒头,《人民日报》2007 年 4 月 5 日。

"黄帝与中华文化"学术研讨会贺辞,《光明日报》2007 年 4 月 5 日。

中华民族文化出版事业的一面镜子——写在商务印书馆创办 110 年之际,《人民日报》2007 年 6 月 6 日。

任继愈先生在《中华大典》工作会议上的总结讲话(摘要),2007 年 6 月 30 日,《中华大典简报》第 164 期。

主编《中华大典·哲学典》出版,云南教育出版社,2007 年 10 月版。

我心中的西南联大,《人民日报》2007 年 11 月 23 日。

建设中华民族共有精神家园——中国哲学的未来,《光明日报》2007 年 12 月 13 日第 10 版。

在北京大学研究生教育 90 周年庆典上的讲话,2007 年 12 月 26 日。

2008 年　93 岁

与时俱进的古籍整理工作,《古籍整理与出版专家论古籍整理与出版》,凤凰出版社,2008 年 2 月版。

《国学基本教材·论语卷》序,《国学基本教材·论语卷》,新华出版社,2008 年 2 月版。

在《中华大典》编纂出版工作会议上的讲话(2008 年 2 月 24 日),载《中华大典简报》第 189 期。

《和志武纳西学论集》序,《云南日报》2008 年 4 月 28 日,《和志武纳西学论集》,民族出版社,2008 年 2 月版。

以往古籍整理成绩很大,今后古籍整理困难不少,《古籍整理出版情况简报》总第 367、368 合期。

小题目,大手笔——怀念陈云同志,《古籍整理出版情况简报》总第 412 期。

《国家图书馆藏敦煌遗书》序,《古籍整理出版情况简报》总第 425 期。

祝贺与希望,《古籍整理出版情况简报》总第 431 期。

《东方基督教探索》序,乐峰:《东方基督教探索》,宗教文化出版社,2008 年版。

2009 年　94 岁

7 月 11 日病逝。